法府拾穗

主编 孟 涛

浙江工商大学出版社
ZHEJIANG GONGSHANG UNIVERSITY PRESS

图书在版编目(CIP)数据

法府拾穗 / 孟涛主编. —杭州 ：浙江工商大学出版社，2017.5

ISBN 978-7-5178-2132-8

Ⅰ. ①法… Ⅱ. ①孟… Ⅲ. ①法学—文集 Ⅳ. ①D90－53

中国版本图书馆 CIP 数据核字(2017)第 090236 号

法府拾穗

主编 孟 涛

责任编辑 刘淑娟 白小平
封面设计 林朦朦
责任印制 包建辉
出版发行 浙江工商大学出版社
(杭州市教工路 198 号 邮政编码 310012)
(E-mail:zjgsupress@163.com)
(网址:http://www.zjgsupress.com)
电话:0571－88904980,88831806(传真)
排 版 杭州朝曦图文设计有限公司
印 刷 杭州恒力通印务有限公司
开 本 710mm×1000mm 1/16
印 张 14.25
字 数 255 千
版 印 次 2017 年 5 月第 1 版 2017 年 5 月第 1 次印刷
书 号 ISBN 978-7-5178-2132-8
定 价 44.00 元

浙江工商大学出版社营销部邮购电话 0571－88904970

实践教学成果编纂委员会

序　一

浙江财经大学法学院非诉法律实验班的学生所撰写的法学专业论文和实习体会即将付梓，请我写序，我欣然接受了。执笔之际，我思绪万千，一时竟不知从何处着笔，踌躇再三，才选定从法学何以在当下成为一门显学这个角度入手。

当下，法学无疑成了一门显学。但凡高校，几乎没有不设置法学院、法律系、法学专业的；高考填报志愿，法学专业令考生们竞相追逐；各行各业中，律师成为人们艳羡的职业。总之，与法律相关的人、事、物，都在“热门”之列。何以如此呢？从大处说，依法治国需要法律，不管是处理外交事务，还是治国理政，都需法律人参与；从小处说，机关、团体、事业单位、企业等组织都需在法律的框架下运行；公民个人更是应当遵守法律，以法律规范自己的行为。一言以蔽之，国家、集体与个人都离不开法律，法律之于我们犹如空气与水一样重要。

诚然，不可否认，法学成为一门显学，一个显而易见而又常为人讳言的原因就是利益驱动。利益驱动让一些不具备条件设置法学院、开设法学专业的高校跟风开办法学院、开设法学专业，利益驱动让一些对法律没有兴趣的学生报考法律专业，利益驱动让一些不能胜任法律工作的人从事法律事务……结果导致整个社会法律人才过剩、法律专业学生就业困难；同时，法律研究教学与法律实践相脱节，学校培养出来的学生，眼高手低，学而不用，用而不学，真正高尖端法律人才储备不足，不能满足市场经济的需要。因此，解决法律研究教学与法律实践应用相脱节的问题，已经成为高校法律教育一个绕不过去的课题。浙江财经大学法学院从2014年9月起设立的非诉法律实验班，正是一个法学教育与法律实践紧密结合的样板，实行近三年来，效果良好，值得借鉴。

2015级非诉法律实验班的法科学子，“缘法织线”“缘法而行”，走入律所，走近律师。他们“站在法的门前”“聆听法律的声音”“贴近法律的呼吸”“行走在法律殿堂之间”“追赶在定纷止争之路上”，他们“初步律途”“法奋图强，深思熟律”，或“在微风中感受法律的春天”，或“感职场氛围，品职业魅力”，或“法学野渡”，或“法学奇遇”，短暂的经历，让他们感受到了“校园外的法学”“优秀律师的品质”“另一种律师的另一种生活”，体会到了“方寸间，天下法”“律途漫漫”，明白了“混沌生活的清明梦想”，实现了一个“法科生的进化”。

细阅这些学生撰写的专业论文和实习体会，总的感触是内容翔实，言之有物，注重理论与实践相结合；文字朴实，体悟真切，写出了学生们的真情实感；个性突出，视野开阔，尽显当代大学生的风范。毫无疑问，这些学生是优秀的，通过这一篇篇激扬论述、一份份实习体会，不难看出他们确实在忠实地践行王夫之、黄宗羲、顾炎武等思想家倡导的“经世致用”的精神，尽管这是他们初涉法律实践领域，难免给人以青涩之感，但是，唯其青涩才可贵，因为青涩是青春的代名词，是正在成长、尚未来临的成熟，假以时日，他们必将在法律职业生涯中焕发光彩。

值得一提的是非诉法律实验班学生的导师们。这些导师都是多年从事律师业务的律师，他们执业经验丰富，法律底蕴深厚，对实习的学生言传身教，以身作则，为这些实习生踏上工作岗位铺上了第一块基石。没有他们辛苦的教导，也就没有这些实习生的实习成果，自然也就不会有这本实习体会的出版面世。

相信本书的出版能为法学教育研究吹进一阵清风，能给广大法科学子以一些启迪。

中华全国律师协会副会长

章靖忠

2017年元月于杭州

序　二

法律人才的培养是一项具有挑战性的任务。为了适应我国法治发展的新常态，培养符合社会需求的高端复合应用型人才，从 2014 年 9 月起，我校从刚入学的新生中，按照“优中选优”的原则，每年选拔 30 名优秀学生组建非诉法律实验班，开展法学拔尖人才的培养试点，其目标是培养具备基本诉讼能力、熟悉非诉业务主要类型与业务流程、具备从事非诉法律业务能力的高层次法科人才。

近三年来，我院对传统法学教育进行了全方位改进，充分依托学校财经特色资源，开设“经济学”“会计学”“财务管理”等课程，形成了一个既能满足社会对非诉专业法律人才的特殊需求，又能充分利用学校优势资源的培养方案。现在，法学院初步形成了非诉法律人才的“五个一培养机制”，即一份独立培养方案、一个独立的教学环境、一位实务导师、一月一场实务讲座（读书会）、一项课题研究。特别值得一提的是，凡实验班学生，在学校原有配一位综合导师的基础上，又聘请了一位校外精通非诉业务的优秀律师担任其实务导师。实务导师与校内综合导师一起指导学生的专业实习与实践，布置学生进行实务课题的探索与研究，这样既重视学校导师理论熏陶，又注重实务导师法律实务的引导，期冀能够更好地增强学生实践能力。

要特别强调的是，实务导师的成功聘请，是我院坚持开放办学的结果，更离不开社会各界，特别是浙江浙联律师事务所的无私支持。实验班组建以来，该所麻侃律师等合伙人团队经常与学生交流，赋予学生信心，解答学生疑惑，定期到校与学生见面，积极担任学生的实务导师。浙江浙联律师事务所还捐资 100 万元专门用于非诉法律实验班的人才培养，与法学院联合组建了律师学院，成为实验班人才培养的重要组织基础与物质基础。

非诉法律实验班运行两年多以来，已经先后在全校 14 级、15 级、16 级三个年级招收了90名同学,同学们精神状态昂扬,学习成绩优异,取得了良好的效果。作为法学教育的创新,非诉法律实验班已经在省内外引起了关注。2015年10月19日,《浙江教育报》头版头条刊发《"卓越"引领"实务"为先——我省高校探索法学教育改革》的报道,其中我校非诉法律实验班就是创新重点内容之一。在全国法学教育研究会年会、全国财经高校法学教育论坛、上海法学教育研究会年会、浙江法学教育研究会年会上,非诉法律人才培养的理念与做法在同行中反响强烈。

本书汇集了2015级非诉法律实验班同学的法学论述和实习体会。这些作品不仅记录了同学们在学习中的知识沉淀、实践中的酸甜苦辣,也承载着各位实务导师对他们的殷切希望,还有法学院老师对他们的殷殷教诲。在此,我代表学院,衷心希望这本书能够成为同学们走向人生未来之路的一抹靓丽色彩,衷心感谢社会各界对浙江财经大学法学院,对非诉法律实验班的关心和支持。希望非诉法律实验班越办越好!

浙江财经大学法学院院长

教授　博士　博士生导师

李占荣

2016年12月

主编寄语

这里是他们年轻人的舞台。作为本书主编和2015级非诉法律实验班班级导师的我在这里仅留一点文字，权做回顾和自省。

2015年是浙江财经大学法学院非诉法律实验班开办的第二年，被学院委以重任，我担任了2015级非诉法律实验班的班级导师（班主任）。深感责任重大，唯恐有丝毫懈怠。

每个人都年轻过，我也经历过他们那个怀着对未来梦想的憧憬步入大学校园的时刻。但毕竟社会的变化超出我们的想象，短短10余年的时间，随着社会竞争的现实、人才的重新定义以及网络化时代的到来，全班30名同学所站立的平台与70后甚至80后已不可同日而语。如何因人而异地推动学生进步，又不至于产生时代鸿沟带来的思想分歧，是摆在我眼前的一个难题。

接触一年多以来，我已经熟悉了每个同学，了解了每个同学的特点（暂且容我自诩），也深深感觉到他们都在努力地把握自己人生的冲动与激情。但如同对待自己的孩子一样，我始终对他们不满意——不积极去参加社会活动和竞赛；不抓紧自己课后的学习时间；不给自己施加必要的学习压力；有些同学的课程考试分数太不理想。有意无意地，我在与同学们的交流中流露出了些许埋怨甚至责备，并由此在彼此的内心里留下些许的焦虑。我的初衷是：真希望他们每个人都能像冲锋的战士一样去勇往直前锐意拼搏。因为我比他们更清楚地认识到其自身的不足与缺陷，我也始终坚信，身后一个不知疲倦的鞭策者（的确会有些招人烦），一定能够加快他们前行的脚步。在这样一种心情之下，再如何的鞭策都不为过。

90后的孩子们缺乏责任心，缺乏魄力，做事效率低下，这个结论有些武断，但是班级里的这种现象还是比较突出，“自我中心”的意识在很多同学身上十分明显。不过庆幸的是，他们都很聪明，很容易接受新鲜事物，容易理解他人的想法，假以时日，他们必会日臻成熟。

《法府拾穗》是一本属于浙江财经大学法学院2015级非诉法律实验班自己的书。本书是一个新鲜而又冒险的尝试：让正就读于法学本科第二学年的学生独立做文章并付诸出版确实需要很大的勇气。幸得浙江财经大学法学院领导班子的大力支持、浙江浙联律师事务所以及诸位实务导师的鼎力相助，让本书能够以最快的速度呈现在大家面前。本书内容由"雏凤新声"和"律海初航"两部分构成，因二者所含文章旨趣大相径庭。"雏凤新声"部分收录班级同学在学习法律过程中的点滴收获和心得，以及其中所彰显的法律信仰；"律海初航"部分展示了同学们的实践情况，他们利用假期辗转于各律师事务所，将其所参与社会实践的点滴记录下来，从实习之路、实习感悟和导师寄语三个方面倾心奉上。"雏凤新声"意在激扬起他们法律学业征途上继续勇往直前的斗志；"律海初航"所留下的不仅仅是他们亲身上下求索的收获，也有对我国法治未来的向往与憧憬。

在此借用一句诗，"花开堪折直须折，莫待无花空折枝"。大好的青春年华转瞬即逝，在此不留下点激情澎湃，岂不添人生憾事？真希望他们勿忘初衷，不虚度此求学之路。寥寥数语，权当承前启后或抛砖引玉，就此搁笔，请君举目细览正文。

2015级非诉法律实验班班级导师

孟涛　博士

2017年2月

目　　录

上　篇　雏凤新声

下　篇　律海初航

上篇

雏凤新声

离婚的"自由"与"不自由"

——从对"假离婚"现象的法律规制谈起

宋如静

摘 要:《宪法》第四十九条规定:"禁止破坏婚姻自由。"离婚自由乃婚姻自由中的一项内容。然而婚姻自由和公民的其他任何权利一样,不是绝对自由,而是相对自由。离婚的自由与限制一直以来都是离婚制度制定中所探讨的问题。随着中国法制建设的发展,立法越来越强调离婚自由,同时也出现了新的问题。近年来,频繁出现"假离婚"的现象,因"假离婚"反悔而产生的法律纠纷在司法实践中也常有发生。从解读"假离婚"现象入手,"假离婚"现状、原因及其法律性质需要层层推进分析,研究中国离婚制度存在的问题和缺陷,是相关制度完善的基本前提。

关键词:通谋离婚;欺诈离婚;婚姻法;婚姻自由

由冯小刚导演、范冰冰主演的电影《我不是潘金莲》刚上映就引起了社会各界的广泛讨论。电影中29岁的李雪莲怎么也想不通,自己明明跟丈夫商量好的假结婚怎么就弄假成真了呢?主人公李雪莲为证明与前夫离婚是假的,一次又一次上访,惊动全县、全市乃至中央,折腾了整整10年,一粒芝麻就这样变成了一个西瓜,波折离奇的故事情节成为社会各界议论的对象。有人说这一切是李雪莲自身顽固不化一根筋的下场,也有人说是政府工作、信访工作不到位而导致的。但是追本溯源,一连串像多米诺骨牌一样的事件的起源就是李雪莲与其前夫秦玉河的假离婚。而李雪莲假结婚的目的其实有两个,其一在片头就告诉了观众,李雪莲夫妻是为了避开地方政府房屋限购政策;其二在结尾处才揭示,那就是生二胎。在二胎政策还未放开前,生二胎就会被开除公职。李雪莲为了生下意外怀孕的二胎,并且不让丈夫丢掉在国营某厂的工作,与丈夫协议假离婚。其实离婚、复婚在现代社会已经属于家庭生活中的正常现象,人们已经逐渐撇去了那些封建社会男尊女卑、男人可以休妻而女人却不能离婚的陈旧思想。但是为什么有些夫妻明明感情和睦却会协议离婚呢?其中必定有其他的原因，这离婚其实是“假离婚”。那么假离婚的原因有哪些？假离婚在法律上的性质和效力如何？有哪些针对避免假离婚行为发生的立法完善建议？上述问题将在本文中逐一解决。

一、假离婚的原因及现状

正如影片中的李雪莲，假离婚是为了让在国营单位工作的丈夫能多分到一套房，现实生活中的假离婚案例也有诸如此类的原因。2016 年 7 月，民政部公布的《2015 年社会服务发展统计公报》显示，2015 年依法办理离婚手续的共有 384.1 万对，比上年增长 5.6％，其中：民政部门登记离婚 314.9 万对，法院办理离婚 69.3 万对。粗离婚率为 2.8‰，比上年增加 0.1 个千分点。相比 2002 年中国离婚率仅有 0.90‰，13 年来，离婚率逐年攀升。近些年，由于房产市场的价格波动，国务院及各地政府纷纷颁布了房屋限购令和按揭贷款买房的相关政策，这也导致了一些家庭为了多购置房屋或者减少首付款而计划通谋离婚。笔者将因购房政策通谋离婚分为以下三种情况：

(一)各地出台新的房产调控政策，对贷款买房限制

2011 年 1 月 26 日，国务院常务会议再度推出八条房地产市场调控措施(下称“新国八条”)，要求强化差别化住房信贷政策，对贷款购买第二套住房的家庭，首付款比例不低于 60％，贷款利率不低于基准利率的 1.1 倍。第二套房的首付款要求远远高于首套房，这让一些经济情况略紧张的家庭，为了躲避高额的二套房首付，清除购房记录，选择了假离婚的方式。

(二)针对新政策，为了多买房

【案例介绍】

深圳福田人民法院 2013 年审理了一起案件。王小姐与陈先生于 2007 年结婚，2012 年 5 月离婚。双方办理离婚手续后数月，王小姐购得一套福利房。

2013 年 4 月，陈先生到福田法院起诉，要求法院判令其与王小姐离婚协议无效，并拥有王小姐所购房屋的一半产权。陈先生称，其与王小姐离婚，系因购买福利房需要，非双方真实意思，并指出离婚后二人仍共同生活，二人工资仍由王小姐保管。王小姐则认为，其与陈先生因性格不合离婚，协议内容真实有效，且所购福利房由其一人出资，至于二人仍共同生活，是因为陈先生提出租住其房屋，所谓其保管的

工资实际为陈先生每月上交的租金。该案经开庭审理，王小姐胜诉。

自2010年4月起，全国各地相继出台针对家庭住房套数的限购政策、社会福利房、房屋贷款等诸多政策。在这些政策的影响下，部分消费者从自身利益最大化出发，选择以假离婚的方式来规避政策和法律的限制。

（三）拆迁为获更多补偿款

我们常常会听到一些一夜暴富的暴发户，随着拆迁政策的实行，中国农村也出现了越来越多的“拆迁土豪”。拆迁和假离婚又有什么样的联系呢？2016年5月20日，云南昆明《春城新闻》报道，云南昆明官渡区秧草凹村的村民聚集在官渡区便民服务中心，就是为了离婚。秧草凹村将被划归滇中临空产业园区，拆迁的消息一经传出，村民们为了争取更多的“拆迁按户补偿”利益，上至花甲老人，下至新婚夫妇纷纷来登记离婚。

崔山在《房屋拆迁安置中假离婚现象成因、危害及对策分析》一文中统计了2005—2007年全国典型村民集体假离婚案例的基本情况。2006年5月重庆市郊人和镇，因一户变两户，可以优惠价格多得一套房的拆迁政策，1795对夫妇“离婚”，其中732对夫妇复婚。2006年11月，上海南汇区芦潮港镇，也因离婚一户变两户，可多得人口安置房面积，安置对象有80%离婚。

确实，“假离婚”可以在拆迁补偿中获得更多的利益。在离婚分户后，每个户头都可以分到一笔补偿款，此外，每个拆迁户还可以分得一套补偿安置房，如此算来，如果两人离婚了，就变成了两户，离婚的效益大大提升。于是，得知这样的拆迁“优惠”政策，一些家庭就会选择临时离婚，从而谋取非法利益。

此外，还有一种假离婚是为了逃避债务，使债权人索债无门。

【案例介绍】

家住福田区的张先生于1988年来到深圳，当年成立自己公司的时候，他与李女士相识并结婚。然而，从2010年开始，张先生的公司开始出现亏损，至2012年底，公司严重资不抵债。2013年4月，张先生与李女士协议离婚，二人名下的房产、汽车、股票及大部分银行存款归李女士所有。2013年底，张先生公司宣布破产，因资产不足，部分债权人债权无法完全清偿。

2014年3月，张先生到法院起诉李女士，称因双方离婚“事出有因”，关于财产的分配非真实意愿，要求其返还相关财产，李女士拿出双方签订的《离婚财产分配协议》，拒不返还涉案财产。法院经开庭审理认为,《离婚财产分配协议》系双方自愿签订,不违反相关法律规定,合法有效,最终驳回了张先生的诉讼请求。

通过假离婚的手段逃避债务在司法实践中并不少见。债务人通过离婚的方式分割财产、逃避债务是司法实践中出现的新问题。债务人在还债前先离婚,协议约定一方承担债务,即使已经明知有证据证明承担债务的一方无能力偿还债务,债务难以得到清偿。这样会导致债权人的利益在很大程度上得不到补偿,一些心存侥幸的人就会通过假离婚来逃避应该清偿的债务。

二、假离婚的法律性质认定

(一)假离婚的法律性质

"假离婚",是指夫妻双方为了满足一方或双方的某种需求,一致同意办理离婚手续,并且同时商定,在目的达到后再办理复婚手续。但是这种假离婚并不是指离婚证是假造的,法律上没有所谓的假离婚,只要婚姻双方当事人通过合法的程序办理离婚登记手续,那么法律认定当事人双方合法离婚。

(二)假离婚的种类

一般而言,假离婚包括两种情形:一是通谋离婚,二是欺诈离婚。

通谋离婚,是指婚姻当事人双方为了共同的或各自的目的,串通暂时离婚,等目的达到后再复婚的离婚行为。

通谋离婚具有以下基本特征:(1)双方当事人并无离婚的真实意思,不符合协议离婚的实质条件。(2)双方当事人以离婚为手段,以达到共同的或者各自的目的。如为了逃避债务,为了两边享受分房或购房的国家优惠政策,为了给子女办理农转非户口,等等。(3)双方均有恶意串通离婚的故意,共同采取欺骗或者隐匿事实真相的方法,欺骗婚姻登记机关以违法获取离婚登记。(4)通谋离婚一般具有暂时性,待预期目的达到后,双方通常会按约定复婚。但也有一部分人弄假成真,离婚后置原先的约定于不顾,不愿复婚或者与他人再婚,从而容易导致纠纷发生。

欺诈离婚,是指一方当事人为了达到离婚的真正目的,采取欺诈手段向对方许诺先离婚后再复婚,以骗取对方同意暂时离婚的行为。

欺诈离婚具有以下特征:(1)这种离婚是欺诈方的真实意思,而受欺诈一方并无真实意思。(2)欺诈方的目的在于骗取对方同意离婚,以达到真正离婚的目的,因而并无复婚的意思,而受欺诈方却期待目的达到后即行复婚。(3)受欺

诈方既是受害人，又与欺诈方共同欺骗婚姻登记机关。

（三）假离婚的形式

“假离婚”利用的是离婚手段，假离婚的形式其实也就是离婚的形式。根据离婚所需经过的程序不同，法律将离婚分为协议离婚与诉讼离婚。

协议离婚，又称登记离婚，《婚姻法》上称之为双方自愿离婚。《婚姻法》第三十一条规定：“男女双方自愿离婚的，准予离婚。双方必须到婚姻登记机关申请离婚。婚姻登记机关查明双方确实是自愿并对子女和财产问题已有适当处理时，发给离婚证。”更多的当事人“假离婚”会选择协议离婚方式，因为协议离婚强调双方自愿，签订离婚协议，通过行政程序登记离婚的离婚制度，更加强调离婚自由，受到限制更少。

诉讼离婚是通过调节或者人民法院判决而解除婚姻关系的离婚制度。《婚姻法》第三十二条规定：“男女一方要求离婚的，可由有关部门进行调解或直接向人民法院提出离婚诉讼。人民法院审理离婚案件，应当进行调解；如感情确已破裂，调解无效，应准予离婚。”在“假离婚”中同样不排除通过诉讼离婚来得到法院离婚判决书，从而解除婚姻关系的情况。虽然诉讼离婚条件相对严苛，风险相对较大，但也不排除当事人存在虚假诉讼的可能性。

除此之外，还存在通过非法手段购买或制作假离婚证进行的“假离婚”，法律应认定该离婚证不具法律效力，婚姻关系仍存在，本文不对这种形式展开讨论。

三、假离婚的法律效力认定

假离婚不仅是对夫妻双方感情的蔑视，也是对法律的亵渎，是在钻法律和政策的空子。依据《婚姻法》第三十一条规定：“男女双方自愿离婚的，准予离婚。双方必须到婚姻登记机关申请离婚。婚姻登记机关查明双方确实是自愿并对子女和财产问题已有适当处理时，发给离婚证。”所以尽管离婚是与双方内心真实意识相违背，但是无论出于何种目的（包括购房、拆迁补偿等），双方当事人在形式上做出了想要离婚的意思表示以及离婚登记的法律行为，在假离婚和真离婚婚姻关系解除方面存在同等的法律效力。因为婚姻关系必须基于双方自愿而进行结婚登记和离婚登记，如已经办理离婚登记，就是法律意义上的离婚，没有法定证据支持撤销登记，或者是一方不愿意复婚的，则婚姻关系不能恢复。所以影片中法院法官王公道并没有判错，他依据证据和司法程序对李雪莲离婚合法有效的判决也是公正的。然而李雪莲却丝毫没有法律意识，其实是她自己的悲哀，也讽刺了法律意识淡薄、被社会伦理道德主导的思想落后的农村妇女。

四、目前我国离婚制度存在问题研究

我国《婚姻法》规定了两种离婚方式,一为诉讼离婚,二为协议离婚。诉讼离婚规定的离婚条件相对严格,但也不免出现当事人为了达到非法目的进行虚假诉讼的情况。相比较而言,协议离婚赋予了婚姻双方当事人更多的离婚自由,离婚的条件和程序相对简化,离婚登记机关审查也只停留在证据材料完整上,并不会深究离婚是否存在虚假和欺诈的因素,立法理论提倡离婚为私人权利应充分获得自由和“责任自己承担”的观念。以上种种因素都体现出法律协议离婚限制不足,从而更大程度上为行为人“假离婚”牟利提供了捷径。

(一)立法原则强调离婚自由,限制不足

我国 1950 年颁布了第一部《婚姻法》,废除了包办强迫、男尊女卑、漠视子女利益的封建主义婚姻制度,实行男女婚姻自由、一夫一妻、男女权利平等、保护妇女和子女合法权益的婚姻制度。近代以来,婚姻家庭继承法立法理念越来越强调民法私法自治的基本原则,尊重当事人意愿协议离婚,保护私权利,提倡离婚双方当事人对婚姻状况自行承担,责任自行承担。但是在立法的变迁中,却出现了离婚自由过剩,法律限制仍不足的趋势。从另一个角度来说,立法片面地对离婚自由的追求也导致了法律的疏漏,让“假离婚”这样危害社会秩序稳定的违法行为有机可乘。

那么国家是否该对离婚进行干预?是否应限制离婚自由?国家对离婚干预是公权力干预私权利,民法理念倡导私法自治,反对公权力对私权利的渗透。但是笔者认为,离婚不同于合同制度,婚姻协议有着终身性质,绝非买卖交易。从《婚姻登记管理条例》到《婚姻登记条例》的变迁,离婚登记机关丧失行政管理职能,成为民事登记机构,这是立法理念过度追求离婚自由的结果。离婚不同于其他民事行为,离婚不仅影响双方当事人的利益,同时也会影响到子女、第三人、国家和集体的利益。在我国公民法制观念和道德素质还未达到较高水平时,超出现实实际情况适用“个人自行承担责任”的理念会导致放任公民的不自觉和薄弱的法制观念,从而做出违反立法初衷的行为。由此,笔者认为在保证一定的离婚自由前提下,国家相应机关应对离婚进行适当干预,这种干预仅仅体现在存在离婚双方意思表示瑕疵,有可能损害到国家、集体或第三人利益的情况。现代社会提倡离婚自由是思想观念的进步,但是离婚自由不是无限制的自由,而是法律允许范围内的自由。

(二)协议离婚条件和程序过于简化,离婚登记过于草率

我国协议离婚制度,登记程序在发展中越来越趋于简化。现今,登记离婚

不再深入追究双方婚姻生活状态和离婚具体原因，尊重离婚双方当事人的主观意愿。离婚制度更像是交易市场上的合同制度，双方当事人达成一致合意就能解除合同，婚姻是一种终身契约的观念因为程序设立而逐渐淡化。相比于1994年的《婚姻登记管理条例》，2003年最新出台的《婚姻登记条例》在多个方面简化了离婚登记程序：其一，法定证明材料发生变化。《婚姻登记条例》删除了所在单位、村民委员会或者居民委员会出具的介绍信一项内容，取消了第三方对婚姻感情破裂的证明。如此规定直接阻断了离婚双方当事人婚姻生活感情情况的证据证明来源，从而为虚假离婚提供了便利。其二，取消审查期。《婚姻登记条例》取消了登记机关审查受理一个月的期限规定，而是修改为当场予以登记。当场予以登记无法排除离婚申请存在瑕疵的可能性。离婚程序简化，导致离婚更加简便和草率，加大了“假离婚”不被登记机关发现，顺利获取离婚证的可能性。

（三）离婚登记机关审查环节形式化，实质审查权缺失

从《婚姻登记管理条例》到《婚姻登记条例》，“管理”两个字的删除体现了立法更注重意思自治，尊重当事人意愿，削弱了公权力对婚姻私权利的干预控制。婚姻登记机关行政管理职能弱化，沦为登记机构，从而其审查权也仅仅停留在形式上，实质审查权缺失。

婚姻登记机关仅对离婚登记当事人出具的证件、证明材料进行审查并询问相关情况。证件证明材料仅仅包括：身份证、户口本、离婚协议、结婚证。以上证明材料无法证明离婚双方当事人是否存在限制民事行为能力人的情况，也无法证明离婚是否存在虚假、隐瞒事实真相、欺诈、胁迫的意思表示瑕疵的情况。同时对离婚协议的审查无法进一步审核是否存在逃避债务的可能性，无法准确判断出财产分配的合理性与否和有无损害到未成年子女合法权利。由于登记机关职能的单一性，审查权的片面性，审查制度存在严重漏洞，给通过虚假意思合意的“假离婚”提供了非法目的得逞的机会。

（四）缺少对瑕疵意思表示的限制和惩罚救济制度

原《婚姻登记管理条例》中规定：“申请婚姻登记的当事人弄虚作假、骗取婚姻登记的，婚姻登记管理机关应当撤销婚姻登记，对结婚、复婚的当事人宣布其婚姻关系无效并收回结婚证，对离婚的当事人宣布其解除婚姻关系无效并收回离婚证，并对当事人处以200元以下的罚款。”但在新《婚姻登记条例》中取消了这一规定，协议离婚虽为民事法律行为，但在意思表示出现瑕疵时并未设有无效撤销制度。

在欺诈离婚情况下，离婚申请经过登记机关形式审查后，当场予以登记，没有留给当事人发现存在被欺诈情况的时间。当经过所有的法定程序，婚姻关系解除已尘埃落定时，当事人才发现自己受到对方欺骗，自身利益受到损害，也丧失了及时补救的机会。

在通谋离婚情况下，双方都存在共同或者各自的特殊目的，虽经过一致合意，且协商离婚后再复婚，但由于登记离婚生效，复婚协议不受法律保护，往往会出现一方当事人临时变卦，拒绝离婚后复婚，产生法律纠纷。虽然受害方可以提出诉讼，但是受到欺骗的弱势方在法庭上并不占优势，法院判决也不会支持离婚无效的请求，弱势方的权利无法得到保障。

五、对离婚制度完善的法律思考

(一)规定婚姻关系保护期，限制协议离婚申请

在一定期限内，限制协议离婚申请。在法国、荷兰、墨西哥等国家都设立了限制离婚申请制度，期限从6个月到3年不等。也就是说在规定的期限内，限制协议离婚申请的提出，但可以通过诉讼方式离婚。在我国，离婚率逐年上升，很多情况下离婚当事人未经过理性的考虑就做出草率的决定，这会严重影响家庭关系和社会秩序稳定。所以，适当限制协议离婚申请具有合理性和可操作性。

(二)设立适当协议离婚考虑期

针对《婚姻登记条例》取消了登记机关审查受理一个月的期限规定，笔者认为建立登记机关受领申请后的期限制度是十分必要的。对协议离婚设置一定考虑期可以留给双方当事人足够的慎重考虑的时间，为当事人在考虑期内提出异议，撤销离婚申请提供机会。同时，考虑期设置可以为登记机关提供一个进行实质审查和监督的时机，认真审查离婚双方当事人意思表示是否真实，财产问题上是否存在逃避债务情况，从而进一步防范通谋离婚、欺诈离婚的发生。

(三)登记机关实质审查权的建立

根据协议离婚时双方当事人提供的证明材料，登记机关的形式审查无法明确当事人意思表示真实与否，是否存在隐瞒事实真相情况。在保障当事人隐私的前提下，有必要赋予登记机关实质审查权，在发现可能存在欺诈、虚假情况时及时备案，撤回协议离婚申请。

(四)建立离婚时双方债务公示制度和债权人撤销权制度

针对逃避债务假离婚这种特殊情况,为了保障债权人的合法利益和债权请求权有效实现,建议建立离婚时双方债务公示制度和债权人撤销权制度。无论是协议离婚还是诉讼离婚,当事人都应承担如实说明所负债务的义务,为保证债权人及时知悉债务人婚姻、财产变更状况,婚姻登记机关或人民法院在处理婚姻纠纷时,在保护个人隐私的前提下可将依法解除婚姻关系的事由予以公示,便于债权人及时主张权利。并且当事人在协议离婚时未向婚姻登记机关如实申报债权债务或债权人确因法定理由未能及时申报债权时,债权人有权通过民事诉讼程序,行使撤销请求权,由人民法院依法对离婚协议中的财产和债务部门的内容进行审查,并对恶意逃避债务的约定宣告撤销。

(五)建立协议离婚无效制度

根据《婚姻法》规定,协议离婚经过申请、审查、登记三个程序,缺少对离婚瑕疵意思表示的限制和惩罚救济制度。同时由于法律规定的缺失,在对"假离婚"提出不服时,无论是以行政登记机关为被告提起行政诉讼,还是以对方当事人为被告提起民事诉讼,都有同案不同判的情况。很大程度上受害人的合法权益无法通过法律途径获得救济。参照《民法通则》第五十二条无效民事行为的规定,可建立离婚无效制度和离婚登记可撤销制度。一方当事人享有离婚撤销权可向人民法院申请撤销,人民法院也可依照法律判定离婚因存在意思表示瑕疵、欺诈、虚假离婚的情况而无效。存在异议时,登记机关在批准离婚登记后,经核实情况属实可撤销离婚登记,收回离婚证。

(六)建立假离婚惩罚制度

针对协议离婚中存在欺诈、隐瞒事实真相以及利用离婚达到非法目的情况,法律应规定相应惩罚措施,如行政罚款等。惩罚制度的建立是为了起到警示和预防的作用。

结　　语

在法制建设一步步走向自由、民主、公平的今天,法律制度仍需要与时俱进,在一代代法律人的共同努力下更加健全和完善。假离婚这种社会现象是一个由来已久的问题,体现了公民法律意识淡薄,思想素质仍需提高。若该问题得不到解决,会导致社会法制秩序混乱,严重影响法律的尊严和司法的权威。然而,假离婚潮的背后映射出的是我国离婚制度的漏洞和缺陷,本文针对离婚制度中尚存的立法原则强调离婚自由，限制不足；协议离婚条件和程序过于简化，离婚登记过于草率；离婚登记机关审查环节形式化，实质审查权缺失；缺少对瑕疵意思表示的限制和惩罚救济制度等问题展开分析，提出了相应的制度完善思考，从而希望在一定程度上提供一些防止假离婚的法律思路和措施，推进中国婚姻法的完善和发展。

作者小传：宋如静，女，1997 年 9 月生于浙江省湖州市。现为浙江财经大学 2015 级非诉法律实验班法学本科生。现任浙江财经大学风华学校菁英学堂学员，校信息员，班级学习委员。曾在院学生会和校社联中任职，担任法学院团委学生会组织部副部长。曾参加浙江省法科竞赛演讲比赛，在院法律演讲比赛中获二等奖，取得 G20 优秀志愿者、校级院级十佳歌手、优秀干事、优秀团员等荣誉称号。在 2016 学年获得校优秀学生二等奖学金。

藏在神仙世界里的法律之趣

——对《孙行者三调芭蕉扇》的法律分析

金 韵

摘 要:《孙行者三调芭蕉扇》是《西游记》里非常经典的一篇,孙悟空与牛魔王夫妇之间三个回合的周旋在吴承恩笔下仿佛生出了花,活灵活现地展现在人们眼前。而这样一篇纯粹的古代文学作品,却也能引发人们对其法律意义的思考。铁扇公主一扇子扇飞孙悟空是什么行为?孙悟空假冒牛魔王骗取扇子,该如何定性?本文就《孙行者三调芭蕉扇》中各个角色相互之间的行为进行了法律分析,在文学和法律之间架起了桥梁。

关键词:《西游记》;法律分析;民事行为;现代法律

作为一个文科生,我本应博览群书,却一直都没有认真读过《西游记》,总觉得这些貌似荒诞不经的神仙题材让我提不起兴趣。基于这样一种先入为主的偏见,和其他三本古典名著相比,我甚至觉得《西游记》的分量算是最轻的:它没有《红楼梦》草蛇灰线般精巧的构思,缺乏《三国演义》厚重的历史感,不像《水浒传》那样透着一股子草莽英雄气。而这个假期,我再次翻开这本书,认真琢磨,终于明白,《西游记》是魔幻的,同时它也是现实的,甚至在这本距今已有400多年的小说里,我们仍然能够轻易地发现它对社会现实的某种折射。其中,《孙行者三调芭蕉扇》就有许多值得我们研究和探讨的地方。

孙悟空一借被公主扇飞,二借借来假扇子,三借冒充牛魔王骗得真扇子,被牛魔王变成猪八戒骗回。最终牛魔王被哪吒乾坤圈打,铁扇公主送上真扇,孙悟空一行终于得以继续西行。故事中,铁扇公主一扇子扇飞了孙悟空是什么行为?孙悟空假冒牛魔王来“借”扇子又是什么行为?牛魔王假冒猪八戒将扇子骗回,是否需要承担责任?这些平日里不会去细想的问题,在我学习了法律之后,生动地跃于眼前,让我忍不住想一探究竟。

一、孙悟空一调芭蕉扇的行为分析

(一)一调芭蕉扇的经过

在《西游记》第五十九回《唐三藏路阻火焰山 孙行者一调芭蕉扇》中,师徒几人要想过火焰山,只有向铁扇公主借芭蕉扇扇灭火后才能通过。悟空听说铁扇公主是牛魔王的妻子,心想,当年他收服她的儿子红孩儿,不知公主肯不肯借扇。不出所料,铁扇公主听说孙悟空来了,立即拿着青锋宝剑,走出洞门叫道:"孙悟空在什么地方?"悟空连忙上前行礼说自己是牛魔王的结拜兄弟。公主一听这话更生气,指着孙悟空就骂。她道:"伸过头来,等我砍上几剑!若受得疼痛,就借扇子与你;若忍耐不得,教你早见阎君!"悟空为了借到宝扇,就让公主在头上连砍了十几下也不还手。公主见一点也伤不到他,吓得扭头就走。悟空见公主不肯借宝扇,从耳朵中掏出金箍棒,拦住她的去路,两个人在翠云山上打了起来。公主和悟空一直打到晚上,见悟空越打越有劲,知道不是他的对手,就取出芭蕉扇一扇,立刻一阵狂风,把悟空吹得一个跟头接一个跟头地翻了一夜,直到天亮,总算抱住一块峰石,落到小须弥山上。

(二)借扇过程中有哪些法律行为

这样一个看似平常的故事,其实蕴藏着非常多的法律现象与问题。孙悟空前来借扇,以礼相待,是发出要约的行为。铁扇公主说,若是孙悟空受了她砍的几剑,便把扇子借给他,是附条件的借用。附条件的民事法律行为,是指附有决定该行为效力发生或者消灭条件的民事法律行为。《民法通则》第六十二条规定,民事法律行为可以附条件,附条件的民事法律行为在符合所附条件时生效。而附条件民事法律行为的构成要件要求,所附条件必须是合法事实,具有合法性。违反法律、社会公德或损害社会公共利益,以及以侵害他人权利为目的的事实,不能作为条件。公主要求孙悟空挨她砍,其实是侵害了孙悟空的权益,此借用关系不能成立。若不考虑附加条件的合法性,悟空任由公主砍而不还手,实际上已满足了借用的条件,借贷合同已生效,公主应借扇给孙悟空,但其又反悔,实属违约行为。

而铁扇公主与孙悟空不讲亲情,只讲仇隙,在翠云山大战,属于打架斗殴。在我国法律法规中,《民法通则》《治安管理处罚法》《刑法》对打架斗殴的后果、情节分别有不同的规定。《中华人民共和国民法通则》第一百一十九条规定,侵害公民身体造成伤害的,应当赔偿医疗费、因误工减少的收入、残废者生活补助费等费用;造成死亡的,还应当支付丧葬费、死者生前扶养的人必要的生活费等

费用。

《中华人民共和国治安管理处罚法》第二十六条规定，有结伙斗殴、追逐、拦截他人、强拿硬要或者任意损毁、占用公私财物或其他寻衅滋事行为的，处五日以上十日以下拘留，可以并处五百元以下罚款；情节较重的，处十日以上十五日以下拘留，可以并处一千元以下罚款。第四十三条规定，殴打他人的，或者故意伤害他人身体的，处五日以上十日以下拘留，并处二百元以上五百元以下罚款；情节较轻的，处五日以下拘留或者五百元以下罚款。有下列情形之一的，处十日以上十五日以下拘留，并处五百元以上一千元以下罚款：(1)结伙殴打、伤害他人的。(2)殴打、伤害残疾人、孕妇、不满十四周岁的人或者六十周岁以上的人的。(3)多次殴打、伤害他人或者一次殴打、伤害多人的。

《中华人民共和国刑法》第二百三十四条规定，故意伤害他人身体的，处三年以下有期徒刑、拘役或者管制。犯前款罪，致人重伤的，处三年以上十年以下有期徒刑；致人死亡或者以特别残忍手段致人重伤造成严重残疾的，处十年以上有期徒刑、无期徒刑或者死刑。本法另有规定的，依照规定。

铁扇公主一扇子扇飞了孙悟空，在现代社会中，则涉及侵害人身权的问题。所谓人身权又称人身非财产权，是指法律赋予民事主体所享有的，与其人身不可分离而无直接财产内容的民事权利，是民事主体享有其他民事权利的前提和基础。

侵犯人身权有以下五种情况：(1)违法拘留或违法采取限制公民人身自由的行政强制措施。(2)非法拘禁或以其他方法非法剥夺公民的人身自由。(3)以殴打等暴力行为或唆使他人以殴打等暴力行为造成公民身体伤害或死亡。(4)违法使用武器警械造成公民身体伤害或死亡。(5)造成公民身体伤害或者死亡的其他违法行为。

虽然在神话故事中，孙悟空身为神仙，铁扇公主的行为可能不会对他的身体造成具体的伤害，但在现实社会里，若对他人造成了人身伤害，则需承担民事责任，严重者甚至要承担刑事责任。

二、孙悟空二调芭蕉扇的行为分析

(一)二调芭蕉扇的经过

悟空想起灵吉菩萨就住在小须弥山，决定去向他请教。灵吉菩萨把当年如来佛送给他的定风丹又转送给悟空。悟空驾着云回到翠云山，又来找铁扇公主借扇子。公主还是不肯借，和悟空打了几回后又拿出扇子朝悟空用力扇去，悟空竟然没有动。她又连扇了两下，见悟空仍然不动，连忙收起宝贝逃回洞里，关上洞门不肯出来。孙悟空在吃了铁扇公主的闭门羹后，化作一只飞虫进入公主的肚子里，公主疼痛难忍，不得不交出扇子，可借给孙悟空的扇子却是一把假扇，火越扇越大。

(二)孙悟空“变身”迫公主借扇

公主不肯出借扇子，反而再次与孙悟空大战，想再一次扇飞悟空，虽有扇飞他的故意，但因悟空有定风丹，没有对他造成影响。孙悟空变作小虫迫使公主借出扇子，属于胁迫行为。《最高人民法院关于贯彻执行〈中华人民共和国民法通则〉若干问题的意见》第六十九条规定：“以给公民及其亲友的生命健康、荣誉、名誉、财产等造成损害或者以给法人的荣誉、名誉、财产等造成损害为要挟，迫使对方做出违背真实的意思表示的，可以认定为胁迫行为。”《民法通则》第五十八条规定：“一方以欺诈、胁迫的手段或者乘人之危，使对方在违背真实意思的情况下所为的，是无效行为。”《合同法》第五十二条规定：“受欺诈、受胁迫而为民事行为的效果：(1)因欺诈、受胁迫方式签订的合同，如果没有损害国家利益，则是可变更、可撤销。(2)因欺诈、受胁迫方式签订的合同，如果损害了国家利益，合同行为无效。”我们依此可以得出，根据《民法通则》规定，公主借给孙悟空扇子的行为是无效行为；根据《合同法》，则是可变更、撤销合同。一方以欺诈、胁迫的手段或者乘人之危，使对方在违背真实意思的情况下订立的合同，受损害方有权请求人民法院或者仲裁机构变更或者撤销。当事人请求变更的，人民法院或者仲裁机构不得撤销。

(三)公主借出假扇是否应承担责任

虽然公主借出扇子是被迫的，但其借出的是假扇，且让火焰山的火越扇越大，实属侵权行为。在借用合同中，出借人一般不负瑕疵担保责任。但出借人故意隐瞒借用物的瑕疵而致借用人受损害的，应负赔偿责任。在故事中，公主隐瞒事实，将假扇借给悟空，致使火不灭反大，已损害了悟空的利益，理应担起赔偿责任。

三、孙悟空三调芭蕉扇的行为分析

(一)三调芭蕉扇的经过

在《西游记》第六十回中，悟空跑去找牛魔王借扇，二人又大打一场，直到有人叫牛魔王去赴宴才收手。悟空悄悄跟在牛魔王身后，见那只辟水金睛兽拴在宫外的石柱上，就偷偷解下来，决定骑上它，变成牛魔王，到公主那里去骗芭蕉

扇。公主已有两年没有见过丈夫了,所以特别高兴,一点也不怀疑。悟空故意说是怕公主把芭蕉扇借给了仇人,才匆匆回来帮忙的。公主一听连忙命令摆酒给大王洗尘。喝了一会儿,公主已经有点醉了,悟空假装应付着,并叮嘱她把扇子藏好,公主笑着说:"我把它藏在嘴里,那猴子怎么能偷呢?"说着,从嘴里吐出一柄杏叶大小的扇子递给悟空。悟空接过扇子问:"这么小的扇子,怎么能扇灭八百里的火焰呢?"公主埋怨丈夫不该把自己家宝贝的威力都忘了。一边埋怨着,一边把扇子变大的咒语说了一遍。悟空记在心里,把扇子放在口中,变回原来的样子,拔腿就往外跑。

(二)孙悟空假冒牛魔王骗扇

孙悟空假冒牛魔王骗取扇子,应属欺诈行为。根据《最高人民法院关于贯彻执行〈中华人民共和国民法通则〉若干问题的意见》第六十八条,一方当事人故意告知对方虚假情况,或者故意隐瞒真实情况,诱使对方当事人做出错误意思表示的,可以认定为欺诈行为。构成欺诈行为一般须具备以下四个要件:(1)欺诈人有欺诈故意。(2)欺诈人实施了欺诈行为。(3)被欺诈人因欺诈而陷入错误。(4)被欺诈人因错误而为意思表示。《合同法》中将欺诈分为两种,即损害国家利益的欺诈和不损害国家利益的欺诈,前者为无效行为,后者为可撤销行为。《刑法》中则有合同诈骗罪的规定。而民事欺诈行为和合同诈骗又有着明显的区别。民事欺诈行为的当事人采取欺骗方法,旨在使相对人产生错误认识,做出有利于自己的法律行为,然后通过双方履行该法律行为谋取一定的"非法利益",其实质是牟利,但不具有非法占有的目的;而合同诈骗罪虽然客观上可引起他人一定民事法律行为的"意思表示",但行为人并没有承担约定民事义务的诚意,而是只想使对方履行那个根本不存在的民事法律关系的"单方义务",直接非法占有对方财物。因此,可以得出结论:合同诈骗罪是以直接非法占有公私财物为故意内容,而民事欺诈则是通过双方履约来间接获取非法财产利益。

与欺诈有几分相似的还有重大误解和表见代理。重大误解是指行为人因对行为的性质,对方当事人,标的物的品种、质量、规格和数量等发生错误认识,使行为的后果与自己的意思相悖,并造成较大损失的行为。因重大误解而做出的民事行为一般具有以下构成要件:(1)误解一般是因受害方当事人自己的过错造成的,而不是因为受到他人的欺骗或不正当影响造成的。(2)当事人的误解必须是要对行为的主要内容构成重大误解。如果仅仅是行为的非主要条款发生误解且并不影响当事人的权利义务关系,就不应作为重大误解。同时,对订约动机的判断错误也不应构成重大误解。误解必须是对行为的内容发生误解，并导致了行为的做出；同时，误解还必须是重大的。所谓重大的确定，既要考虑误解者所误解的不同情况，考虑当事人的状况、活动性质、交易习惯等几个方面的因素，又要考虑因此给当事人造成的不利后果。(3)误解直接影响到当事人所应享受的权利和承担的义务。行为一旦生效，将会使误解方的利益受到损害。

而表见代理制度是基于被代理人的过失或被代理人与无权代理人之间存在特殊关系，使相对人有理由相信无权代理人享有代理权而与之为民事法律行为，代理行为的后果由被代理人承担的一种特殊的无权代理。表见代理在法律性质上属于一种民事行为，由民法调整，实际上是在无权代理人、被代理人、善意第三人之间进行民事权利与义务的一种分配。(1)以本人名义为民事法律行为。(2)代理人的代理属无权代理。(3)代理人具有被授权的表象。(4)相对人善意且无过失。(5)本人在裁判前对无权代理行为不追认。(6)符合代理的生效要件。表见代理是有效代理，就必然要具备代理的其他生效要件，如标的必须确定、可能、合法，当事人须有相应的行为能力。

在故事中，公主是受了孙悟空的欺骗，不符合重大误解的构成要件；且孙悟空是变成了牛魔王的模样以此获得了铁扇公主的信任，而不是以自己本来的模样以及本人的名义取得扇子，不符合表见代理构成要件中“以本人名义为民事法律行为”的要求。所以，此时不考虑为重大误解和表见代理。

民事欺诈行为导致的法律后果是民事行为无效，从行为开始就没有法律约束力。在现实生活中，根据《中华人民共和国消费者权益保护法》规定，经营者在提供的商品或者服务有欺诈行为时，消费者可以要求增加赔偿遭受的损失，增加赔偿的金额为消费者购买商品的价格或者接受服务的费用的一倍。

(三)牛魔王假扮猪八戒骗回扇子是否担责

关于铁扇公主的扇子，我查阅到了多种说法，有说铁扇本属太上老君，是牛魔王为了娶铁扇公主，需要能压制她的家传宝扇的宝贝，于是向太上老君求得芭蕉扇，在娶了铁扇公主后将芭蕉扇交与她保管，而公主家传的宝扇则是借给孙悟空的那把假扇；又有说芭蕉扇是牛魔王家代代流传下来的宝物，孙悟空大闹天宫时蹬下一块砖来形成了火焰山，于是牛魔王便把芭蕉扇交给铁扇公主，让她多一笔收入。若芭蕉扇是夫妻共同财产，孙悟空假扮牛魔王骗扇属欺诈行为，行为无效，则牛魔王骗回扇子的行为没有社会危害性，不构成侵权也不构成犯罪，无须承担责任，可定性为自救行为。当然，根据法益平衡的原则，自救行为方法之正当性必须以不超过必要限度为基准，也就是说，自救行为不得超过保护请求权所必须的程度。

例如，权利人扣押债务人的一项财产就可保全其请求权时，不得扣押其数项财产；扣押财产可以达到自己目的时，不得毁损债务人之财产；债务人虽有逃走的可能，但扣押其物即可保护权利人之请求权时，不得限制债务人的自由。如果自救行为超过必要限度，其方法即失去了正当性，就造成了对他人人身权利或财产权利的侵犯，应负一定的民事责任或刑事责任。行为人实施自救行为后应立即向有关国家机关申请援助，这是判断自救行为是否构成阻却违法事由的标准之一。若行为人无故迟延申请，应立即归还所扣押之财产或释放债务人。若行为人的行为不被有关国家机关事后认可，就必须立即停止侵害并对受害人负赔偿责任。若紧急情况解除之后，行为人仍然扣押、毁损他人财产或限制他人人身自由，则其行为失去合法性可能构成犯罪。

四、孙悟空大战牛魔王得铁扇的行为定性

（一）孙悟空的行为如何定性

在第六十一回的故事中，扇子又被骗走，孙悟空与牛魔王大战，败阵而走。土地神劝其不可就此罢休，于是悟空领着八戒和土地神前去讨扇，李天王、哪吒也来帮忙，最终打败了牛魔王得到铁扇。若铁扇是夫妻共同财产，我认为悟空的行为从刑法来说构成抢劫。抢劫是指行为人对公私财物的所有人、保管人、看护人或者持有人当场使用暴力、胁迫或者其他方法，迫使其立即交出财物或者立即将财物抢走的行为。所谓暴力，是指行为人对被害人的身体实行打击或者强制。较为常见的是殴打、捆绑、禁闭、伤害，直至杀害。在故事中，孙悟空为了能继续西行取经，采用大战牛魔王的方式取得铁扇，对牛魔王使用了暴力打压，符合抢劫的定义。而其行为尚不能构成抢劫罪，因为“以非法占有为目的”是抢劫罪的构成要件之一，而孙悟空仅仅只是“借”来扇子灭火，在使用完之后便归还给了铁扇公主，只是违法行为。

（二）实务操作中抢劫行为罪与非罪的认定

在实务操作中，情节显著轻微、危害不大的行为，不认为构成了抢劫罪。例如：青少年偶尔进行恶作剧式的抢劫，行为很有节制、数额极其有限，如强索少量财物，抢吃少量食品等，由于情节显著轻微，危害不大，属于一般违法行为，尚不构成抢劫罪。因为婚姻、家庭纠纷，一方抢回彩礼、陪嫁物，或者强行分割并拿走家庭共有财产的，即使抢回、拿走的份额多了，以及类似的民事纠纷，也属于民事、婚姻纠纷中处理方法不当的问题，不具有非法强占他人财物的目的，不构成抢劫罪。为子女离婚、出嫁女儿暴死等事情所激怒，而纠集亲友多人去砸

毁对方家庭财物，抢吃粮菜鸡猪，属于婚姻家庭纠纷中的泄愤、报复行为，一般应做好调解工作，妥善处理，不要作为抢劫论处。

结　语

由此可见，文学作品不仅仅是虚构了一个个拥有阆苑琼楼的天上人间和众多鸾姿凤态、呼风唤雨的神仙，其承载的法律意蕴也值得我们思考。文学传承了历代的法律价值观，是法律正义的直接传播者。从神话故事中探求法律分析，证明了法律是可以生动有趣的。我想，作为一名法科生，我们也要善于寻找法律中的乐趣，在阅读时不要泛泛而读，而是时刻牢记要将文学与法律相联系。文学和法律从来都不是剥离开来的，相信在文学中探寻法律，能帮助我们更快地成长。

作者小传：金韵，女，1997 年 3 月生于湖南长沙，现为浙江财经大学法学院 2015 级非诉法律实验班法学本科生。

曾荣获全国第四届新课标创作大赛一等奖，长沙市中小学生创新作文大赛特等奖、一等奖；独立撰写的《坚守汉字》《同呼吸、共奋斗》《霾没了》《善待时间》等习作分别发表在省级报刊上，其中《坚守汉字》被推荐参评湖南好新闻奖；十余次获得全国书法大赛金奖，并通过了十级书法认定。

目前在校任学院学生会宣传部副部长，独立制作的海报制作以及手绘微漫画在学院官方微信平台上推出，2016 年获得浙江财经大学文艺单项奖学金。

跳出“英雄主义”的法律世界

——“宋江杀妻”案中的刑法问题

樊　菲

摘　要:《宋江怒杀阎婆惜》是文学著作《水浒传》里的经典章节。“宋江杀妻”似乎只是封建社会中的一起单纯的杀人案件,甚至在特定的历史条件与历史背景下也被认为有可取之处,但其实不然。如果我们把“宋江杀妻”一案放在现代社会来看,梳理案件的起因、经过和结果,便可以从中分析出不少法律关系与法律事实。宋江的故意杀人罪已是显而易见,阎婆惜持招文袋敲诈勒索,地方知县与朱仝、雷横等国家工作人员徇私枉法,宋太公等人的包庇行为也都是重要的法律问题。

关键词:宋江杀妻;刑法分析;现代法制

大多数人会从文学和历史的角度对《水浒传》做深入的审视和研究,但是其实其中也蕴含着无数有借鉴意义的法律价值。宋江怒杀阎婆惜这一事件,就能引发不少的思考与讨论。宋江杀害妻子后得以逃脱,这其中到底有多少人又有多少行为值得我们从法律的角度进行分析呢?

一、阎婆惜的敲诈勒索行为

阎婆惜虽为宋江的妾室,但两人并无感情基础。没多久后,阎婆惜就和张三(张文远)发生了不正当的男女关系,并对宋江日益不满。偶然情况下,她在家中拾得宋江落下的放有晁盖书信及黄金百两的招文袋,进而得知了宋江与他来往的秘密。于是当宋江前来寻找时,她不仅拒绝归还,还以此要挟宋江并索取财物。那么阎婆惜持招文袋威胁宋江并索要财物的行为该如何定性呢?

按照我国现行法律规定,敲诈勒索罪是以非法占有为目的,对被害人使用威胁或者要挟的方式,强行索要公私财物的行为,此犯罪行为所侵犯的客体是公私财产所有权。那在《水浒传》中,阎婆惜持招文袋,以状告宋江与贼人相通相要挟,要求宋江给予她财物的行为是否构成敲诈勒索罪呢?这就涉及招文袋的所有权归属问题，阎婆惜系宋江花钱买来的妾，在古代虽非正妻，但在现代法律规定来看亦为配偶。那么招文袋是否属于夫妻共同财产呢？按照我国法律规定，有下列情形之一的，为夫妻一方的财产：(1)一方的婚前财产。(2)一方因身体受到伤害获得的医疗费、残疾人生活补助费等费用。(3)遗嘱或赠予合同中确定只归夫或妻一方的财产。(4)一方专用的生活用品。(5)其他应当归一方的财产。招文袋里放有晁盖给宋江的信件和谢礼，即黄金。虽为宋江与阎婆惜二人婚姻存续期间获得的财产，但是属于对宋江个人的财产赠予，就不属于夫妻共同财产，而是宋江的个人财产，因此阎婆惜对招文袋没有所有权。反观宋江，他出手抢夺阎婆惜手中的招文袋本是合法的行为，因招文袋是宋江的个人财产，拿回属于自己的东西这一行为无可非议，但是杀人就是另外的事情了，那是后话。

而后我们便可以按照敲诈勒索罪的构成要件逐一分析：从著作中看，十八岁的阎婆惜已经达到法定的刑事责任年龄，并且精神正常，符合此罪的犯罪主体标准。在宋江要求其归还招文袋时，阎婆惜却提出"若要饶你时，只依我三件事便罢"，否则就要状告宋江与贼人相通。而且这三件事除成全其与张三之外皆不外乎钱财。虽然向司法机关告发某一犯罪行为是合法的，但是阎婆惜以此威胁宋江使其产生了极大的恐惧心理，借此索取财物，显然构成敲诈勒索罪。由此可见，阎婆惜的行为已经符合使用威胁、胁迫手段侵犯公私财物所有权这一客观要件，而其以非法占有为目的的主观故意更是毋庸置疑。加上索要"黄金百两"亦不是小数目，此罪当然成立。由此来说，阎婆惜的行为已经完全符合敲诈勒索罪的构成要件，只不过因被宋江杀害而敲诈未遂，但这并不影响其构成敲诈勒索罪(未遂)。

二、宋江的杀人行为

宋江发现招文袋遗失，于是返回家中向阎婆惜索要，结果并未索要成功反遭其敲诈勒索，二人抢夺之时，宋江一气之下将阎婆惜杀害，这也是事件中最为主要的法律问题。

文中描写到，"宋江左手早按住那婆娘，右手却早刀落。去那婆惜颡子上只一勒，鲜血飞出"及"宋江怕他(她)不死，再复一刀，那颗头伶伶仃仃落在枕头上"。可见宋江的杀人行为是确定无疑的。但是宋江杀死阎婆惜是否属于主观故意呢？在我国法律看来：行为人明知自己的行为会发生他人死亡的结果，并且希望或者放任这种结果发生即为故意。故意分为直接故意和间接故意。

直接故意指行为人明知自己的行为必然或者可能发生危害社会的结果，并且希望危害结果的发生以及明知必然发生危害结果而放任结果发生的心理态

度。其又可分为两种情况，即明知可能和明知必然。间接故意指行为人明知自己的行为可能发生危害社会的结果，并且放任这种结果发生的心理态度。所谓放任，是指行为人对于危害结果的发生，虽然没有希望、积极地追求，但也没有阻止、反对，而是放任自流，听之任之，任凭、同意它的发生。间接故意包括三种情况：(1)为了追求一个合法的目的而放任一个危害社会的结果发生。(2)为了追求一个非法的目的而放任另一个危害社会的结果的发生。(3)在突发性案件中不计后果，动辄捅刀子的情形。

直接故意与间接故意的区别在于：(1)认识因素有所不同，直接故意包括明知可能和明知必然两种情况，间接故意只有明知可能一种情形。(2)对危害结果发生的意志因素明显不同。间接故意是放任结果发生，即听之任之、满不在乎，容忍、同意危害结果的发生；直接故意的意志因素是希望结果发生或明知道必然发生的情况下放任结果发生。(3)特定危害结果发生与否，对两种故意及其支配之下的行为定罪的意义也不同。(4)直接故意的主观恶性大于间接故意。故意杀人的动机是多种多样和错综复杂的。常见的如报复、图财、奸情、拒捕、义愤、气愤、失恋、流氓动机等。

在小说中，宋江为了夺回招文袋残忍杀害了阎婆惜，侵犯了阎婆惜的生命权。宋江持刀连续两次砍击阎婆惜颈部，致其当场毙命，杀人故意非常明显。阎婆惜拾得招文袋知晓了宋江与晁盖等人相通，扬言向官府揭发，宋江怕事情败露，遂产生杀人灭口的动机。从文中可以看出，宋江是气急，激情杀人，一刀下去，阎婆惜已是鲜血飞出，但宋江还怕婆惜不死又补一刀。由此可见，宋江明知自己的行为会造成对方死亡的结果，并且积极追求死亡结果的发生，系直接故意杀人。根据我国《刑法》第二百三十二条规定：故意杀人的，处死刑、无期徒刑或者十年以上有期徒刑；情节较轻的，处三年以上十年以下有期徒刑。

另外，关于宋江杀人行为的判定还有另一重要的细节，即他身为县级政府的押司，属于国家机关工作人员，不仅知法犯法，还在事发后逃脱，妄图逃避法律责任，情节恶劣。即便是阎婆惜敲诈勒索在先，但是作为一个弱女子，婆惜在当时情况下对宋江并没有造成任何人身威胁，因此宋江故意杀人所应承担的责任并不应因阎婆惜的敲诈勒索而有所减轻。相反，因其身份特殊，按照法律规定应该从重处罚。

三、知县的徇私枉法行为

当张文远与阎婆到知县处状告宋江的杀人行为时，知县主观臆断、先入为主，未经查证便断言“宋江是个君子诚实的人”。后来得知真相，又一心包庇他，“知县却和宋江最好，有心要出脱他”。不仅没有进行及时有效的调查追捕，而且用“凶身宋江在逃，不知去向”来搪塞二人。后因遮掩不住，便干脆拉了那唐牛儿做了替罪羊，以“故纵凶身在逃”问罪，杖脊二十，刺配五百里外。

在我国法律中，徇私徇情的表现形式有以下几种：

(1)对明知是有罪的人而故意包庇不使他受追诉。所谓有罪的人，是指构成犯罪并且应当依法追究其刑事责任的人。所谓故意包庇使其不受追诉，是指故意包庇使其不受侦查(含采用强制性措施)、起诉或者审判，故意包庇不使他受追诉的犯罪事实，既可以是全部的犯罪事实，也可以是部分的犯罪事实和情节。此外，故意违背事实真相，违法变更强制措施，或者虽然采取强制措施，但实际放任不管，致使犯罪嫌疑人逃避刑事追诉的，以及司法机关专业技术人员在办案中故意提供虚假材料和意见，或者故意做虚假鉴定，严重影响刑事追诉活动的等等，都应以该罪论处。表现在本案中，则是郓城县知县消极追捕凶犯，协助其逃跑，有意包庇宋江使其免受法律制裁。

(2)对明知是无罪的人使他受追诉。所谓无罪的人，既包括根本上无违法犯罪事实的人，也包括虽有违法行为但依法不构成犯罪的人，还包括虽然构成犯罪但根据《刑事诉讼法》第十五条的规定，依法不应追究，如犯罪已过追诉时效期限的，经特赦令免除刑罚的。所谓使他受追诉，是指对无罪人员不应该进行侦查、起诉、审判等刑事诉讼活动，但为了徇私徇情，追究其刑事责任而对无罪的人立案侦查、起诉或审判。在本案中表现为知县为了使宋江能够逃脱制裁，便随意拉唐牛儿做替罪羊，判定其“故纵凶身在逃”的罪名并使其受到法律的追诉。

(3)在刑事审判活动中故意违背事实和法律做枉法裁判。所谓枉法裁判，则是指有罪判无罪，多罪判少罪，无罪判有罪，少罪判多罪或者重罪轻判，轻罪重判等。与前两种情况不同的是，前两种情况可以发生在刑事诉讼的立案、侦查、起诉、审判的过程中，侦查人员、检察人员、审判人员都可以成为行为的主体而构成该罪；而枉法裁判则仅发生在刑事审判过程中，只有刑事审判人员才能实施这种行为而构成该罪。宋江杀妻案的整个审理过程均无公正可言，完全破坏了司法工作的秩序。

郓城县知县在宋江杀人案件的审理中并未积极调查案件真相，也未及时有效地追捕凶犯，甚至为了包庇凶手宋江不受刑事处罚，给本属无罪之人的唐牛儿冠上莫须有的罪名，做出一系列不公正的裁决。按照我国《刑法》第三百九十九条规定：司法工作人员徇私枉法、徇情枉法，或者在刑事审判活动中故意违背事实和法律做枉法裁判的，处五年以下有期徒刑或者拘役；情节严重的，处五年以上十年以下有期徒刑；情节特别严重的，处十年以上有期徒刑。该知县作为国家司法人员不仅包庇真正的罪犯而且对明知无罪的人进行追诉，并做出处罚，这严重侵犯了国家司法机关的正常活动，因此构成徇私枉法罪，并承担相应的法律责任。

四、宋氏父子与柴进的包庇窝藏行为

朱、雷两人两次带人到宋太公住处搜捕宋江，宋太公两次否认并拿出虚假的出籍公文为证，但是宋江实则被兄弟宋清藏在自家的地窖里。待搜捕结束后，宋氏父子又为宋江提供逃跑的钱财和方式方法，帮助宋江逃脱法律的制裁。

根据《刑法》第三百一十条，窝藏、包庇罪的规定：明知是犯罪的人而为其提供隐藏处所、财物，帮助其逃匿或者作假证明包庇的，处三年以下有期徒刑、拘役或者管制；情节严重的，处三年以上十年以下有期徒刑。犯前款罪，事前通谋的，以共同犯罪论处。本罪为选择性罪名，具体包含包庇罪和窝藏罪。“包庇”应限于向司法机关提供虚假证明掩盖犯罪人，或是行为人出于某种特殊的原因，为了使犯罪人逃匿，而自己冒充犯罪人向司法机关投案或实施其他使司法机关误认为自己是原犯罪人的行为。“窝藏”则是指为犯罪的人提供隐藏处所、财物帮助其逃匿的行为。宋氏父子在明知宋江杀人罪行的情况下，提供虚假的出籍证明佐证宋江已不在家中，且为其提供藏匿之所，使得司法机关不能发现其行踪，后又协助宋江逃跑，显然已经构成了包庇窝藏罪。

宋江在杀死阎婆惜后逃到柴进的住所，柴进知晓此事的来龙去脉后仍明确表示保护宋江，有意帮助其逃避追捕，也达到了使其逃避法律制裁的非法目的。柴进的行为已经侵犯了司法机关正常的刑事诉讼活动，完全符合窝藏罪的构成要件，因此其行为构成窝藏罪。

宋氏父子与柴进都未与宋江进行事前通谋，故不属于共同犯罪。但他们作为已满十六周岁且具有刑事责任能力的自然人，理应为其包庇窝藏杀人犯宋江的行为承担相应的法律责任。

五、朱仝与雷横的徇私枉法和行贿行为

再说朱仝、雷横二人，两人身为都头，虽两次对宋太公家进行搜捕，但是因本就有意帮助宋江，搜捕行动敷衍了事、态度消极：第一次听了宋太公的说辞就打道回府；第二次搜捕时意外发现了藏身于宋家的宋江但是假装没有看到，意欲帮助其逃避法律的制裁；而且还为宋江逃避刑事处罚出谋划策积极帮助其逃脱。表现为：包庇杀人凶手宋江，为其指明了逃脱路线及逃脱方法，使宋江得以逃至柴进处；后又教唆宋江之父散些钱财给阎婆等人，意欲将此事私了；还给上级部门钱财，以确保此事万无一失。两人在刑事审判活动中有故意违背事实和法律的行为，皆有使有罪之人不受法律追诉的主观故意；后随知县一起追诉本无罪的唐牛儿。这些符合徇私枉法罪的构成要件，因此此罪成立（参见《刑法》

第三百九十九条）。

朱仝与雷横为了保全宋江，使其案件的相关法律文件可以通过，给州里官员送钱财。《刑法》第三百八十九条规定："为谋取不正当利益，给予国家工作人员以财物的，是行贿罪。在经济往来中，违反国家规定，给予国家工作人员以财物，数额较大的，或者违反国家规定，给予国家工作人员以各种名义的回扣、手续费的，以行贿论处。"据此，朱、雷二人遣送钱财打通上级门路这一做法同时也另行构成行贿罪。二人向国家工作人员进行钱财贿赂，主观方面是为了使宋江事件的文书顺利通过，且最终达到了目的，使得宋江得以逃避法律的制裁，具有较大的社会危害性。

朱、雷二人犯"徇私枉法罪"与"行贿罪"已经无可辩驳，但是这两个罪名同时存在的情况下该如何处罚？其实，朱、雷二人在这两种罪名下应判定为牵连犯。这就又要引出牵连犯的概念。所谓"牵连犯"是指出于一个犯罪目的，实施数个犯罪行为，数个行为之间存在手段与目的或者原因与结果的牵连关系，分别触犯数个罪名的犯罪状态。对于牵连犯有以下三个判定要件：

第一，数罪必须出于一个犯罪目的。犯罪目的，是指行为人通过实施危害社会的行为所希望达到的结果。犯罪目的不同于犯罪构成中的主观方面的故意，在一个犯罪目的支配下实施的牵连犯罪行为，其故意内容可以不同，但都必须是故意。过失犯罪不成立牵连犯。

第二，必须实施了两个以上独立的犯罪行为。行为人必须实施了两个以上独立的犯罪行为且触犯不同的罪名。如果只有一个犯罪行为，即使触犯了不同罪名，也不是牵连犯而是想象竞合犯。

犯罪行为的个数可根据犯罪构成判断。触犯不同的罪名，即行为的异质性，也就是说，方法行为与目的行为、原因行为与结果行为是异质数罪。如只触犯同一罪名，是连续犯而不是牵连犯。

第三，数个犯罪行为须有牵连关系。牵连关系是指行为人所实施的数个犯罪行为之间具有方法与目的或原因与结果的密切联系。

由朱仝、雷横的行为来看，他们二人同时实施了徇私枉法和对国家工作人员行贿两个犯罪行为，且两个犯罪行为皆出于"帮助宋江逃脱法律制裁"这一目的。实际上，行贿是确保徇私枉法顺利进行的手段，二者之间存在"方法与目的"的密切联系，因此应判定为牵连犯。对于牵连犯，除我国《刑法》已有规定的外，从一重罪论处。例如我国《刑法》第三百九十九条第三款规定：司法工作人员贪赃枉法，有前两款行为的，同时又构成本法第三百八十五条规定之罪的，依照处罚较重的规定定罪处罚。即徇私枉法罪与受贿罪或枉法裁判罪与受贿罪构成牵连犯，要从一重处断。（根据最高人民法院，最高人民检察院《关于办理

渎职刑事案件适用法律若干问题的解释(一)》第三条,国家机关工作人员实施渎职犯罪并收受贿赂,同时构成受贿罪的,除刑法另有规定外,以渎职犯罪和受贿罪数罪并罚。)据此,对朱、雷二人应该是从一重处罚。

结 语

当然这一故事中可能还有其他法律关系,但是因当事人双方不明确、与主线剧情关联不大等原因在此就不再一一分析。从宋江怒杀阎婆惜这一案件所存在的这几个主要的法律问题来看,阎婆惜公然婚内出轨还勒索丈夫固然可恶,但是罪不至死,而且宋江"以暴制暴"甚至冲动杀人的行为方式也是不可取的,实在不符合当今法治社会的要求。

再说宋江杀人后之所以能如此轻易地逃避法律的制裁,其中最为主要的原因便是官官相护的社会风气以及所谓的"江湖义气"。因为特定的历史特征和小说文学性的需要,对"义气"我们不再做过多的讨论。但是官官相护,集体性的徇私枉法确实是当时社会的一大弊病,可以说宋江是这种畸形社会体制的短暂获益者,但是同时他也意识到了这种社会风气的弊端。因此在现代社会我们仍应时刻警惕,司法机关及其工作人员作为法律实施的有力保障,也应明白有所为有所不为的道理。

作者小传:樊菲,女,1997 年 6 月生于河北衡水。现为浙江财经大学法学院 2015 级非诉法律实验班法学本科生。

在校期间积极参与学生工作与社团活动,会用十二分的热情与精力去对待,不理会任何阻碍,甚至会有种近乎偏执的执着。信奉"慢工出细活"的道理,我可能需要比别人多一点的时间去熟悉一些知识,接近一些人,但是我始终相信我内化的最终结果与收获的人际关系状态也是很多人无法达到的。

喜欢音乐和语言,偶尔也喜欢看哲学书。选择法学专业,能够以一个积极的心态去对待我的学习生活,认真学习专业知识。不得不说因为从小就看着做律师的妈妈工作,其实自己对成为一名律师也有很大的憧憬。

草莽英雄的法律逻辑

——《鲁智深火烧瓦罐寺》法律漫谈

胡　蝶

摘　要：四大名著一直是我国的文化瑰宝。其中《水浒传》描写了北宋末年以宋江为首的108位好汉在梁山聚义，以及聚义之后接受招安四处征战的故事。它是文学史中最自由、最具史诗特征的作品，也是活生生的刑事案例书。我们以往阅读，仅限于文学上的赏析，对各个情节在法律上的理解甚少。本文根据《鲁智深火烧瓦罐寺》一章，从鲁智深初遇老和尚，以及中途躲避路遇史进并一同除恶扬善的情节，结合现行法律分析其中的行为。

关键词：文学法律；刑法；私力救济

《水浒传》作为中国历史上以白话文写成的章回小说，被后人视为中国古典四大文学名著之一，其地位不言而喻。

一直以来都是从文学的角度来分析各个英雄人物，如今浅学法律，试着从法律的角度再来读这部名著，发现这本书可谓是刑事犯罪的教科书，也难怪有人会提出用《水浒传》做普法宣传的武器。首先它的群众基础是借其进行普法宣传的天然条件，《水浒传》塑造出的英雄人物深得人心，且影视戏剧使之流传更广；其次，它用通俗的语言描述的故事情节，本身就是人们容易理解的活生生的司法案例。

本文主要围绕其家喻户晓的一段“鲁智深火烧瓦罐寺”展开。情节主要是：鲁智深走着走着看见一所败落寺院，名为瓦罐寺，赶去后只见几个老和尚坐在地上，得知是崔道成、丘小乙这两个道长如强盗般把众僧赶走了。鲁智深便与丘、崔二人打斗，因饥饿打不过只好逃走，然后在赤松林遇见了史进等人，吃饱后又去打丘小乙、崔道成，最终将他们杀死，鲁智深看见老和尚自杀便放火把瓦罐寺烧了。

试着将法律和鲁智深的行为相结合，不想竟得出与高中初读此段时截然不同的观点。

一、鲁智深“抢粥”行为构成分析

(一)情节

老和尚道:“我们三日不曾有饭落肚,那里讨饭与你吃?”智深道:“俺是五台山来的僧人,粥也胡乱请洒家吃半碗。”……智深提了禅杖,踅过后面,打一看时,见一个土灶,盖着一个草盖,气腾腾撞将起来。智深揭起看时,煮着一锅粟米粥。……那几个老和尚吃智深寻出粥来,只叫得苦,把碗、碟、铃头、勺子、水桶,都抢过了。智深肚饥,没奈何,见了粥,要吃,没做道理处。只见灶边破漆春台,只有些灰尘在上面。智深见了,人急智生,便把禅杖倚了,就灶边拾把草,把春台揩抹了灰尘,双手把锅掇起来,把粥望春台只一倾。那几个老和尚都来抢粥吃,才吃几口,被智深一推一跤,倒的倒了,走的走了。[①]

(二)行为分析

笔者认为鲁智深的行为是“抢夺罪”。首先通过对鲁智深的具体行为进行分析,其抢他人粥水的原因,一是由于自己饥饿,二是因为老和尚骗他说没有粥水。其闻到粥味后,猛地冲到灶台前,进行抢夺,根据《刑法》第五章规定,侵犯财产罪中的抢夺罪即以非法占有为目的,乘人不备,公开夺取数额较大的公私财物的行为。而此处的数额较大,根据现在的司法解释,是抢夺的财物价值折合人民币后的数值范围,而在当时,在危险困难处境中,一碗粥对个人的价值、意义巨大,并不能用人民币衡量,更何况,时过境迁,当初还未有货币概念,老和尚并不知粥值几钱,只知道它可以救性命。生命无价,也就无法推测价值。因此综合上述各点,其符合抢夺罪的构成要件,属于抢夺罪的既遂。但由于最终听说老和尚们的困境之后,不忍再抢,构成抢夺罪的中止,对其之后的量刑多少有一定影响。再说鲁智深抢走老和尚们的粥,是否构成故意杀人罪,需要先分析故意杀人罪的构成要件,其中“故意”分为直接故意和间接故意,这里,间接故意是指明知或应当知道危害结果却放任危害结果的发生的行为,此时饥饿难忍的鲁智深自认为和尚自有存活之道,主观上缺少对危险结果的认识,也并未有

① 施耐庵:水浒传,山东文艺出版社 2016 年版,第 49—50 页。本书所引《水浒传》原文皆出自此书,之后不在单独作注。

意置他人于死亡的境地。而如果是拔掉ICU病人的呼吸机，那毋庸置疑，是故意杀人。因而事件是属于过失致人死亡还是故意杀人，最关键之处还是鲁智深在抢粥时有没有预见死亡的可能性。实践之中，总是拿客观推主观，故意杀人是对死亡投支持票，而过失致人死亡则是投反对票。那再往下延伸，老和尚逼急了吃了其他老和尚，那鲁智深与被吃掉的老和尚又有什么关系？两例事件是否存在因果关系，是鲁智深是否要为被吃的老和尚负责的重要依据。

（三）罪与非罪的界定

鲁智深以非法占有为目的，对财物的所有人、保管人当场使用暴力、胁迫或其他方法，强行将公私财物抢走的行为，乍一看仿佛构成了抢劫罪的既遂，细细研究则不然。如果鲁智深有抢劫的故意，完全能够不顾他人的劝阻，在饥饿难耐的情况下把老和尚的粥水全部吃掉。鲁智深实施暴力的强度和内容明显弱于该情形下以抢劫为目的而实施的暴力。其主观意图不在于制止他人对其的阻挠及非法占有他人财物的故意，而是含有意气用事责怪先前老和尚欺骗他的手段。而当场实施暴力当场取财不一定构成抢劫罪，而老和尚也未因此失去喝粥水的自主权，意志还是相对自由的。鲁智深对其行为的违法性认识产生了错误，未意识到已构成犯罪。不应把其行为认定为鲁智深是为了占有他人粥水而抢劫，而是为了报复先前老和尚的欺骗。再加上后来怜悯而停止抢粥水的情节，即不构成抢劫罪的既遂。

而对于抢劫罪与抢夺罪的罪行界定，一般地说，抢劫罪是使用暴力、胁迫手段，使被害人受到强烈的袭击，使之失去反抗能力，以任其抢走公私财物或被迫交出公私财物，犯罪嫌疑人具有危害被害人人身安全的故意。而抢夺罪的强力行为则没有这种故意，而仅以夺取公私财物而满足。因而其行为的强力程度低于抢劫所使用的暴力。即使抢夺时，由于用力过猛，致使被害人受伤，因为没有伤害的故意，也不能视为暴力而定为抢劫罪。即在众人劝阻鲁智深抢夺行为时，老和尚摔倒在地，构成轻伤，也不因此使其由抢夺罪转化为抢劫罪。

再细一点分析，鲁智深携禅杖（作为其打斗的武器），算是持凶器抢夺，那《刑法》第二百六十七条第二款规定，携带凶器抢夺的，以抢劫罪定罪处罚。但是问题是，何谓凶器，何谓携带？关于“携带”的理解，当前学界主要有四种观点。第一种观点认为，只要发现行为人在抢夺时携带凶器，不问其是否使用或者出示，都构成对他人的人身威胁，因此，应该以抢劫罪论。第二种观点认为，行为人虽然携带凶器，但在抢夺时没有使用、显露、暗示自己携带凶器，也没有对被害人产生精神强制，所以不能转化为抢劫罪。第三种观点认为，“携带”应达到何种程度才符合本款所规定的要求，这里涉及携带的认定标准，孙国祥教

授在其编写的《刑法学》一书中认为，“应该确立以凶器的随时可使用程度作为‘携带’的程度标准”。其中“随时使用可能”作为认定“携带”行为的基本标准应当具体化。对于不具备随时使用可能性的凶器，即使带在身边也不能认定为“携带”。第四种观点认为，“携带凶器”的含义应当是行为人主观上具有利用凶器作案的动机，或者以凶器作为抢夺行为的后盾而随身携带某种器具实施抢夺行为但实际没有使用所携带的凶器的一种行为状态，凶器必须具有伤人的属性，即在性质和用法上，足以做到伤害他人的程度。而根据后续发展中，鲁智深持禅杖与恶贼斗殴，可以看出，禅杖足以给他人造成伤害，因而算作凶器。而真正反驳此行为是抢劫罪的是关于携带的意义的界定。在这里，需要分清携带与持有的区别。携带是持有的一种表现形式。持有只要求是一种事实上的支配，而不要求行为人可以时时刻刻地现实上予以支配；携带则是一种现实上的支配，行为人随时可以使用自己所携带的物品。而鲁智深此番抢夺粥水的行为，并未使用禅杖对他人加以暴力攻击，而是以其他方式阻挡众人。并不构成对禅杖现实的支配。

综上，种种因素都证明此行为认定为抢夺罪。

二、“官衙对恶贼作恶视而不见”的行为判定

(一)情节

智深道：“胡说！量他一个和尚，一个道人，做得甚事，却不去官府告他？”老和尚道：“师父你不知，这里衙门又远，便是官军，也禁不的他。这和尚、道人好生了得，都是杀人放火的人。如今向方丈后面一个去处安身。”

(二)行为分析

通过分析当时司法机构对二人恶举视而不见的情节，联系玩忽职守罪名的构成要件，根据《刑法》第三百九十四条关于此罪名的规定，可知该罪名的主体是国家机关工作人员即一切国家机关、企业、事业单位和其他依照法律从事公务的人员。当时官衙等司法机构的职能在于维护当地的社会秩序，保障司法公正，因而其官员应归为国家机关工作人员。其纵容二人作恶，坐视不管，则构成严重不负责任、不履行或不认真履行自己的工作职责，致使公共财产、国家和人民利益遭受重大损失的行为要件，使得寺庙香火不在，僧人走失，村中良家妇女被劫。

三、"恶贼作恶"犯罪构成分析

(一)情节

老和尚说:"那和尚姓崔,法号道成,绰号生铁佛;道人姓丘,排行小乙,绰号飞天夜叉。这两个那里似个出家人,只是绿林中强贼一般,把这出家影占身体。"

(二)行为分析

该行为构成非法侵入住宅罪。根据《刑法》第二百四十五条规定,非法侵入住宅罪为非法搜查他人身体、住宅,或者非法侵入他人住宅。那问题的关键是,寺庙算不算住宅?根据住宅的定义,住宅是指供他人家庭生活和与外界相对隔离的房屋。我们在解释住宅时必须以此为标准,公民以居住为目的的封闭空间都应当定义为住宅。住宅不强调所有权,是否拥有所有权并不影响居住权,只要是合法居住者都享有居住的安宁权和其他相关私权利。住宅的结构存在多样性。现实中,有公寓式的商品房、独门独院的洋房、没有围墙的房屋,以及临时的棚子、帐篷、小木屋等,都可以称之为住宅。结合我国人民生活及工作的特点,住宅不仅限于地上建筑物,一些特定的供人居住和生活之用的空间,也应视为住宅。我国《刑法》虽然未规定以有人居住为构成住宅的要件,但从法律所保护的客体来看,无论是非法侵入有人居住的住宅还是无人居住的住宅,均构成本罪。而寺庙是僧侣们赖以生存的场所,供出家之人居住生活,他们即因此拥有居住的安宁权及其他相关私权利,从而亦可当作住宅看待。综上,则构成非法入侵住宅罪。

(三)罪与非罪的界定

二人作恶多端,滥杀无辜,连官衙也害怕,确实构成故意杀人罪,而其行为亦对社会公共安全造成危害,亦可造成被害人死亡,那是否构成危害公共安全罪?

二者虽都具备犯罪的故意。但故意杀人罪侵犯的客体是人的生命,表现为某个或者几个人的生命,表现为非法剥夺他人生命的行为,包括一切可以用来杀人的行为。危害公共安全罪侵犯的则是公共安全,表现为不特定的多数人的生命、健康或者重大公私财产的安全。而情节最后,鲁智深、史进放火烧了寺庙

实则构成了危害公共安全罪,因二人并不能预见其行为是否会引起山中大火,是否会危及周边百姓的安全,是否会将寺庙中的有价值的文物烧毁从而给寺庙造成损失。而二恶贼抢占寺庙,赶走、杀死僧人,是故意杀人罪。

四、从“鲁智深一斗恶贼”浅谈“私力救济”

(一)情节

(鲁智深)倒提了禅杖,再往方丈后来,见那角门却早关了。智深大怒,只一脚踢开了,抢入里面看时,只见那生铁佛崔道成,仗着一条朴刀,从里面赶到槐树下来抢智深。智深见了,大吼一声,轮起手中禅杖,来斗崔道成。……斗了十四五合。……智深却待回身,正好三个摘脚儿厮见。……崔道成和丘道人两个,又并了十合之上。智深一来肚里无食,二来走了许多路途,三者当不的他两个生力,只得卖个破绽,拖了禅杖便走。两个拈着朴刀,直杀出山门外来。智深又斗了十合,斗他两个不过,掣了禅杖便走。两个赶到石桥下,坐在阑杆上,再不来赶。智深走了二里,喘息方定,寻思道:“洒家的包裹放在监斋使者面前,只顾走来,不曾拿得,路上又没一分盘缠,又是饥饿,如何是好?待要回去,又敌他不过。他两个并我一个,枉送了性命。”

(二)行为分析

要探讨是否是私力救济,就得先了解何谓私力救济。私力救济是《民法》中权利救济的一种方式,指权利主体在法律允许的范围内,依靠自身的实力,通过实施自卫行为或者自助行为来救济自己被侵害的民事权利。诞生于原始社会中的同态复仇,是行走于公力救济边缘的私力救济,是人类社会最初的权利救济方式。

由于恶贼强占寺庙在先,鲁智深为老和尚们打抱不平,替天行道而杀了恶贼,未经过司法程序也没有合法的理由,冲动行事就采取了私力救济的方式。而私力救济的法律界定,指的是当事人认定权利遭受侵害,在没有第三者以中立名义介入纠纷解决的情形下,不通过国家机关和法定程序,而依靠自身或私人力量,实现权利,解决纠纷,包括强制和交涉。首先在情势上,鲁智深听信了老和尚说的话,认为二贼作恶多端,使得寺庙僧人们的合法权益受到侵害,采取了交涉手段劝说,但是未能奏效,于是其采取强制手段即暴力手段,对其进行打压。

私力救济虽在法律上从不认为它是合法的，但是也确实没有被否认过。笔者认为，《刑法》中有法律涉及合法的私力救济，例如正当防卫，紧急避险。但是这二者有严苛的条件，同时，其中的正当防卫在除强奸、抢劫、杀人等八大罪以外，有程度的限制。而此处鲁智深在打抱不平时，对恶贼实施的以暴制暴行为，遭到了恶贼的反击，且通过情节的描述，可知已经超出了必要的正当防卫的程度，即会判定为打架斗殴，而非正当防卫。超过必要即应当承担法律责任，若达到轻伤以上，就构成故意伤害罪。在鲁智深因饥饿而体力不支逃跑后，恶贼依旧穷追不舍，是故意伤害罪所采取的手段，而非防卫过当。

五、“鲁智深、史进二人杀敌并放火”等行为的犯罪构成

(一)情节

在逃跑的路上遇到史进，本想夺些粮食充饥，史进听鲁智深声音熟悉，一场斗战反而促进了老友相识。鲁智深对史进说了瓦罐寺的事情，史进将自己包裹中的粮食给鲁智深充饥。

> 当下和史进吃得饱了，各拿了器械，同回瓦罐寺来。……看见那崔道成、丘小乙两个兀自在桥上坐地。智深大喝一声道：“你这厮们，来，来！今番和你斗个你死我活！”那和尚笑道：“你是我手里败将，如何再来敢厮并？”智深大怒，抡起铁禅杖，奔过桥来。那生铁佛生嗔，仗着朴刀，杀下桥去。智深一者得了史进，肚里胆壮；二乃吃得饱了，那精神气力，越使得出来。两个斗到八九合，……四个人两对厮杀，……可怜两个强徒，化作南柯一梦。正是：从前作过事，无幸一齐来。智深、史进把这丘小乙、崔道成两个尸首，都缚了撺在涧里，……直寻到里面八九间小屋，打将入去，并无一人。只见包裹已拿在彼，未曾打开。智深道：“有了包裹，依原背了。”……灶前缚了两个火把，拨开火，炉炭上点着，焰腾腾的先烧着后面小屋，烧到门前。再缚几个火把，直来佛殿下后檐点着，烧起来。凑巧风紧，刮刮杂杂地火起，竟天价烧起来。

(二)行为分析

二人虽是除恶扬善，但同时也构成了故意杀人罪，与恶贼罪行一致，根据故意杀人罪的定义，即用刀或其他凶器以作为的方式故意杀人，但是杀人的

方法、手段和动机多种多样，例如此二人的动机是为了杀掉坏人，拯救受难之人，不过，还是不影响故意杀人罪的成立，但可以作为量刑的情节加以考虑。

另外，其二人最后放火实则构成了危害公共安全罪，根据《刑法》第一百一十四条至一百三十九条的规定，再结合“二人在只进行了寺庙的简单搜索之后，即将柴火点燃，烧了此寺庙”的情节可知，他们并未做其他可预见的猜想，如（预见其行为是否会引起山中大火，是否会危及周边百姓的安全，是否会将寺庙中的有价值的文物烧毁从而对寺庙造成损失。）他们的放火行为对不特定人群造成了危险，因而构成危害公共安全罪。

结　语

鲁智深性格中的鲁莽和疾恶如仇确实是其作为英雄人物中不可或缺的一部分，毕竟当时司法机关本就效率低下，又伴着官僚主义欺下怕上的不良风气，坏人不等绳之以法之时，便已经有人将其制服。都说替天行道、大义灭亲是古代英雄壮举，而在法律逐步健全的时代，法律保障每一个人，即使是十恶不赦的坏人，也有他应得的权利。《水浒传》的英雄受人尊敬，是因为那个法律形同虚设的乱世，反而给他们在悬崖上做英雄提供了契机。

作者小传：胡蝶，女，1996 年 4 月生于江苏泰州。现为浙江财经大学 2015 级非诉法律实验班法学本科生，现任校学生事务中心部部长、2015 级非诉班副班长。2015—2016 学年获得优秀学生三等奖学金，院优秀干部、校优秀干事称号，2016 年获浙江财经大学法学院“我心中的法律”演讲比赛优胜奖。在校期间，多次给法律类微信公众号投稿，在其平台上发表文章。

吃不得的“人参果”

——对《五庄观行者窃人参》的法律思考

周 晗

摘 要：四大名著之一的《西游记》中有诸多令人惊叹的情节，章回扣人心弦，曲折起伏，读者无不为之折服。其中二十四至二十六回的“偷吃人参果”这一事件，让人津津乐道。如今我们站在法律人的角度阅读这个故事，就另有一番风味——孙悟空偷取人参果的行为在当代该如何定性？镇元子作为该事件的被害人是否存在过错？一系列的问题都值得我们思考。

关键词：偷吃人参果；教唆犯；共同犯罪；私设公堂

有时候名著的魅力就在于超越其本身，传达出不同时代人们的信仰。在不少人的眼里，四大名著中的《西游记》似乎只适合小学生和青少年阅读，玄幻的情节像是童话世界，不少成年人几乎不会再去接触，可是当我站在法律的视角品味时，却别有一番风味。其中不少斩妖除魔、师徒遇难的行为涉及现代法治，都是些有趣的司法案例，其中《西游记》第二十四回《五庄观行者窃人参》这一部分最为形象：唐僧师徒四人取道途经万寿山，五庄观，八戒会同悟空、沙僧，瞒着师傅偷吃人参果，闯下大祸，师兄弟三人与二位童子起口角，悟空不服二位童子训斥，气急之下，毁果毁树。恼怒了镇元子大仙，把唐僧师徒捆绑在五庄观大殿前受罚。镇元子要唐僧医活仙树，方可放他们上西天取经。悟空在观音的帮助下，医活了人参果树，唐僧师徒才顺利西去。故事情节可简单概括为：偷果子—毁树—逃跑—两度被抓—找观音—树活。可就是这样的简单情节，却涉及诸多与当代法治相关的内容，字里行间值得我们推敲深思。

一、偷吃人参果的“主罪”与“从罪”

（一）偷人参果这一行为的定性——主罪

故事中悟空受八戒的怂恿，先是偷取两位童子的金击子，后悄悄潜入果园内偷取人参果，第一颗因摘果方法不当，偷取未果，后听土地公介绍后偷取三个，与八戒、沙僧二人平分。这一事实行为引起了我的思考，该行为应当如何准确地定性？属于盗窃，抢劫，还是抢夺？

结合法律条文分析如下：

(1)抢劫罪(《刑法》第二百六十三条)，是以非法占有为目的，对财物的所有人、保管人当场使用暴力、胁迫或其他方法，强行将公私财物抢走的行为。

本罪在客观方面表现为行为人对公私财物的所有者、保管者或者守护者当场使用暴力、胁迫或者其他对人身实施强制的方法，强行劫取公私财物的行为。显然，孙悟空在偷取人参果的过程中并未采取暴力和胁迫的手段，所以该罪名不成立。

(2)抢夺罪(《刑法》第二百六十七条)，是指以非法占有为目的，乘人不备，公开夺取数额较大的公私财物的行为。

抢夺罪的客观方面，表现为乘人不备，公然夺取公私财物的行为。其显著特点之一是公然夺取。这是指犯罪嫌疑人当着公私财物持有者的面，乘其不备，公开夺取其财物的行为。结合孙行者的所作所为，他是在两位仙童不知情的情况下偷取的人参果，并没有该罪中提及的公开夺取一说，故而也不是抢夺罪。

(3)盗窃罪(《刑法》第二百六十四条)，是指以非法占有为目的，秘密窃取公私财物数额较大或者多次盗窃、入户盗窃、携带凶器盗窃、扒窃公私财物的行为。

孙悟空在偷取果子的过程中满足了盗窃罪的主客观方面和主客观要件，尤其是在客观方面表现为秘密窃取，这一重要特点是区别于前两者的重要信息。而孙悟空也恰恰正是满足了这一点，故而符合盗窃罪的定性。

（二）教唆罪和共同犯罪——从罪

偷取人参果的过程中，八戒起了十分重要的作用。他偷听到二位仙童的谈话，想要尝尝鲜，而无奈自己缺少魄力，身形笨重，便怂恿劝说悟空先偷取金击子，后偷取人参果，师兄弟三人分得赃物。结果落得与镇元大仙险些不欢而散的下场。这一系列的前因与后果便涉及教唆罪和共同犯罪。

1.教唆罪

教唆罪是指以劝说、利诱、授意、怂恿、收买、威胁等方法，将自己的犯罪意图灌输给本来没有犯罪意图的人，致使其按教唆人的犯罪意图实施犯罪，教唆人，即构成教唆犯罪。该罪的构成要件如下：

(1)须有教唆之故意。即被教唆者因教唆而生特定犯罪之意或至于实行，为教唆者所能预见，倘不能预见者，则非故意，对于其犯罪行为，自不成立教唆罪。是以基于自己过失之行为，致惹起他人犯罪之原因者，不得谓为教唆罪。

八戒自偷听到二位仙童与其师父的对话后，无心烧柴，心里蠢蠢欲动，萌生想吃人参果的想法，自己却心生胆怯，无从下手，见大师兄来了，便将自己的想法告诉了他，劝说悟空将那果子摘来一尝，那悟空自是率性，有这等好东西，他当然不会推诿，便听从八戒的话，偷了那金击子，也得了那人参果。八戒利用大师兄的好奇心，早就料到听了他的一番言语，悟空会为了图个新鲜，摘那果子，属于可预见性的行为，故而其怀有教唆之故意。

(2)须有教唆之行为。教唆罪在客观上必须有教唆他人犯罪之行为，其方法如何，法律并无加以限制。在解释上，认为须能达到教唆之目的为已足。

此处谈及教唆他人的方法法律并不加以限制，故而八戒通过言语劝说的方式鼓舞悟空偷取人参果也是符合这一要件的。

(3)被教唆者为特定之人。该事件中的被教唆者即为悟空，符合要件。

(4)被教唆者有刑事责任能力。该案例中涉及刑事领域，故而被教唆者应当具有刑事责任能力，而刑事责任是指行为人构成犯罪和承担刑事责任所必须具备的刑法意义上辨认和控制自己行为的能力，不具备刑事责任能力者即使实施了客观上危害社会的行为，也不能成为犯罪主体，不能被追究刑事责任；刑事责任能力减弱者，其刑事责任也要相应地适当减轻。

悟空神通广大，可谓无所不能，虽然生性好动，但受到唐僧的点化后也有了相当大的进步，按理来说，应当能辨认和控制自己的行为。

结合《中华人民共和国刑法》第十七条和第二十九条规定，与八戒的年龄相比较也是蛮有趣的。《中华人民共和国刑法》第二十九条：教唆他人犯罪的，应当按照他在共同犯罪中所起的作用处罚。教唆不满十八周岁的人犯罪的，应当从重处罚。

《中华人民共和国刑法》第十七条，对刑事责任年龄做出如下规定：

(1)已满十六周岁的人犯罪，应当负刑事责任。

(2)已满十四周岁不满十六周岁的人，犯故意杀人、故意伤害致人重伤或者死亡、强奸、抢劫、贩卖毒品、放火、爆炸、投放危险物质罪的，应当负刑事责任。

(3)已满十四周岁不满十八周岁的人犯罪，应当从轻或者减轻处罚。

(4)因不满十六周岁不予刑事处罚的，责令他的家长或者监护人加以管教；在必要的时候，也可以由政府收容教养。

算起来，猪八戒少说也有几百岁，完全沾不到现代法律的光啊。结合以上几点分析，这八戒的教唆罪便是稳稳的了。

2.共同犯罪

依照我国《刑法》第二十五条第一款的规定，共同犯罪是指二人以上共同故意犯罪。

在这一事件中，悟空和八戒两人铁定是共同犯罪了，那沙僧是否有共同犯罪的嫌疑呢？

共同犯罪的成立，要求同时具备以下主体、客观和主观三个方面的要件：

(1)共同犯罪的主体要件。共同犯罪的主体，必须是两个以上达到刑事责任年龄、具有刑事责任能力的人。显然三人符合。

(2)共同犯罪的客观要件。共同犯罪的客观要件，是指两人以上必须具有共同犯罪行为。所谓共同犯罪行为，是指各犯罪人的行为都指向同一犯罪，彼此联系、互相配合，成为一个有机统一的整体，它们与犯罪结果之间都存在着因果关系。其中行为的表现形式分为作为、不作为、作为与不作为的结合。沙僧被八戒和悟空喊来吃人参果，明知是大师兄偷来的，可从前听闻人参果乃人间奇物，因而垂涎，所以沙僧与两位师兄的行为应该就是作为与不作为的结合。

(3)共同犯罪的主观要件。共同犯罪的主观要件，是指两个以上的行为人具有共同犯罪故意。所谓共同犯罪故意，是指各行为人通过犯意联络，明知自己与他人共同实施犯罪会造成某种危害结果，并且希望或者放任这种危害结果发生的心理态度。这点与客观要件中的行为表现形式有些相同，虽说沙僧为人敦厚老实，但在知晓两位师兄的所作所为后，由一句“不是旧话儿走了风，却是甚的?”可知，他很乐意地享用了赃物，乐呵呵地品尝到人参果的美味，并未觉得不妥，准确说来，有种理所当然之态，这便是放任了万年珍贵的人参果被盗这一结果，这果子既已下了肚，共犯之名也逃不了了。

(三)孙悟空摧毁人参果树的行为——单一犯罪

虽然说偷吃人参果一事与八戒和沙僧有些联系，但摧毁人参果树的行为却应该另当别论，因为这件事纯粹是孙悟空一人的主观故意，其余师徒三人并不知道。而单一的犯罪构成，是指《刑法》规定的各个要件均属单一的犯罪构成，即当《刑法》规定的犯罪构成中只含单一行为、单一主体、单一罪过形式时，便是单一的犯罪构成。在这件事上单一的行为指的便是孙悟空擎金箍棒往树上乒乓一下,又使推山移岭的神力,把树推倒一事;单一主体便是悟空;与仙童争吵气急,认为争论无果,便想直接毁了这果树,故而单一罪过形式便是孙悟空主观上的直接故意。案件事实与定义相符,所以孙悟空摧毁人参果树的行为可视为单一犯罪。

二、镇元子存在的"过错"

(一)被害人过错

镇元子因唐僧师徒四人的行为严重损害了自己的利益,气急,曾两度捉拿师徒四人,生擒四人之后,欲鞭打唐僧,结果被悟空拦下;欲生炸四人,结果被悟空破了那灶。此处便涉及镇元子作为被害人所存在的过错。以下做简要分析。

刑法意义上被害人的过错必须具备以下几个条件:

第一,主体的相对性。即过错必须是由被害人所为。镇元子的被害人身份无可辩驳,其对唐僧师徒实施的鞭打、非法拘禁等行为,完全出自其主观的故意,是其直接命弟子所为,所以完全满足主体的相对性。

第二,行为的不当性。也即被害人主观上出于故意或过失的心理,实施的一种显而易见的依社会常理即能做出否定性评价的行为。由于悟空毁树毁果,先是两位仙童欲将师徒四人反锁屋内,悟空带他们趁夜逃脱,后被镇元子捉住,欲拿鞭子抽打,企料孙悟空神通广大,一一挡住,夜晚借四棵柳树脱身,最后一次镇元子怒了,欲将其放进油锅里,悟空又破了那灶。用现代法律思维看来,镇元子对师徒四人实施的拘禁、鞭打、下油锅等私设公堂的行为是十分不当的。这也完全具备了被害人过错所满足的要求。

第三,过错的程度性。指被害人的过错行为不仅应当具有不当性,而且应达到一定程度,完成从量变到质变的过程,才具有刑法上的意义。从现代法律的角度思考,仙童将唐僧四人锁住,构成非法拘禁,而镇元子则是将四人捉住,进行严刑拷打,非法拘禁,触及《刑法》。

(二)私设公堂——非法拘禁罪

私设公堂即私下非法地设置审讯室。我国法律虽没有明文规定禁止私设公堂罪,但是结合现代法律,镇元子的行为让我想起了非法拘禁罪。

根据我国《刑法》第二百三十八条[非法构案罪],非法拘禁他人或者以其他方法非法剥夺他人人身自由的,处三年以下有期徒刑、拘役、管制或者剥夺政治权利。具有殴打、侮辱情节的,从重处罚。犯前款罪,致人重伤的,处三年以上

十年以下有期徒刑；致人死亡的，处十年以上有期徒刑。使用暴力致人伤残、死亡的，依照本法第二百三十四条[故意伤害罪]、第二百三十二条[故意杀人罪]的规定定罪处罚。

看了这些条文，再想想镇元子的行为，也是细思极恐啊，他不仅对唐僧师徒实行非法拘禁，还对他们实行鞭刑和油锅蒸煮之酷刑，值得庆幸的是孙行者神通至极，万一出个人命，要是在现代，这镇元大仙怎么说至少也得到十年的刑罚。

三、唐僧与沙僧在本案中的行为分析

(一)唐僧的行为分析

从原文对唐僧的描写得知，在偷吃果子和毁树两件事上唐僧均不知情：(1)在两位仙童找他理论时，他对悟空说："徒弟息怒，我们是出家人，休打诳语，莫吃昧心食，果然吃了他的，陪他个礼罢，何苦这般抵赖？"再者，最初看见人参果，他便满脸惊恐，便不可能有偷吃的念头。(2)镇元子指责唐僧有教训不严之罪时，悟空却道："偷果子时，我师父不知，他在殿上与你二童讲话，是我兄弟们做的勾当。纵是有教训不严之罪，我为弟子的，也当替打，再打我罢。"这孙猴子顽皮是顽皮，所幸却是个明理之人，的确，师兄弟三人所为，唐僧一无所知。由这两个细节得知，唐僧并不知情。

若要分析唐僧的法律行为，他想极力化解这场危机，但是方式不对，应当不存在任何犯罪动机，也没有违反法律规定，所以两起事件均没有责任。

(二)沙僧的行为分析

沙僧这个人物在文章中出现的次数不多，前文提到沙僧与八戒和悟空在偷吃人参果这件事上是共同犯罪。沙僧知道果子是偷来的，但因是人间珍品，便隐瞒师父，知情不报，故而最后这"盗窃人参果"一事也有他的一份"功劳"。《刑法》第二十七条第二款规定："对于从犯，应当从轻、减轻处罚或者免除处罚。"即根据从犯参与犯罪的性质、情节及其在共同犯罪中所起的作用等具体情况，或者从轻处罚，或者减轻处罚，或者免除处罚。因为在共同犯罪中，从犯所起的作用和其行为的社会危害性比主犯小，因此，从犯承担的刑事责任应当比主犯轻，而这也是和罪刑法定的原则相适应的。沙僧便是偷吃案件的从犯，按照现代法律看来应当和罪刑法定原则相适应。

但是毁树一事，他是不知情的，前文可知孙悟空毁树的行为系单一犯罪，主体仅是孙悟空一人，沙僧并未涉及此事，故而在毁树事件中他是没有责任的。

四、医活人参果树对本案的影响

该案最后提到，悟空救师父心切，与镇元子达成和解协议。若是能救活果树，前嫌一概不计，镇元子放了师父，且与悟空结拜为兄弟。悟空不负众望，找来观世音菩萨，救活了果树。结合我国刑法，悟空救果树这一行为，又可做一番讨论。我国《刑法》规定，对犯罪分子决定刑罚的时候，应当根据犯罪的事实、犯罪的性质、情节和对社会的危害程度等因素，决定是否从重或者从轻处罚。从重处罚或者从轻处罚，均是指在法定刑的限度内判处刑罚。

根据《刑法》规定，下列情形系法定从轻处罚：

(1)未成年人犯罪的——已满十四周岁不满十八周岁的人犯罪的，应当从轻或者减轻处罚；

(2)尚未完全丧失辨认或者控制自己行为能力的精神病人犯罪的，可以从轻或者减轻处罚；

(3)聋哑人或者盲人犯罪的，可以从轻、减轻或者免除处罚；

(4)预备犯，可以比照既遂犯从轻、减轻处罚或者免除处罚；

(5)未遂犯，可以比照既遂犯从轻或者减轻处罚；

(6)共同犯罪中的从犯，应当从轻、减轻处罚或者免除处罚；

(7)有自首情节的，可以从轻或者减轻处罚；

(8)有立功表现的，可以从轻或者减轻处罚；

(9)教唆犯——如果被教唆的人没有犯被教唆的罪，对于教唆犯，可以从轻或者减轻处罚。

根据法条，结合案件实际情况可知，悟空救活果树的行为应当可以视为立功，可以从轻或者减轻处罚。而恰好镇元子也与其有过约定，若是救活果树，便不计前嫌，所以救活人参树，也救了师徒四人啊！

结　语

序言说到名著的魅力在于：超越其本身，传达出不同时代人们的信仰。《西游记》的魅力也正是如此，都说品名著，不同的人站在不同的角度读出来的便是异样的世界，故事来源于生活，却高于生活，每个朝代法律制度不同，但生活中处处存在法律。名著里的故事读来让人开怀，但读者对故事中经典人物的喜爱可能会影响读者对情节理解的中立性和客观性。仔细看看，我们之前所喜爱的这些传奇人物身上也有不少“问题”。《五庄观行者窃人参》中也确实藏着不少法理让我们参悟。我们要做的或许就是在每一次探索中寻找乐趣，在乐趣中寻找“漏洞”，在故事中寻找法律，让自己的理念得以升华，从而提高自己的法律思维,这才是成为法律人的真正意义。

作者小传:周晗,女,1996 年 9 月生于江苏南通,现为浙江财经大学 2015 级非诉法律实验班法学本科生,正走在学习法律的泥泞道路上。曾在班级担任体育委员一职,现任文娱委员,也曾是院体育部、青协的干事。参与过学院的运动会组织和动员工作,喜好排球,中学时曾荣幸地加入学校排球队,并参加比赛,为学校取得较为优异的成绩。

书法能使人沉静下来,上善若水四字极好地体现了我喜好书法而想追求的境界。进入大学以来,荣幸地成为书法社的一员,继续着自己的爱好。从小参加书法软硬笔比赛,一等奖、二等奖、三等奖皆有幸得之。

“祸从口出”之法律观

——从“诸葛亮骂死王朗”说起

朱 菁

摘 要:骂人本是一种侮辱行为,可侮辱行为达到一定程度有没有可能转化为《刑法》中的侮辱罪呢?诸葛亮骂死王朗就是一个侮辱行为的经典案例。本文就诸葛亮骂死王朗应当被认定为侮辱罪进行了刑法上的分析,进而得出了诸葛亮骂死王朗的行为构成侮辱罪的结论。但在诸葛亮骂死王朗的案件中,真的能将责任全归咎于诸葛亮身上吗?侮辱行为在民事上对人格尊严、他人名誉权造成侵害时,行为人应承担民事责任。鉴于安徽女干部“骂死”六旬保安的案例,人们要对自己的言行负责,谨言慎行,防范法律风险。

关键词:侮辱罪;自甘风险;名誉权;人格尊严

关于骂人将人骂死的案例,《三国演义》中,诸葛亮骂死王朗的故事可谓是家喻户晓。

王朗到底是被诸葛亮骂得心脏病突发而气绝身亡,还是因被羞辱颜面尽失,自杀身亡?如果稍微探究一下,就可发现,事实是王朗年事已高,极有可能是被气死而掉落马下的。但无论如何,王朗的死和诸葛亮对他的辱骂有着必然的联系,这一点也正是后面我们要来证明诸葛亮骂死王朗构成侮辱罪的必要条件之一。就从诸葛亮对王朗说的那些话来看,可谓是让王朗老脸丢尽,颜面尽失。

我们且不看这个案例的真实性,但根据当时的背景来看,诸葛亮仅凭一席话就将王朗骂死于马下的行为不仅算不上道德问题,而且还备受世人称赞,称他是“兵马出西秦,雄才敌万人。轻摇三寸舌,骂死老奸臣”。但是当我们穿越历史的长河,站在现代刑法的角度来看,诸葛亮骂死王朗的行为应当被定性为侮辱罪。

一、认定“诸葛亮骂死王朗”构成侮辱罪

(一)侮辱罪与过失致人死亡罪的区别

有观点称诸葛亮骂死王朗的行为构成过失致人死亡罪，这里就需要讨论侮辱罪与过失致人死亡罪的区别。根据《刑法》规定，侮辱罪，是指使用暴力或者以其他方法，公然贬损他人人格，破坏他人名誉，情节严重的行为；过失致人死亡罪，是指行为人因疏忽大意没有预见到或者已经预见到而轻信能够避免造成的他人死亡，剥夺他人生命权的行为。这两者的区别在于行为人是故意侵犯被害人人格尊严和名誉权还是过失侵犯被害人的生命健康权。简单来说，侮辱罪是故意侵犯对方人格尊严和名誉权，而过失致人死亡罪则是过失导致对方死亡，故意侵犯对方人格尊严和名誉权，导致对方因情绪激动进而引发死亡不应当被认定为过失。诸葛亮在两军面前对王朗说的那些话，有些是事实，有些则是对王朗的侮辱，就那句“一条断脊之犬，还敢在我军阵前狺狺狂吠！我从未见过如此厚颜无耻之人！！！”可谓是让王朗气满胸膛，足够气死的。倘若说诸葛亮在骂王朗的时候知道王朗身体不好，但觉得王朗不会因此被骂死，那诸葛亮就会构成过失致人死亡罪；但诸葛亮在骂王朗的时候，他有些话，如“狺狺狂吠”很显然是故意在两军面前公然侵犯王朗的人格尊严和名誉权，他并不知道王朗会因此丧命于马下，他也不想导致王朗死亡。他并非疏忽大意没有预见，更谈不上已经预见而轻信可以避免他人死亡的问题。在诸葛亮骂王朗的时候，他故意范围内的意图是羞辱王朗，至于王朗的死亡，即使也是侵犯了王朗的生命健康权，但这超出了诸葛亮的故意，只是使得他对王朗的侮辱行为达到了情节严重，而非在过失上致人死亡。所以说，诸葛亮骂死王朗，构成侮辱罪更为妥当。

(二)如何认定侮辱罪中的情节严重

根据《刑法》规定，只有当侮辱行为情节严重的时候，才构成侮辱罪。这里所讲的情节严重，一般认为主要是指使用的手段恶劣，或者造成严重的后果等情形。如多次侮辱他人，使其人格、名誉受到极大的损害，当众撕光被害人衣服，因公然侮辱他人致其精神失常或死亡，造成恶劣的影响等等。可以说，情节严重不仅包含了使用手段的恶劣性，还包含了造成后果的严重性。在诸葛亮骂死王朗一案中，诸葛亮在两军面前，公然采用言语进行侮辱，用恶毒刻薄的语言对王朗进行嘲笑、辱骂，“你这无耻老贼！岂不知天下之人，皆愿生啖你肉！安敢在此饶舌！”使其当众出丑。虽说诸葛亮侮辱王朗所使用的手段并没有达到严重的程度，但其对王朗的侮辱行为致使王朗情绪激动、气满胸膛而死于马下，明显属于情节严重的情形。

(三)诸葛亮骂人行为与王朗死亡结果在刑法上的因果关系

《刑法》上所讲的因果关系,是指危害行为与危害结果之间的因果关系,诸葛亮对王朗的侮辱与王朗的死亡,二者存在因果关系,就是说,王朗的死亡是由诸葛亮的侮辱行为间接导致的。王朗因为年事已高,身体不好,当听到诸葛亮骂他是乱臣贼子,是个罪恶深重、天地不容的白发老贼的时候,王朗很容易产生激动的情绪,情绪激动加之年事已高,身体不好,最终导致了暴毙马下的严重后果,因此,诸葛亮侮辱王朗的行为与王朗死亡的结果具有刑法上的因果关系。也就是说,正是因为诸葛亮对王朗的侮辱,王朗颜面尽失、情绪激动才产生了死亡的结果。

(四)诸葛亮骂王朗的行为构成侮辱罪

侮辱罪侵犯的客体是他人的人格尊严和名誉权。名誉权,是指公民或法人对自己在社会生活中所获得的社会评价即自己的名誉,依法所享有的不可侵犯的权利。在诸葛亮骂死王朗一案中,诸葛亮公然使用言语侮辱王朗的人格,致使王朗颜面尽失,情绪激动,进而造成王朗死亡的严重后果,且主观上属于故意,因此认定诸葛亮骂王朗的行为构成侮辱罪,应当承担相应的刑事责任。根据《刑法》第二百四十六条规定,犯侮辱罪的,处三年以下有期徒刑、拘役、管制或者剥夺政治权利。故如果诸葛亮骂死王朗的行为发生在现代,根据《刑法》规定,他可能会被判处三年以下有期徒刑、拘役、管制或者剥夺政治权利。

由此看来,诸葛亮骂死王朗的行为构成侮辱罪有充足的理由,从中我们可以看出,当侮辱使用的手段达到一定程度或者侮辱造成的后果达到一定程度,就很有可能构成侮辱罪。

二、王朗的过错

其实仔细来看,诸葛亮骂死王朗的案子中,如果说要将责任全都归咎到诸葛亮身上,他可能会非常不服气,甚至会来找我讨个说法。这是玩笑话,但不可辩驳的是,王朗在这其中也有过错,也需要承担相应的责任。

为什么说王朗也有过错呢?原因有二:一是王朗他自己本身就有问题,诸葛亮说的话有的是侮辱他,有的虽然偏激但也确实是事实;二是王朗自己应该认识到自己年事已高,不适合去战场,他也应该自甘一部分风险,即王朗应该为他自己年事已高,身体不好还去战场承担一部分责任。

自甘风险指的是已经知道有风险,而自己自愿去冒风险,那么,当风险出现

的时候，就应当自己来承担责任、承担损害的后果的原则。具体来说自甘风险原则有这样三个构成条件：第一，活动带有按照一般正常智力水平可以预见的危险性。在这里，王朗应该认识到两军面前，对面敌方难免会恶语相加，加上自己本身也是年事已高，存在一定的风险。第二，行为人不是为了履行法定义务而是为了获得某种利益而面临危险，比如为了荣誉、快乐感等从事危险活动。在诸葛亮骂死王朗一案中，王朗本来对自己十分自信，认为自己可以说服诸葛亮，虽说他是司徒，但他来到两军面前绝对不是为了履行法定义务，而是出于对自己口才的自信。第三，损害必须是本可以避免的。如果说，王朗不去战场，不和诸葛亮说话，也就不会导致他被诸葛亮羞辱而气死的结果。所以说，王朗要对他自己被诸葛亮骂死的结果自甘风险，承担责任。

当然，这里说的自甘风险原则，并不是否定之前所讲的诸葛亮骂死王朗构成侮辱罪，所有的责任又要让王朗一个人承担，而是说王朗要承担相应的这部分责任，从而减轻诸葛亮的量刑。王朗，虽然说要自甘风险，但他可以预知的风险毕竟还没有达到他死亡的结果那样严重的程度，也就是说在诸葛亮骂死王朗一案中，诸葛亮和王朗都要对自己的行为承担相应的法律责任。

正所谓，一个巴掌拍不响，这里不能一味地只怪王朗或者诸葛亮。正确运用自甘风险原则和受害人有过错来合理、合法量刑、审判，才是正确、科学的。

三、有关骂人或者骂死人的民事责任分析

在分析了诸葛亮骂死王朗构成侮辱罪的同时，骂人或者骂死人也同样会违反民法的相关规定，侵犯他人的名誉权和人格尊严，行为人也要因此承担相应的民事责任。根据《中华人民共和国民法通则》第一百〇一条规定："公民、法人享有名誉权，公民的人格尊严受法律保护，禁止用侮辱、诽谤等方式损害公民、法人的名誉。"这就说明了无论是骂人还是骂人致人死亡都侵害了他人的民事权利。辱骂他人一般被认为是属于不道德和不文明的行为，很多时候我们认为骂人没有达到严重后果的时候是一种道德问题，是因为我们不会因为别人骂我们几句而去法院起诉，但严格来讲骂人就是违反法律。根据法律规定，当公民的名誉权受到侵害，有权要求停止侵害，恢复名誉，消除影响，赔礼道歉。

骂人既然是一种侮辱，侮辱在一定条件下会构成侮辱罪，即使情节没有严重到构成犯罪的程度，也会构成民事上的侵权行为，也是违法的。当然，也并不是所有的骂死人都会构成侮辱罪，在侮辱罪中除了造成严重的后果以外，还需要公然这个要件。公然就要求在很多人面前进行侮辱，诸葛亮骂死王朗构成侮辱罪很大的原因是诸葛亮在两军面前公然羞辱王朗，若是诸葛亮和王朗两个人吵架，在吵架的过程中，诸葛亮将王朗骂死就不会构成侮辱罪了。

骂人行为如果只是侵犯了被害人的人格尊严和名誉权，行为人所需要承担的民事责任就是恢复名誉，消除影响，赔礼道歉等。当骂人与引发疾病致死有一定程度的因果关系时，当事人就需要承担相应的民事赔偿责任，所要承担的民事责任就不仅仅是简单的恢复名誉，消除影响，赔礼道歉等了，就需要赔偿一定数额的金钱。根据生活常识，一般性的辱骂并不会致人死亡，在“骂死人”的案件中，死者患病的概率很大。就比如在诸葛亮骂死王朗的案例中，根据历史和王朗的年岁推测，他就很有可能患有疾病。事实上，此类案件中，恶语相加导致情绪激动，是心脏病等疾病猝发的关键诱因。在类似案例中，当事人要承担民事赔偿责任，但在具体赔偿数额上，法官有一定的自由裁量权。一般来说，赔偿数额以责任比例而定，而双方的责任划分，则要看引起冲突的过错在谁、冲突的情节、侵权的程度，以及是否明知对方有病、事后有无积极救治等。赔偿金额一般包括丧葬费、死亡赔偿金、精神抚慰金等。

四、相似案例——安徽女干部“骂死”六旬保安

【案情重放】

2014年11月16日下午，合肥市东至路香樟雅苑小区门口，一名中年女司机驾驶一辆银灰色的小轿车想要从小区大门的出口驶入，遭到保安赵某的拒绝，赵某要求她从入口进，她不肯，把车停在门外，冲进小区与赵某理论。目击者回忆说，整个争吵持续了几分钟，双方并没有肢体接触，只是发生口角。争吵中，女司机对赵某说：“你做回好人不行吗？做坏人是要下地狱的。”赵某回了对方一句：“我下地狱，你上天堂？”接着，女司机便骂赵某是“看门狗”。

监控录像显示，身着深色风衣的女司机朝赵某走过去，开始对他指手画脚，随后两人发生争执。其间，有保安等人劝阻，赵某也曾朝一旁走开，但是对方仍不罢休。

大约3分钟后，赵某脸色苍白，突然倒地不起，有围观群众上前帮扶。目击者雷师傅称，赵某倒地后，女司机径直上车关上车门，表现出一副跟她无关的样子。最后，在物业工作人员多次劝说和围观群众的指责下，她下车看了看赵某的情况，但自始至终没有一句道歉。（摘自北京晚报网）

这个案子与诸葛亮骂死王朗十分类似，但也有不同之处。女司机与保安赵某发生争吵，女司机说赵某是“看门狗”，赵某后来因此产生激动的情绪而死亡

的结果，毋庸置疑，女司机对赵某的辱骂行为构成侵权行为，但与诸葛亮骂死王朗不同的是，女司机与赵某的争吵及女司机对赵某的辱骂并不构成侮辱罪。为什么同样是将人骂死，诸葛亮就要承担刑事责任，而这个女司机就只要承担民事责任呢？这么说来，诸葛亮是不是太委屈呢？

其实不然，诸葛亮骂王朗，那可是在两军众人面前，辱骂王朗。侮辱罪，就要求的是公然贬损他人人格，破坏他人名誉。而女司机只是在与保安赵某的争吵过程中辱骂了他，需要承担相应的民事责任，并不构成侮辱罪。如果说，女司机在与赵某争吵时，推搡了他一把，就很有可能构成过失致人死亡罪，从而承担刑事责任。根据《刑法》第二百三十三条规定，过失致人死亡的，处三年以上七年以下有期徒刑；情节较轻的，处三年以下有期徒刑。

所以说，骂人有风险，骂人需谨慎。这就要求我们在日常言行中一定要避免对他人的辱骂，防范法律风险，以免走上违法犯罪的道路。所以无论对方是否有过错，骂人行为都不应该被提倡，尊重他人也是尊重自己的一种表现。出现问题，我们应该做的是采用法律的手段来解决，让法律将不法分子绳之以法，切勿一时冲动，言行举止不恰当，走上违法犯罪道路。

结　语

对于骂人的行为，人们普遍认为这是一种道德上的问题，但结合骂人行为的情节和其产生的后果，骂人很有可能由道德层面上的侮辱变为法律层面上的侮辱罪。如果说，骂人将人骂死或者被骂的人因受不了辱骂而自杀身亡，这种情况下就不再是道德上的问题，而是会转变成侮辱罪。骂人和侮辱罪的区别和联系及由此产生的问题和思考就是本文所要讨论的关键所在。

作者小传：朱菁，女，1997年3月生于山东青岛。现为浙江财经大学法学院2015级非诉法律实验班法学本科生。在校期间，热爱辩论，在学院和学校举办的各种辩论赛中均取得了较好成绩，获得“指南针”杯在杭高校辩论赛团体亚军。热爱生活，心怀感恩，以成为一名优秀的非诉律师为志愿。

代孕合法化的思考

周遥彬

摘　要:代孕技术带来了诸多争议。我国以部门规章禁止代孕收效甚微。笔者认为无偿的完全代孕具有正当性基础,且可以通过立法进行缜密的制度设计,以明确双方权利义务的方式解决其所带来的问题。我国应当尝试有限度地允许代孕合法化,划清合法代孕与非法代孕之界限,解决社会的争议。

关键词:代孕;正当性;合法化

2012年,厦门市思明区法院审理了我国第一件代孕生子抚养权争议案件。委托方与代孕方签订了代孕合同,代孕母提供了自己的卵子进行代孕,但在生产后拒绝将孩子交给委托方夫妇抚养,双方发生纠纷,诉至法院。最终,法院判决代孕合同无效,以哺乳期的子女应由哺乳的母亲抚养为由,判决孩子的抚养权归代孕妇女,委托方夫妇需承担64万元的抚养费。这一案件经媒体报道后,引发民众对代孕的热烈讨论。

一、代孕现象解读

代孕是一种新的事物,冲击了传统的"生身父母"伦理观念,也给我国的婚姻法、生育法等法律制度造成了巨大冲击,我国法律目前对代孕尚缺乏规制。2015年计生法草案中曾提出"禁止以任何形式实施代孕",后被删去。目前,我国关于代孕的规定仅限于《人类辅助生殖技术管理办法》《人类辅助生殖技术规范》以及《人类辅助生殖技术和人类精子库伦理原则》等部门规章。这些行政规章以寥寥数语禁止医疗机构和医务人员实施任何形式的代孕技术,构成犯罪的,依法追究刑事责任。但除此以外,在代孕双方权利义务、代孕子女亲权归属等其他方面,我国法律完全处于空白状态。且在刑法方面,我国对代孕的禁止姿态有些暧昧,仅仅对医疗机构及医务人员做出规范,其严重性甚至不如卖淫嫖娼——后者对服务买方、卖方、中介方三者均规定了较严的处罚。可见国内社会对代孕问题的争议较大。

目前对代孕这一概念存在不同理解,为保证同一性,笔者将对代孕的概念做一划定。

根据代孕母是否提供卵子,代孕可分为完全代孕(不采用)与部分代孕(采用)。部分代孕中,委托方之妻子与代孕儿不存在血缘关系,此种情形下"母亲"身份之认定有伦理障碍,暂且排除。在纯完全代孕中,精子与卵子均来自委托夫妇自身,具有遗传上的血缘关系。而较为复杂的情形,精子或卵子之一来自他人合法捐赠的,且他人已放弃父或母的身份,因与代孕双方亲权认定无关,故归于完全代孕。下文所讨论的合法之代孕,均为完全代孕。

代孕可分为商业代孕与公益(无偿)代孕。但商业代孕会带来贬损代孕母人格、物化女性等诸多问题,因此目前主张代孕合法化者的共识是无偿代孕合法化,禁止商业代孕。为防止"卖子宫"现象的出现以及不必要的骚扰,参照器官捐献之惯例,公益代孕可实行双盲制度,使代孕双方互不知晓对方信息。

在技术上,代孕是指将受精卵子植入代孕妈妈子宫,由孕母替他人完成"十月怀胎一朝分娩"的过程。妇女代孕时需植入他人的受精卵子,精子与卵子在人体外的结合,必须实施"人类辅助生殖技术"。我国有关法律对"人类辅助生殖技术"的实施做了严格的规定,这项技术只能在卫生行政部门批准的医疗机构中实施。直接发生性行为的"自然代孕"并不在本文的讨论范围之内。

据中国不孕不育学术论坛报告,近年来,由于工作压力、不良生活习惯、饮食结构改变和气候等原因,不孕不育的发病率已经占到育龄夫妇的15%—20%。因此社会存在对代孕的巨大需求。笔者认为,当前我国一刀切地禁止代孕并不合理。代孕其本身具有一定正当性,并且具有一定现实可行性,应当有限度地允许代孕部分合法化。笔者认为,无偿的完全代孕应当允许。

二、代孕之正当性

一个行为是否具有正当性,主要可通过两个原则衡量:(1)是否违背公序良俗原则。(2)是否遵循意思自治原则。在意思表示的真实性方面,可通过立法技术予以保障,如要求代孕双方进行心理咨询、法律咨询等,保障双方均出于真实意思。在公序良俗层面,繁衍乃是生物之天性,夫妻的生育权为法律所保护甚至提倡,《人口与计划生育法》第十七条规定公民有生育的权利,第十八条表明国家提倡一对夫妻生育两个子女。代孕保障了不孕夫妇的生育权,有利于不孕夫妇家庭的和谐。同时，人也有合理使用自己身体的权利，如处理自己的骨髓、血液、精子、卵子，进行捐献。目前随着医学的发展，怀孕的风险已经极小，子宫作为身体的一部分自然也可合理使用。这两种权利均已为我国法律所保护，且代孕母之目的亦出于纯粹利他的善良本意，值得提倡(公序良俗的反对意见在下文将进行回应)。因此，代孕的合法化具有正当性基础。

三、合法代孕的基本原则①

(一)公权力介入原则

代孕易引发争议，因此国家基于公共利益之考量介入其中，进行监管、限制，有此必要。在立法层面，我国可以设置伦理委员会，对代孕中出现的各种伦理问题进行讨论，从而确定代孕合法化的范围。在司法层面，我国可以设置相关行政机关，对代孕合同的订立与履行进行监管，划清双方权利义务界限，有利于保护各方利益。

(二)有限原则

代孕具有一定风险性，容易引发各类纠纷，因此应限制代孕技术的使用，将其作为生育权最后的保障手段。(1)限制委托方，委托方应限于不能怀孕或怀孕具极高风险的合法夫妇，并从优生优育角度对年龄做一定限制。(2)限制代孕母，代孕母应为符合年龄条件、身体健康、心理健康、适于生育的女性，并且代孕母需曾有或现有婚姻关系，现有本人生育的子女，且完全了解自身权利义务。(3)限制医疗机构，代孕有一定技术难度，且怀孕本身有一定风险，因此医疗机构必须经政府许可，具有较高的医疗技术水平和管理水平。

(三)不特定原则

为防止私下的有偿交易，委托方与代孕母不得互相指定对方，且应当跨区域配对以最大限度地避免争议。考虑到代孕涉及的怀孕过程较长，实行完全的双盲制度较为不合理，不妨有限制地允许双方通过医院等机构进行间接交流。

---

① 本部分参考罗满景:中国代孕制度之立法重构:以无偿的完全代孕为对象,《法学争鸣》2009 年第 4 期,第 73—79 页。

四、代孕制度的设计[①]

(一)管理机构

卫生部与中国红十字会总会合作,设置中国人类辅助生殖技术管理中心,负责全国范围内人类辅助生殖技术的管理,根据全国范围内人类辅助生殖技术的运用情况发布全国性报告,研究立法问题,提出问题对策。在各省、自治区、直辖市设置人类辅助生殖技术管理委员会,批准各地级市设立人类辅助生殖技术医疗机构的申请,并进行监督,发布本地区人类辅助生殖技术状况的省级报告并提交卫生部。设区的市应设人类辅助生殖技术管理办公室,负责本辖区内报名登记,监督本辖区实施人类辅助生殖技术的医疗机构。

(二)运用人类辅助生殖技术的医疗机构及从业医生

对申请采用人类辅助生殖技术的医疗机构采取严格的审批制度,具体标准应由卫生部统一规定,现可依照《人类辅助生殖技术管理办法》的相关规定。

(三)代孕双方当事人

委托方应为合法登记的夫妻,年龄在 50 周岁以下(超过 50 周岁精子卵子质量会下降),无共同子女,经检验身体与精神条件适于代孕,经医学检验无法怀孕的子宫或虽有子宫但怀孕会严重危害身体健康,有一定经济条件并预先支付代孕的全部费用。代孕方为代孕母(如代孕母已婚,其丈夫亦为当事人),年龄应在 18 周岁以上 40 周岁以下,身体与精神健康,适于怀孕,曾有生育经验,并现有子女,且不为委托方近亲属。

(四)双方权利义务

委托方夫妇:(1)应接受医学咨询和法律咨询,确保了解代孕的过程,知悉己方的权利义务及责任,并排除不利于代孕子女的心理缺陷。(2)应支付代孕母在缔约前接受心理咨询、身体检查、法律咨询的费用,支付代孕母怀孕过程中所必需的身体检查费用、营养费、交通费等必要费用,向医疗机构支付代孕所需的医疗费用,必要的费用应当预交,以保障代孕的正常进行。(3)应及时向代孕

① 本部分参考罗满景:中国代孕制度之立法重构:以无偿的完全代孕为对象,《法学争鸣》2009 年第 4 期,第 73—79 页;国家计生委、中国红十字会关于成立中国人体器官捐献与移植委员会的通知,《中华人民共和国国家卫生和计划生育委员会公报》2014 年第 2 期,第 1—2 页;人类辅助生殖技术管理办法,《中华人民共和国国务院公报》2002 年第 6 期,第 25 页。

管理部门递交相应材料，包括代孕合同复印件、双方身份证明材料、双方符合代孕主体条件的医学证明材料、进行代孕的医疗机构的同意书等，并获批准，在批准前不得进行代孕。(4)在代孕子女出生后一周内向基层法院确认亲子关系，至民政部门办理户籍登记。

代孕母：(1)应接受医学检查，保证身体健康，可以且适于怀孕。(2)接受心理检查，确保其情感上可接受放弃代孕子女。(3)接受法律咨询，确保知悉相关权利义务，充分了解代孕结果，其代孕出于真实意思表示，无欺诈胁迫等情况。(4)在怀孕期间应尽一般注意义务，非重大过失可免责。(5)在生产后应及时向委托方交付代孕子女，并放弃对其的一切权利。

(五)争议的解决

代孕争议的解决办法有：(1)代孕双方对亲权有争议的，向法院起诉进行解决，原则上亲权应归于委托方。完全代孕中委托方是子女遗传意义上的父母，而代孕母与孩子并不存在血缘关系。在亲权纠纷中，儿童利益最大化是首要考虑的标准。且委托方通常家庭条件更优，有能力提供更好的成长环境，对孩子的愿望更为强烈，因代孕子女为其唯一子女，且来之不易，会更加爱护。而代孕母在代孕前应知代孕的后果，且要求本身已有子女，对孩子并不特别期待。因此将委托方作为代孕儿的父母符合儿童利益最大化原则。(2)代孕过程中流产、死产或代孕子女有缺陷或代孕子女与委托方夫妻不存在血缘关系的，代孕方可免责，除非是因代孕方重大过失或故意引起的。因第三方原因引起的，由第三方承担责任。(3)代孕方在代孕过程中可以解除合同，但需赔偿委托方夫妻的物质损失与精神损失，若合同解除前已怀孕的，原则上应当堕胎。

五、反对代孕合法化的观点及回应

观点1：计划生育使得中国陷入老龄化，缺乏劳动力的局面，政府为增加人口而放开代孕，不妨先允许单身女性生子。

这一观点过分夸大了代孕合法化的社会作用，也忽略了代孕本身的正当性基础。合法代孕的条件较为严苛，因此数量并不多，放开代孕对增加人口的作用微乎其微。中国2016年的新出生人口约为1786万人。[①] 考虑到代孕志愿者的人数，即使往最好的角度估计，中国一年的合法代孕儿也难超过一万人。且合法代孕是有正当性基础的，在不影响社会公益的前提下不必考虑其作用。

① 国家统计局：2016年国民经济实现“十三五”良好开局，2017年1月20日，网址：http://www.stats.gov.cn/tjsj/zxfb/201701/t20170120_1455942.html。

观点2:代孕合法化会带来严重的争议,且这些争议目前难以避免,如代孕儿的亲权归属及赡养义务、妊娠中流产或死产、代孕母拒绝继续代孕、代孕母拒绝放弃代孕儿监护权等。

这一观点错误地认定了争议的来源。这些争议是代孕造成的,不是合法化才带来的。禁止代孕不能解决争议。合法化只是将这些争议摆上明面,更为明显。且合法化反而能通过各种手段,尽可能地减少争议。捐精、捐卵诞生之时也备受争议,因为这一技术同样改变了"谁是父母"的认知,后法律允许(或说要求)捐精、捐卵者放弃父母身份。到了现在捐精、捐卵的争议已基本平息,民众不再纠结于父母身份的认定及其一系列抚养继承问题。由此可见,通过立法可以明确双方权利义务,解决技术本身带来的争议。

观点3:代孕合法化会加剧拐卖妇女等现象,使得妇女沦为生育工具及牟利工具,危害社会稳定。

商业代孕合法化会有这样的问题,但本文所论的无偿代孕不会。试从违法能力和违法成本的角度分析,拐卖妇女进行合法代孕对违法能力要求极高。大多数被拐妇女会被带到难以与外界接触的偏远山村,从而逃避监管。而有合法代孕资质的医院必定是位于大城市的大医院,需要频繁地与外界接触。从违法成本来看,违背他人意愿使他人怀孕涉嫌强奸,拐卖妇女更是重罪,代孕本身花费就不少,违法成本实在过高,超过了去其他国家和地区进行合法代孕或寻求非法商业代孕的成本,从理性人角度考虑,并不合理。且以"代孕"为关键词在裁判文书网的刑事案由中检索,并未发现一起拐卖妇女案例,代孕相关刑事案例均为诈骗或伪造、买卖国家证件。

观点4:目前无法保证无偿代孕合法后不会沦为掩饰非法商业代孕的手段。

根据合法代孕的有限原则及公权力介入原则,国家会对进行合法代孕的机构进行严格监管,定点监控。根据公开的新闻报道,尽管几年前有正规医院、医生参与代孕,但经过严查已基本消失,目前我国非法代孕的机构多为无相关资质的民营医院或黑诊所,可见非法代孕机构的违法能力尚不能绕过正规公立大医院的层层监管。且监管环节的增加意味着违法成本大幅上升,还增加了贿赂罪等刑法风险,在非法的商业代孕与无偿代孕效果相同的情况下,在无偿代孕中进行违法活动掩饰非法商业代孕并不经济。

无法否认,代孕是一个有争议的新生事物,但既然其有正当性基础,则应当进行合法化。一刀切地禁止不能解决任何实质问题。目前,代孕已为民众所熟知,以代孕为关键词在百度搜索引擎中检索,甚至能搜出不少代孕机构、中心,代孕在客观上已难以禁止。在传统伦理观念已然无可避免地受到代孕冲击的情形之下，完全禁止代孕不能解决根本问题，我国应当立法有限制地允许代孕，进行严谨、细致的制度设计，划清合法代孕与非法代孕之界限，从而定纷止争。

作者小传：周遥彬，男，1997年1月生于浙江丽水。现为浙江财经大学法学院2015级非诉法律实验班本科生。在校期间认真学习，2016年获得三等奖学金。目前在浙财法学院担任法学会副会长，负责社团事务，借此锻炼能力。曾获浙江财经大学法学院新生羽毛球赛男单亚军，曾随法学院辩论队获浙财新生辩论赛第四名，获“指南针”杯在杭高校律师辩论赛亚军。

用法信法，是法律人之使命

——醉酒乘客公园溺亡案件的法律思考

艾嫚婷

摘 要：笔者从杭州的真实案例“醉酒乘客溺水”案切入，从出租车方、陪酒方、公园方、保险公司方分析法律责任、梳理法律关系，基于国内实务领域的某些争议点和模糊地带，提出了应该关注的问题和可借鉴的措施与建议，并且以承办律师努力实地调查、触碰真相与正义为基础，提出了用法、信法是当代法律人的本职，更是使命的观点。

关键词：法律人；信仰；反思

【案情提要】

2013年12月12日晚，酒友冯某（化名）邀请被害人柯某（化名）一起喝酒。饮酒后冯某明知柯某醉酒却拒绝出租车司机请求其陪伴柯某同行的要求，让柯某一人独自乘车离开。后柯某在寒冬凌晨下车后不幸误入杭州某公园水塘溺死。

笔者有幸借“杭州律师十大影响力案件”评选的契机，采访到了本案的原告代理律师，通过对前情的了解和与前辈的沟通，对案件所涉及的复杂法律关系有了进一步的认识。

通过对案件的梳理，我们发现案件所涉侵权主体共有四方：酒友冯某、出租车司机、公园方及保险公司，但四方主体均拒绝对受害人进行赔偿。

从法律关系上，以安全注意义务为依据追究出租车方、陪酒方、公园方的责任；以格式条款（醉酒）的解释为依据追究强势的保险公司。

一、关于公园方法律责任分析

笔者认为，作为开放式的公园，应当预料到水塘潜在的危险性，因此应采取相关的安全措施进行风险的规避和事前的注意。

经过调查发现，当时深夜公园的门并没有关闭，也并无保安巡逻，且事发公园的水塘没有任何的警示标志，被害人醉酒溺死在公园，据此法院认定，公园方应对此承担责任。

后经过与公园方近十次的不懈协商，公园方同意赔偿14万元。

二、关于出租车司机安全注意问题的分析

本案取证困难。出租车司机在事发十二天后才接受警方调查，且只做出了单方面有利于自己的情况说明。尤其在警方调查的过程中，出租车上的GPS和视频监控系统“恰好”出现“故障”无法真实还原客观事实，被害人是自愿下车还是出租车司机中途“甩客”不得而知。

举证出租车司机责任的直接证据缺少，为了取证，代理律师调取了出租车司机在公安机关的询问笔录和录音光盘进行分析，并绘制了道路勘察图，在案发地点进行了同时段同路线乘坐出租车的案情还原，拍摄照片绘制了现场图，连同模拟实验的结果提交给法院。经调查，发现下车地点至出租车司机“自认”的“目的地”间有384米的距离，这其中至少有六处可供安全停靠的地点，由此认为出租车司机并未将受害人送至真正的目的地；而警方询问笔录证明“司机与受害者曾经发生过争执”，询问出租车司机的录音光盘证明“被害人下车后要求重新上车却遭到司机的拒载”。根据浙江省人大颁布的《浙江省道路运输条例》第二十三条第五项规定，出租车司机不得拒载。其次，依据《出租汽车客运服务规范（试行）》，出租车司机对乘客安全具有注意义务，包括乘客下车。

以上证据证明司机有中途“甩客”行为。据此确认了出租车司机未尽到相关注意义务，应当承担责任。

法院认为，从法理上说，被害人“被下车”发现情况不对，要求再次上车时却遭到拒绝，出租车司机未履行先行行为产生的作为义务。既然司机允许醉酒的被害人上车（即先前实施的行为）致使某种权利（生命权、健康权）处于危险状态，就产生了防止危险发生的义务。

后法院判决出租车司机赔偿3万元。

此案警示了监管的缺失，即如何规范服务饮酒乘客。出租车面对饮酒乘客的工作规范或者操作亟待出台。

三、关于陪酒者的安全注意义务

对于陪酒者的义务问题，该案的询问笔录等证据证明，冯某在自身清醒的情况下，让处于醉酒状态的受害人独自上车且未对出租车司机说明目的地，并

且明确拒绝出租车司机要她陪同受害者的要求，冯某邀请被害人喝酒并且其先行行为导致被害人醉酒，其先行行为引起其对被害人人身安全的保护和注意义务。明知让醉酒乘客独自上车可能产生危险，却疏忽大意或者自信能够避免，导致被害者生命的失去和家庭的不幸。据此表明陪酒者未履行安全注意义务，应当承担责任。

四、关于保险公司免责条款

本案的很大争议点在于被害人的死亡原因是饮酒还是溺亡？何者是近因？保险公司认为死亡的直接原因是醉酒，所以按照免责条款免责，并且拿出了类似案件的胜诉判决书。

而免责条款中的“醉酒”应有两种理解，一是被保险人醉酒后因其他行为（如陪酒者、出租车司机的侵权行为等）或者其他因素如溺水而导致被害人身故；二是被保险人因为醉酒而直接导致被保险人器官功能的丧失（疾病）而身故。所以按照《保险法》应作不利于保险公司的解释，即保险合同中的“醉酒”应当按照第二种解释。

同时，法院也采纳代理律师的意见，认为虽然被害人因为醉酒而溺死，但是是由于陪酒者、出租车司机的侵权行为导致被害人溺死，醉酒显然不是死亡的直接、起决定作用的原因。保险公司出于免赔的商业动机考虑，把被害人死亡的原因机械地推给“醉酒”。

最终法院判决保险公司全额支付赔偿金 10 万元。

从起诉出租车方一审败诉到二审胜诉，从起诉陪酒者并胜诉且历经二审，从保险公司当初的“自信”到判后的“不自信”，从证据寥寥到不懈搜集，从当初的追责无门到“所有的责任方一个都不能少”，此案经历了巨大的反转，无论是对受害者家属还是社会，其案件价值都值得重视。

对受害者家属而言，法庭的判决能让他们受伤的心得到安慰。对社会而言，此案曾被央视四档栏目以不同的角度在不同频道进行了四次专题报道，可见其典型性及代表性。它向大众宣扬“喝酒有风险、劝酒需谨慎”理念的同时也阐释了醉酒者的生命权权益问题，普及了平等、关爱互助的酒桌法律文化，使法律效果和社会效果得以相统一。

五、用法信法——法律人的最高追求

而笔者作为一名大二的法科生，采访后也感慨颇深。对前辈前往案发现场反复模拟案情的事必躬亲感到钦佩，也对法律让正义浮出水面、让死者安息、让亲属得以告慰的功能充满景仰之情，也让我对法律有了更深的信仰感。

当我们因自己是法律人而骄傲时，请扪心自问：我们有把法律当作是自己的信仰吗？法学家铂尔曼曾在传世巨著《法律与宗教》中这样论述道，法律必须被信仰，否则便形同虚设。没有对法律的信仰，法律只会是苍白的条文。一个现代文明法治社会的标志不在于有多少部法律的存在，而在于有多少法律信仰存在于公民脑海之中，而法律人更应该是法律信仰的典范。

不知道你是否还记得轰动一时的张辉、张高平案件，好心载了陌生女孩一路的叔侄俩，却因次日女孩无故死亡而被定为强奸罪，被押送至千里之外的石河子监狱，这一走就是3650天啊！但是这个判决，没有人证，也没有物证，有的是二人的供述。不过，张高平虽然因为种种原因“交代”了，但是，在服刑期间，即便是有减刑的机会，他也坚持不认罪、不减刑，坚持自己是清白的。

在案件的审理过程中，明明有诸多疑点，可是司法人员不顾辩护律师的一再申诉，以刑讯逼供的方式仓促结案。而这一草率做法的结果就是毁了两个人整整十年的岁月。

在美国波士顿犹太人屠杀纪念碑上，刻着一位叫马丁·尼莫拉的德国新教牧师留下的发人深省的短诗。尼莫拉曾是纳粹的受害者，他写道：

在德国，起初他们追杀共产主义者，我没有说话
——因为我不是共产主义者；
接着他们追杀犹太人，我没有说话
——因为我不是犹太人；
后来他们追杀工会成员，我没有说话
——因为我不是工会成员；
此后他们追杀天主教徒，我没有说话
——因为我是新教教徒；
最后他们奔我而来，却再也没有人站起来为我说话了。

对于法律人来说，信仰仅仅是辞海里的“对某种主张、主义、宗教或者某人极其相信和尊敬”吗？我想答案是否定的。我的老师曾经问过我一个问题，如果法律可以具象化，你觉得它的脸是什么样的？我想了想，回答说，法律的脸是多变的，它惩戒坏人的时候是严肃的，帮助人们实现正义的时候又变成和善的样子。老师笑着摇摇头，说，法律的脸一直是慈祥的，无论什么时候。无论是刑罚还是帮助，它的目的都是最后的利益平衡。

而我们的法律人信仰也应当是“慈悲为怀”，这里的慈悲不是佛家说的不杀生，也不是愚昧民众，而是将自己置身于当事人的立场，哪怕一点小事也要深切

体会，我相信这样的法律人不会贪污受贿，因为他们明白公平正义的价值无法用金钱衡量；这样的法律人不会罔顾国法，因为他们知道一次疏忽就可能置他人于万劫不复之地；这样的法律人永远只会在万家入眠时挑灯备案，在天空泛起鱼肚白时继续工作，在平凡不起眼的位置上永远认真地坚守作为一个法律人的骄傲和执念。

是啊，法律人，你踏入法学院的那一刻，你走向社会的那一刻，你心中是否怀着正义和公平，是否抱着为天下苍生立命、为万世开太平的理想？还是在后来的工作中渐渐麻木，只是机械地为完成任务而不顾他人的利益甚至是生死？

当你午夜梦回时是不是会因为自己的错误而噩梦连连，或者在罔顾国法后因为罪恶感而惶惶不可终日？你要知道，我们法律人的职业是特殊的，不是市场里小贩算错了钱可以事后弥补那么容易，不是在街上踩了别人一脚可以再说道歉那么简单，握在我们手中的裁量权、话语权，是完全可以决定他人的下半生是在牢狱中以泪洗面还是在社会上继续发光发亮的。

“风成于上，俗化于下。”作为法科生、法律人，我期待着有那么一天，法律的精神信仰会以“润物细无声”的姿态进入民众的内心深处，生根、发芽、开花、结果，直至成为所有人的精神支柱。

但是在这之前，请你，请我，请所有法律人，信法律之力，仰法律之高，将法律作为毕生的追求与信仰，为它，千千万万遍！

作者小传：艾嫚婷，女，1996 年 9 月生于安徽芜湖。目前为浙江财经大学法学院 2015 级非诉法律实验班本科生，任班级团支书；热爱法学专业，曾在《预防青少年犯罪研究》《律事通》《智合 *Law School*》《法教观察》等发表过法学论文或律事时评。在大学就读的一年多时光里，在师长和朋友的关怀和帮助下取得了以下荣誉：

2015—2016 学年浙江省省政府奖学金；

浙江财经大学 2015—2016 学年优秀学生一等奖学金；

浙江财经大学 2015—2016 学年“优秀团干部”称号；

浙江省第三届大学生法律职业能力竞赛法律演讲比赛二等奖；

喜迎 G20 之 2016“创业—故乡”浙江财经大学演讲比赛三等奖；

浙江财经大学“愿你有梦可做”征文大赛二等奖；

浙江财经大学法学院新生辩论赛团体赛第一名；

浙江财经大学法学院“法律在我心中”演讲比赛三等奖。

下篇

律海初航

法科生的进化

——浙江泽大律师事务所实习之旅

艾嫚婷

实习之路

浙江泽大律师事务所，系浙江省规模最大的一流律师事务所之一，浙江省司法厅直属的专业分工明细的大型综合性律师事务所。

此次在律所实习，我的导师是徐晓岗律师，一位认真、负责、专业能力强的前辈。他的主要业务领域是非诉方面，包含合同纠纷、公司兼并重组等。

徐晓岗律师是超模刘雯的法律顾问，同时也是著名主持人华少的法律顾问，在律师圈声望很高。

2015 年，泽大荣获杭州市律师协会 2015 年度嘉奖，导师徐晓岗前辈荣获个人 2015 年度通报表扬。

此外，徐前辈是个十分具有生活品位、有情怀的人。喜欢喝茶、下棋、养绿植，也收集了诸多的古典玩意儿。在实习期间，除了专业知识，徐前辈教给我的更多的是人生道理和处事经验——真诚、专注。作为一个初来乍到的法学菜鸟，徐前辈在百忙之中还会抽空来看我们，也交代相应的工作，并没有因为我们的才疏学浅而显得不耐烦，反而十分放心地与我们共事。将自己在办的案子与我们一起讨论、分析，聆听我们的意见，培养分析案件的能力。

同时，徐律师是个十分平易近人的前辈，性格开朗，与我们实习生之间并没有代沟。在实习结束的时候，给导师写了一封信以感谢他这段时间对我的照顾，同样地，在此，再次表示作为晚辈、作为学生的感谢。

实践感悟

律所的环境整洁明亮，打印机永远在运行出声，弥漫办公区的是香浓的咖啡味。桌上厚厚的卷宗亟待翻阅，电脑中还有诸多邮件需要处理。

在律所实习的这一个月里，看到前辈们整天忙碌不停，午饭常常顾不得吃；步伐匆匆，电话里也尽是各种专业术语；接待当事人、提供咨询，还要去法院开庭；做非诉业务的，要去各种证券交易所、银行、顾问公司、工商部门，整天奔波；出差一走就是个把星期，穿越一座座城市，再疲惫也要坚持。

都说做律师前几年都是熬过来的，低廉的工资，辛苦的工作，往往入不敷出，也正因为这样，许多人难以接受，在初入社会的时候坚持不了而选择转行。尤其是女生，读研后进入法律界已经年纪不小，成家以后生育问题成了事业上升的障碍，再加上应酬之类的事情女生本就不占优势，所以资历较深的律师大多数是男性。

实习期间，跟着导师一起做“关于网络侵犯名誉权、肖像权”的课题。同组的实习生还有一位大二的学长。一个星期下来，我明显地看到了自己与他的差距。虽然我们只相差一年的学习积累，可是法学思维却相距甚远。导师的任务下达后，我还一头雾水不知道该从哪里下手去做，他却能将任务细化，列出多方面需要解决的问题再逐个攻破。而我需要做的就是查找相关法律资料与案例，并进行一定的整理。下班后，也曾请教过他，拿到课题任务后，应该怎么理清思路。他说，首先应该上网搜集相关论文，多看几篇，寻找关键词，再分门别类地细化查找。我恍然大悟，联系这次的课题——网络侵犯名誉权、肖像权，首先应该明确相关概念，搜集法律条文和司法解释。其次，应该明确责任的认定，对涉及的利害关系人分别进行分析。再者，还需要搜集相关案例作为判例进行参考，商讨赔偿的细则。

当然，这个领域还尚新，存在许多尚未解决的问题，譬如，网络提供者对网络侵权行为调查的配合责任；还有网络毕竟是虚拟的，如何透过虚拟寻找到网络那头的真正侵权人又是一个大问题。

课题初进行时，需要在茫茫案例的海洋中提取相关案例并进行分析，整理成表，还需要浏览相关论文，枯燥又晦涩的文字让我一度很难静下心来做好这件事。反观周围办公的前辈们，在办公桌前一坐就是一上午，无数的问题扑面而来，可是他们并未急躁，而是静下心来一件件去解决。

这次的课题让我明白了许多，无论是学业上的差距，还是心理上的态度，自己还都存在需要改进和提升的地方。既然自己选择了这一行，就只顾风雨兼程。没有一条职业路是容易的，每个人都会遇到阻碍和荆棘，倘若就此放弃，那将一事无成。大器晚成，凤凰涅槃，律师路就好像一锅一直在煮的鸡汤，时间愈久，香味愈浓。

当今社会法学就业率不是特别理想，但我并不认为这是法学专业本身的问题，而是教育体制和配套训练存在一定不足。现阶段国内法律本科人才供给过多，层次也良莠不齐，社会对法学本科生的质量认同度下降。这样的现状使我对未来的就业存在担忧。

为期一个月的实习，让我这样一个法学小白对律师的职业环境、办事态度、工作性质及业务范围有了更深的了解，进而坚定了自己成为一名法学大师的信念。三百六十行，行行出状元。法律界的杰出人才大有人在。

在前行的路上，我们有幸得到指导，大一就有机会体验和接触法律界的环境，从而对自己以后的发展规划也有了更加深刻的认知。就律师这一职业对我、对生活的影响而言，它激发了我心中对正义、神圣的向往。我一直相信，中国的法治是有生命的，而法治的温度体现在社会最底层人民的生活中，它存在于这个社会的各个领域，生活的方方面面。唯有将自己放入社会中去观察、体验，才能看到中国法治真实的面貌，才能明白自己将来要努力的方向。

我一直相信，法律是神圣的存在，是我们探求事情真相、触摸社会温度的途径。作为法律人，我们的心并不会因为见惯了社会的阴暗面而变得冷漠，反而会更加滚烫。作为法律人，我们不愿成为对社会心有不甘又无力改变却要嘲笑改变者的犬儒，我们不愿成为只会叫嚣的愤青，我们要有尊严、有秩序地生活，要成为合格优秀的法律人。

这段时间的实习让我回想起我看到志愿出来的那一刻，真的有种命中注定的感觉。

我，真的成为一个法律人了。

当然，身边不乏不喜欢法学但是被调剂到法学专业的同学。我听到最多的说法是，顺其自然吧。一脸无奈却又理直气壮的样子。

而事实是，我们总喜欢拿顺其自然来敷衍人生路上的荆棘坎坷和不如意，却很少承认，真正的顺其自然，其实是竭尽所能后的不强求，而非两手一摊的不作为。

我很庆幸自己对法学是热爱的。

学习法学快一年了，从法学菜鸟到如今稍有了解，似乎也经历了心境的改变。

不止一个老师跟我们分享过他们自己或者同学朋友的经历。

踏入社会，远不是我们想象的那么简单。是非黑白不是一锤定音，有时候我们只能眼睁睁看着它颠倒却无能为力。

不得不做的妥协让人内心充满内疚和罪恶感，仿佛有人扼着你的脖子问你，你学法不就是为了正义和公平吗？怎么到头来自己还成了冷漠的旁观者甚至是罪恶的帮凶？于是你整宿整宿地睡不着，你的初衷和执念在权势金钱的面前变得什么也不是。你放弃了挣扎，告诉自己，就这样吧。反正又不是只有我一个人如此。多我一个又何妨。

当你接触到一个又一个案件，遇到了形形色色的人，形形色色的恶，你的世界观崩塌粉碎，且再难建立时，你内心的执念就退缩了，被社会的阴暗面吸进去，变形甚至毁灭。

这样的人还少吗？

每年查处的法律从业人员、司法部门工作人员贪污受贿的人还少吗？

年年层出不穷的冤假错案还少吗？

藏在黑暗的角落里，还有多少双伺机而动的眼睛，还有多少颗蠢蠢欲动的心，还有多少个摇摇欲坠的灵魂。

法律人，你为什么不争气？

写到此，心情复杂。

学法律，真的很考验人的意志力和价值观，但是无论如何，选定了，就一直走下去。社会诚然复杂，也存在诸多考验。只盼自己，勿忘初心。

做一个孤勇的法律人，持一腔不冷的热血。

导师寄语[①]

为期一个月的实习结束了，小艾同学在泽大的实习画上了一个句号，但是相信这段宝贵的实习经验一定会给她留下深刻的印象，也是她法律生涯开始的一个小小起点。

首先，对于这次实习，经过接触，我认为小艾同学是大一一批里比较优秀的学生，抛开她在大一一年拿的奖不说，在实习的日子里她也是比较认真的，不迟到不早退，对我交代的资料查询和案例分析也是认真在做。并且，小艾很有礼貌，在实习结束的时候还给我写了感谢信，看得出来写得很用心。专业方面来说，毕竟是大一的学生，专业知识方面还是很欠缺的，但她会向别人请教，以充实自己的知识库。

其次，在人际交往方面，从事法律工作是极其需要交际的。希望小艾同学再放开一点，不要太拘束，在律所的时候，应该和更多的律师多接触，向这些前辈学习，提高自己应该具备的素质，这样也可以为自己未来的法律路做铺垫，是百益而无一害的。

最后，希望小艾同学在大学认真学习，积极参加活动锻炼自己，成为一个优秀的法科生，度过快乐而充实的大学生涯。也希望在未来，她可以成为一个优秀的法律人。

① 徐晓岗，浙江泽大律师事务所律师。

浙江天屹律师事务所实习体会

卜天予

实习之路

一个理科生学习了一年的法学，俨然还是一个法盲，对于法律条文的理解、熟悉程度甚至比不上那些打过几次官司的普通市民。但我并没有灰心，因为在这一年的学习之路中我认识到法学是一门体系庞杂的社会学科，并不是打打官司、背背法条那么简单的，而是许多价值调和后的结果。并不是只有一种价值需要法律人去守护，还有很多其他价值也非常珍贵，值得我们去捍卫、去追求。这次假期的实习就是一次可以切实接触法律包含的各种价值的机会。我心怀渴望，渴望通过这次实习，让自己在对"法"的求学之路上迈出更大的一步。

在实习时，律所里的前辈总会交代一些琐碎的事情让我去办，但由于交代的时候总是言简意赅，因此我总是要多次询问。次数多了难免让人觉得烦躁，再加上他们不仅做案子，还有很多重要饭局和关系要处理，因此平时非常繁忙，很少有时间回办公室。所以其实问问题也是项技术活，如果有不懂的地方必须尽量争取一次性弄懂，不然老是跑律师们的办公室，自己都会觉得不好意思。我想这也是另外一种能力的锻炼吧，作为一名实习生，就必须尽力让主任律师省心，让其满意。

在实习的最后阶段，我与律所的几名律师一起讨论法律的意义与作为一名律师的职责。一次案例讨论会上律所的合伙人之一王军律师给我们这些实习生抛出了一个问题："如果有一个案子，案情严重，可是证据不足，此时只要施加一点暴力手段，被告人就会老实招供了，为什么我们不下手呢？又或者，只差一点点证据而已，为什么我们不能直接认定被告人有罪呢？法律太死板，为什么不懂得变通？最后万一放过了罪犯，或是重罪轻判的话，正义何在？法律如果不能维护正义的话，又有什么意义呢？"这些问题如果回答得不好，不但对不起法治精神，同时法律的真正意义也可能会受到挑战。通过调查相关方面的刑事案件与相关资料，我了解到在这个时代，“宁可错杀一千，不可放过一人”的说法早已被我们的法律所抛弃。宁可错放，绝不可错杀，这才是现代刑事诉讼法的精神，也是划时代的进步。我们是法律人，要做的就是通过我们手中的法律知识与证据去保障他人的合法权益。从逻辑上来看，某些案子确实可能存在明明是事实，但是证据却不够充分的情况。然而，法律不允许我们因为有这种可能性的存在，就任意开启例外，让一个证据不足的案件被判决有罪。因为此例不可开、此风不可长。假如我们这么做，真相将失去证据的支持，正义变得摇摇欲坠。与经验丰富的律师的交流，会逐渐被他们的理性所感染。透过理性，我认识到法律存在极限，我们不但要尊重法律，更要努力促使法律不断进化，追求更完善、更周全、更合理的法律。这次实习让我更深地理解法律，法律也不再是教科书，不再是法条上的书面内容，我了解了法律的本质。身处法治社会，我们知其然，更知其所以然，我们以法为本，更以法为荣。

实践感悟

在这一个月中，有一件事情让我印象特别深刻。金律师要我写一份起诉书，诉讼请求中的违约金本应是 28000 元，我竟然算成 280000 元，她看后只淡淡地说多了个零，而我自己却已是汗颜加倍。也就是在这一次，我挨了第一次批评，当然并非破口大骂，而是很委婉地说我念了这么多年的书，怎么还这么粗心，可见再简单的事如果不用心去做认真去学，就会成为不简单的问题。

起草法律文书也是我这一个月实习生涯中一项比较重要的工作。在撰写法律文书的过程中，我明显感到自己知识的匮乏和经验的缺失。说实话，真的很后悔当初没有认认真真地学习法律文书的写作。好在我的指导律师金主任给予了我悉心的指导，让我领悟到了法律文书写作的基本注意事项和相关技巧。总的来讲，起草法律文书是一项含金量比较高的工作，既锻炼头脑，又锻炼文笔。通过起草法律文书这项工作，我的写作能力、逻辑思考能力、综合运用资料的能力以及法律适用能力都有了很大的提高。

在实习中，我还学习了律师在受理案件后的实际操作程序并且协助他们填写卷宗、对卷宗进行编码以及整理文书；我还跟着律师一起到法律援助中心、工商局、派出所等部门调查取证。我最有体会的是旁听了几起案件的庭审，认真学习了正当而标准的司法程序，真正从课本中走到了现实中，从抽象的理论回到了多彩的实际生活中。在庭审中，我细致地了解了庭审的各个环节，认真观摩了律师举证、辩论的全过程。有这样一个锻炼的舞台真是难能可贵。刚到所里的几天，我几乎什么都不会，幸好有指导律师的耐心教导还有其他一些工作人员的帮助，我才能很快地学到了很多知识和技能。

导师寄语[①]

卜天予同学在本所实习期间，待人友好真诚、勤奋好学、吃苦耐劳，能够保质保量完成各项协助工作，展现了良好的法学素养和品质，得到一致好评。

卜天予同学能够在繁多的案卷材料中抽丝剥茧，能做到对案件有一个较好的整体把控，对于不明白之处虚心求教，充分体现出耐心、细致、好学的特点。同时，作为男生，主动承担了部分外出配合协助工作，在过程中无丝毫埋怨，任劳任怨，值得点赞。在本所组织的“案件起诉材料准备模拟”环节中表现突出，对于起诉状的各要点把握较准确，充分运用了所学习的法律知识，独立思考、灵活运用的思维特点得以显现。在一租赁合同纠纷案件中，能够主动学习、补充相关法律知识，认真分析，协助起草相关通知函件，凸显出较强的逻辑思维能力。

法学是一门综合性较强的学科，卜天予同学涉猎面较广，对法学的学习具有一定优势，真诚希望他能够善用自己身上的良好品质，发掘内在潜力，在学习及以后的工作道路上越走越宽！

① 金迎春，浙江天屹律师事务所律师。

初心与进取

——浙江浙联律师事务所实习体会

程佳琪

实习之路

第一次见面只想到一个词形容我的导师来波——英姿飒爽。她是浙联律所的高级合伙人，一位十分干练的职业女性，后来回到自己家乡创办了浙江浙联（萧山）律师事务所。而随着了解的深入，我也愈发觉得，她是一名很优秀的律师。

她认真负责的职业态度令我敬佩，我原本一直觉得人们想要爬上高峰就要付出许多代价，是她让我明白很多正爬向高峰的人，并不是在“付出代价”，他们努力工作是因为他们真正地喜爱工作。任何行业中往上进取的人都是完全投入正在做的事情，且专心致志。衷心喜爱所从事的工作，自然也就成功了。热爱工作是她的一种信念，高效率地工作是她的追求，也正是因此，她在工作上取得了巨大的成就。

律师的身份是民间的，没有权势，孤身一人，手无寸铁，唯一的斗争方式，就是说理。她用专业知识，用事实和逻辑，来防卫，来对抗，来攻击。律师唯一的武器:法律。律师说理，靠的只能是法律。靠的不是法律的矛盾，不是法律的空隙，而是靠法律的权威，靠法律里的真理。简单地说，律师的优势就在于懂法律。而我的导师正是这一点很好的贯彻者，除掌握专业知识外，与法律相关的文史哲，她都有涉猎，在工作之余她一刻也没有懈怠，努力地给自己充电，律师这个职业成就了她，而她也努力地成就着自己的职业。

她有正确的职业态度，她有丰富的专业知识，她有良好的职业道德，她有美丽的律师形象，而最令人敬慕的是她的温暖，浙联萧山团队是一支年轻的队伍，带年轻律师是一个挺辛苦的工作，但老师从没为此感到辛苦，尽己所能，倾囊相授，从来没有摆过主任的架子，而是尽全力帮助青年律师成长。

这个假期，谢谢您，很高兴可以在您的律所里实习。

实践感悟

站在人民广场看绿都世贸大厦时，脚下似乎就有一种力量在生根发芽，我将要作为一名实习律师在这里度过一个月的时光。

我的实习单位是浙江浙联(萧山)律师事务所，它拥有一支综合素质高、作风干练、办案认真、工作效率高的年轻化律师团队，在业界及客户中享有广泛而良好的声誉，这次我有幸能在这里实习，接触了这么多优秀的法律工作者。

为期一个月的实习，收获颇多。

(一)实习内容

1.见当事人

第一天报到便跟随着指导律师去见当事人，确认案子的细节，核对材料真实性，看着指导律师待人接物，我似乎进一步理解了律师是个服务行业这句话。一个好的律师也许不必是一个优秀的辩论家，但一定要是一个沟通高手，要细心，要有耐心，我们需要洞察当事人的内心，实现当事人真正的需要。

2.法院旁听

仲裁庭是律师的重要战场，一场仲裁案我们带着八沓厚实的庭审资料去开庭，仲裁庭规模稍小一点，但双方辩论的精彩程度有增无减。当然，也有一些闻所未闻的小插曲，仲裁庭上的被申请人，他没有请律师，全程的法律术语都需要仲裁员挨个解释，答辩的时候也一直在帮申请人说话，旁听的我们实在是惊讶。那些在电影里出现的雷人桥段并不仅仅是喜剧效果，也有可能就这么在我们身边上演。一场旁听也真是让我认识到学些法律知识的重要性，法律其实并没有我们想的那么的高高在上，它就在我们身边，与我们的生活息息相关，每个人都免不了用到它。

3.析案件，写文书，理表格

面对一个案子，可以引用的法律条文千千万，不同的分析，不同的引用，最后的结果也大不相同。律师，不仅要最快地想到解决方案，而且要根据侧重点的不同，想出不同的解决方案。例如，有的当事人希望赔偿最多，有的希望影响最小，纵使条条大路通罗马，我们也要遵从当事人的意愿，最大限度地实现当事人的利益。

语言、文字表达能力应该也是成为一名律师所必须具备的能力，我们不仅要充分理解当事人的意愿，而且要写出打动人心的，有说服力的公文书。法庭上的辩论则更为重要。做一名律师也需要有强大的逻辑分析能力，这时候按时整理工作表格和思维导图就显得格外重要了。

4.整理卷宗

在整理卷宗过程中,对各种该归档的文书的分类有了详细的了解,也对民事、刑事案件从立案到审结的程序及流程有了一定程度的熟悉。大批量的案件看下来也对律师工作有了更深入的了解。当然,我们也体会到了律师也是普通人,他们也要做大量琐碎而枯燥的工作。他们的生活及法律工作并不如我们以前想象的那么简单,里面的辛酸和汗水也是常人所无法想象的。

(二)实习感悟

1.法律思维

像法律人一样去思考,这应该是一个法律人最基本的素质,每一个案件最先锻炼的是我的独立分析案情的能力。案情的分析是对整个案件的把握,我们要找出对我们有利和不利的情节,确定代理方案。只有我们自己的逻辑清晰,条理清楚,才能做出令人信服的代理方案。

当你从法学院毕业的时候,眼里将没有男人和女人的区别,只有原告和被告的区别。同办公室的学姐用生活中一点一滴的琐碎小事践行着这一点,就好比录音证据,录音的时候你要问的问题其实不重要,重要的是你想得到的答案,所以开始录音之前一定要把答案写在纸上,去引导对方讲出你想要的答案,分析案子也是如此,倒推往往比正向思维行之有效。

2.法律人的初心

实习生活,感触颇深,作为一名律师,初心不能丢。

律所的一位老师让我整理一些社区常见问题。他说,这些是最贴近生活的法律问题,如果身边的人需要,马上就可以用上。他也常常去一些法律援助中心值班,一待就是一整天,虽然疲惫却也很有成就感。我很敬佩,这应该就是坚守初心吧。每一个法律人从象牙塔走出来的时候都是满腔热血地想要去匡扶正义,随着看到的世界的黑暗面越来越多,最初内心的那份理想却渐行渐远了。曼德拉曾言,如果天空是黑暗的,那就摸黑生存;如果发出声音是危险的,那就保持沉默;如果自觉无力发光的,那就蜷伏于墙角。但不要习惯了黑暗就为黑暗辩护;不要为自己的苟且而得意;不要嘲讽那些比自己更勇敢热情的人。我们可以卑微如尘土,不可扭曲如蛆虫。对于做律师的意义何在,一千个读者眼中也许有一千个哈姆雷特,但是我们无论到什么时候都不要忘记自己为什么选择这个职业。罪恶不会消失,但是,若能抚平人心,为他人尽一份绵薄之力,我们的工作便有意义。

3.法律人的进取

有时候,我们真的要去看看那些优秀的人的世界,才会知道自己有多贫瘠。当我看着那些律师在面对“枪林弹雨”面无惧色,从容应对时,我就知道自己还有多少努力要做。我们只看到法庭上他们叱咤风云,却看不到他们在背后做了多少准备。一个看似简单的案子,律师都要准备很多的材料,不仅要考虑自己怎么讲可以令法官更信服,还要考虑对手会怎么辩驳自己的观点,更要知道自己应该如何应对。每一份人前的光鲜都是无数个夜晚的努力成就的。

当今社会,互联网时代,信息更新换代得那么快,今天出台的法规法条,明天,你的顾问单位,你的雇主也许就会用到,只有不断学习,不断更新自己的知识库,才能跟上社会的节奏。不仅是专业知识方面,在与人交流,融入社会的能力上,社会和校园生活也是不同的,残酷的现实让我明白要想在这个行业中生存就必须使自己先强大起来。律师提供的是法律服务,在某种程度上讲提供的也是一种商品,那也就会有知名和不知名的区别,毕竟每个人能力、水平、经验不同,针对不同等级的商品服务,消费者给予不同的、有差别的待遇很正常。在专业素质和职业素养还没有完全锻炼出来的时候,我们不应该产生一步登天、一蹴而就的思想。而且也不应该仅仅只看到老前辈的辉煌,要知道作为开拓者和先驱者,他们经历了比我们更为严格的磨砺。

我现在要做的就是努力提升自己,抓紧时间充实自己,在步入社会之前让自己具备更多的技能和涵养,而这些,就是在日常小事中一点一点积累的。不是因为某件事很难,我们才不想做,而是因为我们不想做,某件事才会很难。做律师便是如此。为什么很多实习律师觉得特别累,甚至待不下去?因为那些大状从来都是在找概率,而我们这些菜鸟却每盘都想赢。不管一个人的野心有多么大,他至少要先起步,才能到达高峰。一旦起步,继续前进就不太困难了。工作越是困难或不愉快,越要立刻去做。如果他等的时间越久,就变得越困难、可怕,这有点像打枪一样,你瞄的时间越长,射击的机会就越渺茫。我们应该先行动起来,不必去害怕什么前途未知,因为进一寸就有一寸的欢喜,我们想要的最终都会得到。

真正进入了律师行业,你也许会发现生活没有你原本想象的那么多姿多彩,重复而又枯燥的机械性任务还是普遍存在的。对于这个问题,我的导师如是说:当你将一项任务做得滚瓜烂熟,已经没有新鲜感时,你应该开始考虑怎么从细节上优化你手头的事情,尽力地把它做得更好。小到一份委托合同书的编辑,大到一个官司的思路,只要你想做得更好,就一定可以做得更好,永远进取,永远不平庸,何谈枯燥。

还有一种领悟就是工作不易,社会生存要比校园生活难多了。生活本该不容易，大学校园里的我们觉得生活得很轻松是因为我们不需要自己挣生计，父母替我们承担了那些本该我们自己承担的不容易。可是毕业了呢？我们自己走出校门讨生活真的能够比父母提供给我们的更好吗？这也是我们必须不断进取的原因，父母给我们一段生命，我们也应许父母一个未来。

我想成为一名好律师，保持初心，不断进取，为自己，也为别人。

导师寄语①

佳琪，你柔柔的外表下，藏着一颗认真和执着的内心，一次特意让你参加的客户见面会让我观察到了。在与各位老师及师姐师兄的相处中你谦虚好学和主动，大家看在眼里。你感受到了我们浙联萧山团队的用心、专业、高效和大家相处犹如大家庭般的温暖，我们也感受到了你对知识的渴求及带给我们的青春活力。在你将回校园继续学习之际，与你分享几条心得：

(1)热爱是一种非常美妙的感觉，它能激发自己的激情，敦促自己的坚持。

知道你已定下目标，想要成为一名律师，这非常重要。因为喜欢就会给自己设定目标，就有了努力的方向。记住是给自己设定目标，不是别人给你设定目标而去勉强实现。这样的努力是积极和主动的，这样的坚持也会无怨无悔。做律师难，做一名优秀的女律师可能会更难，但同时也可能会更引人注目。目前你最大的任务是静心学习，在校期间是系统学习打下扎实理论基础的黄金时机，能够坐在教室安静学习是一件幸福的事。不断让自己的目标激发学习的动力，努力去实现自己设定的一个个短期或长期的目标。前行的过程中一定会遇到荆棘或挫折，不可动摇的坚持是最好的利器。

(2)保持阅读的习惯。你喜欢阅读，这将在未来给你带来意想不到的收获。除了必须看的书，其他可自由支配的时间里，可以怀着没有功利目的的心情去看书，文学、哲学、经济、推理或小说都可以，等到用时那就是取之不尽的财富。

(3)常怀谦卑之心。“谦受益”，常怀谦卑之心的人，才会向周围的每一个人学习，不断地进步。他可能是你的师长，也可能是你的同学，甚至有可能是你的对手。即使是一个看起来不如你的人，他必然也有他的闪光之处值得你去学习。怀有谦卑之心的人，也必然有一颗感恩之心，有一颗尊重他人之心。你将收获的，也会是别人的信任与尊重。

(4)坚持锻炼，练出健康和美丽。梦想的实现需要有健康的身体，坚持锻炼是秘诀。健康和美丽是孪生姐妹，同时拥有会让人身心愉悦。

最后，常回浙联老家看看，分享彼此奋斗的故事，祝福你。

① 来波，浙江浙联（萧山）律师事务所律师。

“向外探索”与“自我学习”的契合

——浙江智仁律师事务所实习体会

程 雨

实习之路

2016 年暑假期间，我有幸借学院的平台在浙江智仁律师事务所主任马宏利律师的指导下，以“律所实习”的形式给大学第一个暑期——大学生活中最初且最合适总结过去与眺望未来的时间段——以获益匪浅的难忘之感。

出于对房地产政策、建筑房地产相关法律问题的爱好，经过双向选择，我有幸与马宏利律师结为导师组。马宏利律师现任杭州市律师协会政府法律顾问专业委员会副主任、浙江智仁律师事务所主任。马宏利律师求学时期曾就读于中国政法大学、浙江大学等高校，后在其近 20 年的法律职业生涯中转换于公司法务、专职律师等不同职业身份之间，并于实务实践中逐渐总结、拓展出自己的专注领域：侧重于建筑房地产业务、公司业务、金融保险、行政诉讼等诉讼业务与公司并购、资产重组及其他工商事务等非诉讼业务。

我实习所在的浙江智仁律师事务所建筑房地产部由马宏利律师组建，专注于建设工程、土地征收、房产开发等业务领域。我想以“自我学习”与“向外探索”两大主题来总结我在智仁所实习所感受到的法律文化氛围。

（一）自我学习

建筑房地产部的自我学习是贯穿我整个暑期实习的主要线索。“建设工程质量鉴定的质证”“自行委托鉴定的效力”“建设工程造价”“房地产依托”等主题下的法律实务实践经验分享、学习一度使我难以真正融入所讲的内容中去，经过部分先导性的法律文件、概念理解后，我逐渐对建设工程合同有了自己的理解并能从自我学习中有所收获。于我而言，自我学习可能更有利于自我提升；但于青年律师而言，实务经验的分享、知识的自我学习或许将成为法律职业提升过程中的一次补正与加速。

(二)向外探索

以"房地产依托""PPP 专项法务""婚姻家事与财富传承"为例,智仁所也从多方面尝试现有法律服务产品的升级与创新,"不断创新"可以一言概之。法学的学习似乎一直处于"新与旧"的法律交替转换中,而创新意识是法律人必备的思维方式。

实践感悟

暑期实习期间,我在日常实习工作之外,经过实地调研、采访调查并形成了《基于"律师专业化"的"法律服务产品化"的现状浅析与初探》的社会实践调查报告。

随着十八届四中全会"全面推进依法治国、建设社会主义法治国家"这一治国理政理念的提出,以律师行业为主要代表的法律服务行业正逐步迈入其发展的"黄金时期"。截至成稿前,全国执业律师人数已超过 29.7 万人,律师事务所达 2.4 万多家,律师队伍不断壮大。经过多年的实践探索,"律师专业化"已经成为律师事务所发展的主流趋势之一。随着律所数量的不断增加,以"律师专业化"为基础的"法律服务产品化"的发展理念也应运而生。

针对现存的两大类律师事务所——专业所和综合所,我们面对律所的管理者设计了如下的问题:"您所理解的'有特色的法律服务产品化'是什么?其在当下律师行业的重要性是什么?""您觉得当下最热门的'律服务产品的专业方向'是什么?主要的服务人群是哪些?""如何结合自身律所实际去发展这一专业方向?"并得到了如下的解答。

浙江智仁律师事务所余春红律师访谈记录

问:您所理解的"有特色的法律服务产品化"是什么?请您谈谈其在当下律师行业的重要性。

答:有特色的法律服务产品的话,那么首先这个有特色,它应该是区别于一般性的法律服务产品。最好是能够抓住客户的痛点而形成的法律服务产品,这样我认为是有特色的。

第二个,什么叫作产品化。产品化的话,肯定是有一系列已经形成的文本,格式化的服务方式,产品化是成熟可复制化的。

在律师行业中的重要性,那么我认为有特色的法律服务产品化当然是非常重要的。这样可以让律师及他的团队脱颖而出,有助于占领市场,并且能够迅速地打出知名度,拓宽其产品市场。

问:您觉得当下最热门的“法律服务产品的专业方向”是什么? 主要的服务人群是哪些?

答:最热门的法律服务产品,这个就不好说了。其实我觉得法律服务产品本身就应该脱胎于传统的法律服务。很多时候,传统的法律服务如果能够形成专业化、服务化的话,它也是能够有非常庞大的市场的。

专业方向的话,各类专业方向其实都可以有。如果真的能够精准定位的话,这些法律服务产品都是有它的市场的。我个人现在从事的是非诉这一方向,我觉得非诉这一块的痛点其实是蛮多的。比如,现在有关私募、有关大资管的法律规范就正在一个调整的过程中。如果律师能够紧跟这个时代,随着这个法律法规的调整,能够形成自己的产品化,那当然也是非常有市场的。

对于主要服务的人群,不同的产品针对的是不同的人群。那么私募这一块,大资管这一块,肯定是针对金融、企业、金融的投资者以及这些中间的服务商。

问:请您谈谈如何结合自身律所实际去发展这一专业方向?

答:结合律所的话,因为律所本身也是不同的,有专业化的律所,也有综合性的律所。像我们律所就是综合性的律所,涉及的产品服务范围也都是比较宽泛的。那么从我自己所在的这个资本市场部看,我们肯定会从大资管的这个角度去发展我们这一系列的产品,让它慢慢产品化。

浙江智仁律师事务所马宏利律师访谈记录

问:您所理解的“有特色的法律服务产品化”是什么? 请您谈谈其在当下律师行业的重要性。

答:我觉得任何的一个法律服务都需要进行产品化的组合,否则便无法谈及专业化,若没有专业化,也必然会失去相应的法律服务市场。所谓的“有特色的法律服务产品化”,我觉得应该是针对不同的律师团队、不同的律师来进行定位,假设你是建筑房地产方面的律师,你就应该把建筑房地产方面的法律服务细化、产品化;假设你是知识产权方面的律师,你就要把知识产权方面的法律服务尽量细化、产品化,这个不能够一概而论,每一个团队要结合自身的实际来进行产品化的定位。也就是说,法律服务没有业务上的高低,业务不分好坏,只要精深于其中一方面业务,那么你就是专业化的律师。

问:您觉得当下最热门的“法律服务产品的专业方向”是什么? 主

要的服务人群是哪些?

答:我认为当下最热门的“法律服务产品的专业方向”主要集中在PPP、新三板、股权激励、私募股权等方面,主要服务人群也是我们所主要定位的中小企业。

问:请您谈谈如何结合自身律所实际去发展这一专业方向?

答:对于我们所来说,也就是集全所之力去拓展相应的客户、抓住相应的案源,如果在没有相应客户、案源时,那就是要组织年轻律师,或者在资深律师的带领下,进行相关产品的研发、知识的梳理、法律法规的收集,不能在等待案源、客户时不进行前提的准备。机会都是留给有准备的人,只有时刻准备着,当客户和案源出现时,我们才有能力去接下它,否则一切都是空谈。

余春红律师就自己的法律专业方向及律师执业经验,对我们的问题进行了针对性的回答。余春红律师认为只要定位精准,顺应时代的发展趋势,植根于传统的法律服务,并在此基础上进行创新调整,不断优化法律服务产品的组合,形成专业化的法律服务产品系统及成熟的法律服务产品品牌,任何一个专业领域都存在巨大的潜在客户市场。“有特色的法律服务产品化”其实是一个漫长的发展过程。

马宏利律师认为,法律服务需要产品化的组合,“有特色的法律服务产品化”应针对不同的律师、律师团队及其实际情况来进行自身的服务方向定位。法律服务只要精深于其中一方面,那就是专业化。在马宏利律师看来,当下最热门的专业方向主要集中在非诉业务方面,服务人群主要为中小企业。

在律所的发展过程中,只有拓展相应的客户、抓住相应的案源,提前做好准备,才能更好地发展专业方向。

于是,我们得出了较为理想的“专业化”与“产品化”之三部曲。

第一步,依托自身特色、明确方向定位。

专业方向的准确定位实际上在助推着律师事务所品牌形象的构建与打造。法律服务行业在激烈的市场化竞争中,律师事务所之间的“特色化、差异化品牌效应”往往给律所品牌的塑造、客户市场的培育提供了捷径,专注产品的研发和专业能力的深入探究与拓展也往往能带来更多的市场认同与客户认可,并一定程度上克服同类、同质服务过多的发展困境。

第二步,事务所的资源优化配置。

足够强的凝聚力和团队执行力,不仅仅是专业化方向发展的律师事务所,更是所有律师事务所发展的必备要素,同时也要求团队成员具有高度认同的价值观念或类似企业文化作用的“律所文化”，这样才能集中全所力量，各项内部管理体系也能更为到位并发挥促进售后服务的作用。

第三步，拓展“有特色的法律服务产品化”的法律服务体系。

以选定的专业方向为跳板，不断研发、拓展“有特色的法律服务产品化”的法律服务体系。

导师寄语①

很荣幸能成为你的导师，在这短短一个月的实习期间你谦虚谨慎，勤奋好学，注重理论和实践相结合，将大学所学的课堂知识有效地运用于实际工作中，认真听取律师同事的指导，表现出较强的求知欲，并能够仔细观察、切身体验、独立思考、综合分析，灵活运用自己的知识解决工作中遇到的实际困难，这正是一个法律人必须拥有的素质。

法律职业是困难和坎坷的，在这条道路上你要做好充分的心理准备，要想成为一个合格的法律人，除了掌握理论知识以外，还需要培养自己勤勉、高效的工作态度，因此，对你今后的学习、生活提以下几点建议：

第一，要学会处世。树立法律人的理想信念，加强自身职业道德修养，充分认识并履行法律人的职责。

第二，要善于学习。法律人的成长需一个过程，除了掌握理论知识以外，更需要你从各方面加强实践经验的积累。美国最高法院大法官霍姆斯说过：“法律的生命不是逻辑而是经验。”对于初出校门的法学院学生来说，除了学习掌握法学理论，更要注意积累生活经验，这是提高执业水平的有效途径。

第三，要独立思考。法律职业非常强调个人的独立思考能力。任何一个案子都不是完全一致的，你要从自己掌握的理论知识出发、从客观的事实基础出发，独立思考、分析每一个案件的法律关系，从中掌握宝贵的执业技能。

成功的法律人不是天生的，而是在法律实践、执业过程发展中锻炼、成长起来的。加油吧，小伙子！

---

① 马宏利，浙江智仁律师事务所律师。

行走在法律殿堂之间

——浙江天屹律师事务所实习体会

范宜颖

实习之路

为了更好地提高学生综合素质和实践能力，学校要求学生参加暑期社会实践活动，在此期间我有幸来到浙江天屹律师事务所实习，致力于股权并购、私募股权基金等业务。为了不辜负学校和老师的期望、为了自己有更大的进步，我在实习中努力做到积极进取、虚心求教，学到了很多知识，有很多心得与体会。这不仅来自自己的认真，更有金迎春主任、石开律师等各位前辈的用心指点和教育，同时也与学校的大力支持息息相关。

实习感悟

本次实习的目的在于提高学生的综合素质，将法律的理论知识应用于实践当中。实习的意义，不仅是让学生得到锻炼，更是为学校、为社会、为国家培养中国新一代的综合性法律人才，成为我国未来法制事业建设的接班人。本次实习当中，我看了私募股权基金的相关学习视频资料，体验了整理卷宗案例、写起诉状等基本业务，提高了自己的实践能力，也学到了很多书本上学不到的知识。

作为法律系的大一新生，入学学习法律知识仅一年的时间，就接受了这份新鲜而有挑战性的社会实践活动，很能锻炼自己的能力和增强自己的勇气，毕竟自己已经开始去接触这个社会，对于未知，更多的是探索和向往。尽管自己的思想和观点还并不成熟，但毕竟已经迈出了第一步，这让我十分高兴。很感谢学校能为我们提供这次宝贵的机会，也十分珍惜这次实习。我有幸来到浙江天屹律师事务所实习，得到了各位律师的用心指点和教育。“天下之事，闻者不如见者知之为详，见者不如居者知之为尽。”通过这次实习工作，我深刻地明白了这个道理。

进入律所实习后，我虚心地向律师们学习，并与他们建立了良好的关系，积累了一些社会经验。这是在学校和课本上学不到的，会让我终身受益。与此同时，我也看了许多实际案例和一些专业书籍与杂志，让我初步地进入了律师这个角色。

虽然能力有限，并不经常参与律师的专业工作，但是，在实习中会看、会听、会体会、会感受。同时也会做一些力所能及的事，并且在指导老师的教导下努力学习新事物，这让第一次接触法律实务的我大大加深了对它的了解，才明白学校不仅给予了我们理论知识，对于实践运用方面也是大力支持的。实习让我们将所学的理论联系实际，不至于让我们对未来的工作一无所知，在实务方面不知所措。虽然接触的东西并不是特别多，但是负责带我的实习律师们都很耐心地指导我、悉心地为我答疑解惑，让我学到了一些实实在在的本领。通过这次实习，结合自己的理解和体会，获得了如下一些粗浅的感悟。

在实习的过程中，根据产品购销合同案例还写了一份起诉状。在学校还没有学习法律文书，实习期间最常见的就是撰写法律文书，简单的具有固定格式的文书如起诉状、答辩状、委托书等。让我们初步学习了最常见法律文书的写作和基本注意事项及相关技巧。虽然在看案例的时候有很多不明白的地方，但在律所各位律师的指点下，也都一一弄懂，写完了一份起诉状。写完后金律师还给我们分别指出了缺陷和不足之处，同时也分享了一些写起诉状等其他法律文书要注意的要点和其他的一些常用的法律技巧与方法。通过那次讨论，我对写起诉状和其他固定模式的法律文书有了初步的了解和认知，以后回学校学习时，在写法律文书等方面也会更加得心应手。

在学习了知识和简单的模式的同时，自己也明显感到了知识的匮乏和经验的缺失。现在在学校学习的是书本上的知识，在律师的实际工作中，远远不限于此，一份高质量的法律文书更需要丰富的知识和经验，以及对知识的运用和配合。这让我看到了自己的不足，懂得应该更加努力地学习和积累，慢慢取得进步。以后要充分运用法律知识并弥补知识上的不足，积累实践经验。平常要学好理论，为以后的工作奠定坚实的基础。

此次实习，我的收获主要有：

(1)学习了私募股权基金的相关知识。私募股权是私人募集资金投资未上市的公司，进而通过售卖股份进行套现。我国市场日趋活跃，以外资为主。中国为目前世界第二大 PE 市场，但还有很大发展空间。中国投资人多为散户，而非机构。投资周期短、风险耐受力低，很多机构的私募股权是受到限制的。一般是向个人募集资金，散户为主，但散户所占的资金比例较小；机构较少，但其所占的资金比例较大。

(2)整理卷宗了解律师整个办案流程。整理卷宗几乎是每个法学实习生都要做的事。记得第一次整理的卷宗是一份产品购销合同的法律案例。一个简单的赊购到期未还款的案子,从证据收集到法院裁定,一共近100页,一开始的时候觉得无从下手,后来经过各位律师的指点,按照整理卷宗的标准,诉讼案件卷宗目录来整理,就变得轻松、方便了很多。文件包括:收案表、法律服务合同、授权委托书、证件(身份证、营业执照、法定代表人证明书)、公函、发票、起诉状、原告证据材料、答辩状、被告证据材料、反诉状、反诉证据材料、调查材料、诉讼申请材料、法院程序性材料、庭审记录、代理词、法院裁定书、判决、调解书、结案表、律师办案监督卡等20余份材料。

通过卷宗的整理我了解到很多知识,比如装订次序排列和办案流程紧密相关,也和相应的司法程序相对应。只要用心,通过整理卷宗就可以了解熟悉律师的办案流程及相应的司法程序,这是我在实习中学到的很重要的一点。

(3)理解沟通的重要性。律师不一定要是一个辩论高手,但要是一个沟通高手。在学校旁听过很多辩论赛、演讲赛,曾经也一度认为一名出色的律师一定要伶牙俐齿,口若悬河。但是进入律所后才发现,实际情况其实并不是这样的。基本的语言表达能力的确很重要,但它并不是最重要的,最重要的是沟通的能力。法庭上法官不喜欢你在那里滔滔不绝、啰啰嗦嗦,说一大段却没有重点,毫无逻辑可言,而是希望你能言简意赅地把你的观点恰如其分地表达出来;当事人也不需要你在那引经据典,有时甚至不需要你的过于专业化的名词,当事人所需要的,是你能了解他,想他之所想,言他之所言,能够以当事人的利益为中心。

这就是一种沟通能力,也是一种口才,但比那种辩论赛所谓的口才要求更高,也更难以培养。这不仅仅需要你的知识,更需要阅历、涵养,以及经验的积累。在律所通过自己的探索和各位律师的指点,我也简单地学习了一定的沟通技巧,不仅为以后律师的工作打下了基础,而且可以在平常的生活中加以运用,减少和解决一些同学之间的矛盾纠纷,避免不愉快事情的发生。

(4)深刻了解律师的工作和生活。在去律所实习之前,心目中一名出色的律师是这样的:西装革履,气宇轩昂,睿智机敏,出入豪华的写字楼,而后在窗明几净的办公室内会见当事人,逻辑清晰,谈吐不凡,冷静到有点不近人情……而这次的实习生活,让我有幸真正了解了这个神秘的真实的律师群体。

他们并不是我想象中的那样,律所的各位律师都很平易近人,在工作中会认认真真地做好工作,平常休息的时候也会互相关照,像相亲相爱的一家人。印象最深的就是在中午的时候,金主任和整个律所的核心业务人员吃饭的场景,记得第一天中午我们去得比较早,后来看见金主任也进来和我们一起吃饭,

吃的饭菜都是一样的，没有差别，当时还感觉很惊讶。在吃饭的时候，大家不仅讨论了业务上的问题，而且更多的是聊天打趣，说说工作和生活上的趣事，还关切地问了我们在实习中有没有遇到困难、学到的知识以及平常的学习生活。那时候突然明白，律师和每个人都一样，遇到趣事会开怀大笑，出现错误也会严格改正。律师仅仅是他们的职业，除了工作，他们更是妻子、是儿女、是丈夫……这是在实习当中感受最深的一点，这次实习不仅让我感受到了律师真实的工作情况，也让我更深地体会到了他们的生活与普通人无异。

最后，在天屹律所的实习过程中我收获很多，在实践中我的知识得到了巩固，把大学一年当中学过的法学理论知识运用于实务工作当中，并在实践中通过律师的指点和个人的感悟，学习到很多课本上学不到的知识；这次实习又不仅是把理论运用于实践，而且还是积累工作经验，为以后的就业打好基础。

这次实习是我大学生活中不可缺少的重要经历，因为它教我懂得了如何独立地生活，如何凭借法律人的智慧和真诚赢得他人的尊敬和信赖，如何尽己所能关心需要帮助的人……通过实习，解决问题的能力得到了提升；开阔了视野，对法律在现实生活中的运作有所了解，对专业用语有了进一步的掌握，更加坚定了在法律这条路走下去的信心。

这次实习学到了很多，缘于自己的努力与付出，但更要感谢学校给了我这次宝贵的实习机会，感谢天屹律所的所有前辈们，因为他们给予了我很大的信任、帮助与肯定……经历是一种积累，也是一种财富，这次实习是我的宝贵财富，伴随终身。希望以后还会有这样的机会，对法律能更深刻地理解，在法律的道路上越走越远！

导师寄语①

你是一个心地善良、是非分明、有责任心的孩子，对任何事都能尽职尽责地做好，你努力向身边的好同学学习，成绩在一天天进步。老师喜欢你在知识的海洋里畅游的学习劲头，更愿意看到你在课余时间像蝴蝶一样在大自然中快乐飞舞。你眼睛里闪烁着智慧的光芒，你是一个思维敏捷的好学生。你聪颖而不失沉稳，文静而又坚强，秀气、文雅的你有较强的领悟力，为人淳朴，品行端正，宽厚仁道，不激进，不与人争锋，同学乐意亲近你。你能合理地安排作息时间，不为各种言行左右，把精力放在学习上，让师长放心，真的难能可贵。老师真诚地希望你充分发挥自己的聪明才智，你应该向知识的深度和广度发展，使学习成绩更上一层楼。每个人都应该设计属于自己的人生。因为青春，所以激情，

① 金迎春，浙江天屹律师事务所律师。

想创造一片属于自己的天地，并且乐此不疲地追求；因为青春，所以梦想，带着父母的期望，也带着自己对未来的理想。希望你学好各学科的课程，并充分利用课余时间学点课外知识，这些知识将会在我们的未来生活中有用。假如有机会，再去选修一些课程；学有余力之时，积极参加学校或院系组织的各类实践活动；参加各类社会实践、社会调查活动，并完成相应的实践论文；参加各类志愿服务活动或各类社会公益活动；为班级、学院或学校集体完成某项服务；或者搞些勤工俭学，做兼职，当家教。我想在假期积极参与社会活动(例如打工或者参与大学组织的社会活动)，会对你的未来有重大的积极影响，既能争取经济上得到一些帮助，同是也能培养自己的责任感和理财能力。

“律”途漫漫

——记浙江天册律师事务所实习体会

付宇洁

实习之路

浙江天册律师事务所有我两位导师，一位是傅羽韬律师，一位是朱卫红律师。傅羽韬律师主营业务是非诉，朱卫红律师主营业务是诉讼，于是我就很幸运地接触到了诉讼和非诉两种不同的法律业务。

傅羽韬律师是杭州市律师协会证券专业委员会主任，杭州市金融办企业上市咨询团专家，浙江省中小企业创业指导师，拥有近20年的执业经历，在IPO、公司并购、新三板、债券发行等法律事务方面有丰富的执业经验。

傅羽韬律师留着一撮小胡子，很是性感，说话的声音也很有磁性，和我们实习生谈话的时候总是面带微笑，耐心地解答我们的问题，从不觉得我们见识短浅。傅羽韬团队的律师们都喊傅羽韬律师“老大”，我们实习生也跟着喊“老大”，有一种被老大罩着的安全感。老大是一个神秘的人，总是来无影去无踪，我们都摸不清他现在是在办公室里还是在外地出差。老大也是一个贴心的人，我去南通出差回来的那天，坐了老大的车，老大把我带到西湖区，因为前面的路堵车就没有再往前开，事先就帮我叫好了出租车在那里等着送我回酒店，还发微信告诉我他已经付过钱了。

朱卫红律师是浙江省律师协会行政法专业委员会主任，长期担任政府机关常年法律顾问，并曾代杭州市人民政府、浙江省司法厅等机关出庭应诉，在行政法领域颇有造诣，在浙江省乃至全国具有一定的社会影响。

刚到律所的第一天，朱卫红律师和我们实习生见面的时候，还给我们每人准备了一罐可乐，气氛显得轻松活泼。他让我们做自我介绍的时候，我们每个人说出自己的出生地，他都能谈谈这个地方的地理和人文情况，可见朱律师的见识之广。他还告诉我们作为律师，要学会快速记住别人说话的内容，要知道学过的每本书的编者是谁，这是一种尊重，也是一种传承。我们实习结束后，朱卫红律师请我们在西湖边咖啡厅吃饭，欣赏美景，吟诵诗句。吃完饭朱律师开车送我去火车站坐车，因为车站人声嘈杂，朱律师担心我一个女孩子不安全，就开车载我在附近的大街小巷领略杭州的风土人情，一直到晚上10点快检票进站了才送我回火车站。朱律师就是这样一个虽然很厉害但是却让人觉得很温暖的人。

实践感悟

在天册律师事务所实习的一个月里，我见识到了律所的庄严，律师们的庄重和一丝不苟，学习了关于证券的法律，整理了大量工作底稿，去法院旁听了一场诉讼，在出差期间帮助律师查找资料、制作表格等，在去临安、杭州、苏州访谈期间不顾天气炎热积极开展访谈工作，对诉讼法律、非诉法律和法条有了更深刻的感悟，也更加了解律师的工作内容和辛苦程度，从而坚定信念，抓紧时间充实自己完善自己，不被社会所淘汰。

纸上得来终觉浅，绝知此事要躬行。置身于真实的法律职业环境中，才能清楚地感受到理论和实践的差距。本次实习使我们法学专业的学生将学习的理论知识运用于实践当中，进一步巩固、深化已经学过的理论知识，并且培养了我们发现问题、解决问题的能力，也使我们更广泛地接触社会，了解社会，加深对社会的认识，增强对社会的适应性，将自己融合到社会中去，培养自己的实践能力，为以后进一步走向社会打下坚实的基础，对自己未来的职业生涯规划起到关键的指导作用。本次实习主要涉及诉讼和非诉中证券部门的工作，了解诉讼的程序正当、公平正义以及非诉的运用广泛性。在此，我通过整理实习记录，依据对在天册律师事务所实习期间的见闻和感受写下这份实习报告。

(一)律所情况

天册始创于1986年，总部位于杭州，并在上海设有分所，是中国成立最早的合伙制律师事务所之一。经过多年发展，天册已成为中国知名的大型律师事务所和长三角地区领先的律师事务所之一，综合实力已连续十余年在浙江排名第一，证券业务累计排名第十一位，并购重组业务排名第十位。来天册律师事务所的第一天，我看见了电视剧中的场景，开门需要按指纹，职场工作人员的办公室井然有序，各种文件夹摆放得整整齐齐，律师们的穿着成熟庄重，说话的态度温柔亲切又条理清楚，而且他们吃饭的速度很快，连等电梯的时候聊的话题都是各种法律犯罪。

(二)实习的经历

在天册律师事务所，傅羽韬律师要求我们学习基础法律，包括《公司法》《证

券法》《合同法》《物权法》《房地产法》《土地管理法》《国有资产管理法》等，还给我们列了首批 10 个必读法规，如《律师事务所证券法律业务执业规则》《首次公开发行股票并上市管理办法》《深圳证券交易所股票上市规则》《上市公司证券发行管理办法》《全国中小企业股份转让系统业务规则》等。

我们学习证券基础知识、财务基础知识、税务基础知识等，了解企业的主要融资工具，关注相关行业的上市公司情况及相关公告，经常浏览证券网站如巨潮资讯网、中国证监会网站、东方财富网、全国中小企业股份转让系统等，以保持职业敏感性。

在律所的第二周，傅羽韬律师让我跟着汤律师去江苏南通出差，一开始我很担心、紧张，毕竟是我第一次和不熟悉的人一起外出，没有父母朋友的陪同，我打电话征求妈妈的意见，妈妈说总要一个人经历这些的，不要怕。在南通过了两天之后，我已经很平静、放松了，只努力把汤律师交给我的任务完成，不拖汤律师的后腿，不给汤律师找麻烦。每天中午和晚上吃饭的时候，听汤律师和公司的高管们一起聊天，我虽然插不上话，但是就只是听听也长了不少见识。

在南通实习的时候，我拍了一千多张合同的照片，然后传到电脑上，把所有合同分类后放入不同的文件夹里，最后把每个文件夹重新命名为合同的名称加上签订日期。通过校对 2016 年半年度 IPO 申报需要提供的资料和三份专利法律状态查询清单，我明白了每做一件事之前都要做好规划，考虑一下大致怎么做，以防止浪费大量时间和精力。通过在巨潮资讯网搜集大概 60 个公司的募集资金总额、承销保荐费、审计费和律师费并编成表格，我明白了做什么事情，如果能有规律可循，就会事半功倍，因为一开始我发现每家公司首次公开发行的股票招股说明书有三四百页，要在里面找到一项内容很不容易，我在翻了三四个招股说明书之后，发现每个募集资金总额和发行费用概算都在本次发行基本情况那一章，所以我只用先看招股说明书的目录，找到本次发行基本情况，点一下超链接直接到募集资金总额和发行费用概算，方便又省事。

在搜集公司的募集资金总额、承销保荐费、审计费和律师费的时候，我发现律师费比审计费低得多，最低的律师费只占审计费的 12.7%，难道这意味着律师的工资比会计师低很多？我在网上查了一下，大致是说，一般而言，律师的门槛要高些，起步一般也比较艰辛，而会计师的工作相对比较好找。就待遇而言，公司里的会计师属于工薪阶层，一般待遇优厚，律师是各自为战，跟自己的业务有关，待遇不好定论。会计是一个劳动密集型的行业，而律师的尖端效应更为明显。

在江苏南通的实习是一次宝贵的经历，律师们工作了很多年总结出来的经验教训都直接告诉了我们，我们只需要好好领会，就能少走很多弯路。

后来我又去过浙江临安、浙江杭州的拱墅区、江苏苏州访谈，访谈只有我一个实习生代表律师去，近的地方自己坐出租车，远的地方坐高铁，很锻炼我独立生活的能力。访谈的工作很简单，就是跟着券商或者会计师去公司里问经理几个问题，以核实申报材料是否真实，然后在访谈稿上签名盖章，再收集一张经理的名片，最后大家一起在有公司名称的背景下拍个合照以证明我们来过。去访谈的那几天每天都是大概37度的高温，出了门就有可能被晒伤，但我们一行人还是为了工作，义无反顾，这也是律师工作的常态。

(三)实习的收获

1.诉讼

朱律师带我们去西湖区人民法院旁听，案件大致是讲被告向原告买了一批货物，但因为有些货物存在瑕疵，所以被告拒绝付钱给原告，拖了一年半，原告遂向人民法院提起诉讼，要求被告支付价款、违约金和利息。朱律师作为原告的代理人，要求被告在一周内付清所欠价款，违约金和利息可以再商量，但被告请求在一年内付清，所以双方协商不成，下次再议。我见识了开庭的法律程序，书记员和审判员的严肃和一丝不苟，深感律师们在执业过程中的责任重大，不仅要切实做到依法执业、诚信执业，切实维护当事人合法权益、维护社会公平公正，还要维护社会和谐稳定的大局，力争达到法律效果、社会效果和政治效果的统一。

2.非诉

以前我只不过是受了学校宣传的法律非诉班的益处和影响而考进非诉班，并不理解非诉律师到底是一种怎样的存在，在天册律师事务所，通过与傅羽韬律师的谈话，我对非诉律师有了越来越清楚的认识。我了解到，非诉律师提供的不是法庭辩论的服务，而是客户的经营助手，他们在公司上市、企业融资、房地产等领域发挥着不可或缺的作用。在中国，大多数人只有在诉讼时才会想到律师，律师对客户的服务仍然以事后服务为主，往往是客户出现了麻烦，律师才会成为被邀请的对象，而在西方国家，律师的服务则渗透到人们生产生活的各个方面，国外的投资者在选择项目投资时往往左手带着一个会计师，右手带着一个律师，俗称“三驾马车”。

3.对法条的感悟

在江苏南通实习的时候，在开车去公司的路上，汤律师告诉我，法律条文其实很值得探究，比如《公司法》的第四十三条第二款：股东会会议做出修改公司章程、增加或者减少注册资本的决议，以及公司合并、分立、解散或者变更公司形式的决议，必须经代表三分之二以上表决权的股东通过。这里的“三分之二以上”包不包括三分之二就很值得商榷。还比如，《公司法》第八十四条：以募集设立方式设立股份有限公司的，发起人认购的股份不得少于公司股份总数的百分之三十五；但是，法律、行政法规另有规定的，从其规定。这里的“法律、行政法规另有规定的，从其规定”就留了空子，就需要深入想想法律、行政法规还有什么有关的规定，这样看法条的时候就不会觉得枯燥无味，看完一遍脑子里还是没有留下什么印象了。

4.对律师的了解

在很多人眼里，非诉律师有光鲜的外表，常常与高薪、社会地位高等体面词汇联系在一起，他们住豪宅、开好车，满身名牌，日进斗金。但是实习后我才知道，非诉律师的工作也会遇到很多麻烦。举个最简单的例子，我在江苏如通石油机械股份有限公司拍合同的照片时，公司里的管理人员因为不信任我，总是想方设法阻挠我，一会儿说下班了等下午再来拍，一会儿要把我每次拍的合同记下合同的名称、合同号、金额和日期，编订好打印出来让我签字，防止我把他们的资料泄露出去。

我查了一些资料后发现，原来律师的工作还有更多不尽人意的地方。律师工作给律师们很大压力并导致精神紧张，当事人的不理解和恶意欺诈导致律师心灰意冷，天天接触社会纠纷和阴暗面，律师经常会陷入心理矛盾中。律师工作强度大，节奏快，应酬多，烟酒多，因此许多律师休息不足，或缺少锻炼，从而引发健康危机。在初入律师行业时，年轻律师普遍要经历最艰难的时期，收入低且不稳定、缺乏指导、心理压力大等。

(四)实习感悟

1.对律师职业的感悟

从裘晓磊律师给我们发的资料可以看出，傅羽韬团队的成员不仅仅是律师那么简单，还包括各种技能人才，比如：注册会计师，注册税务师，高级会计师，英语专业八级，经济法学硕士等，这让我自惭形秽，同时也激励我下定决心抓紧时间充实自己完善自己，多为以后想想，是读研还是出国，要考些什么证书，英语要达到什么样的高度，现在就要开始着手准备，这样才不会被社会所淘汰。

2.对律师工作的感悟

我们大一的实习生会的专业知识不多，平时做得最多的工作就是整理。整理工作是对自己所掌握、收集的资料和工作成果及时分项归类，重命名为标题、日期、金额等以方便以后查询，因为工作时间一长，电脑桌面上的东西纷繁复杂，想找到一个文档或者图片非常困难，虽然你明明记得保存过，但是找出来还需要花很长时间，这就重复做了无用功，只有苦劳没有功劳。整理工作是一项很烦琐、庞大的工程，非常需要耐心和细心。及时整理一方面有利于对业务有宏观上的把握，另一方面有助于提高自己处理事务的效率和效果。

在我看来，实习是大学生涯中最值得憧憬的一项课目，也是我们将理论与实践相结合、从天真封闭的学校向复杂开放的社会过渡的过程。这个过程既让人兴奋又使人受挫，有点苦并乐着的感觉。通过这一个多月的学习和实践，我深深领悟了从学校到社会的巨大变化，一个书生气十足的大学生需要在社会的熔炉中经受磨炼和考验，使自己逐步适应社会的潜在规则和生存方式。感谢学校和律所给我们这次机会，让我们在潜移默化中改变自己，逐步清晰和深入了解自己将来所处的环境，慢慢地走向稳重和成熟。

导师寄语①

付宇洁同学在我所实习期间，遵守律师职业道德执业纪律，服从律师事务所的管理，从不迟到早退，能虚心接受指导律师的意见，积极参与办理各项律师业务，认真执行律师事务所安排的各项工作，认真负责，大胆实践，努力掌握律师实务的操作技能，能和事务所同事和实习生融洽相处，有很好的团队合作协调能力。

付宇洁同学实习期间多次出差，天气炎热路程遥远也不抱怨，总是能出色完成任务，不怕苦，不怕累，有很好的吃苦耐劳精神、乐观主义精神和独立生活的能力。付宇洁同学不懂的问题虚心向律师们请教，谦虚谨慎，勤奋好学，获得律师们一致好评。

付宇洁同学品行良好，政治坚定，觉悟较高，在工作中能够仔细观察、切身体会、独立思考、综合分析，能灵活运用所学知识解决问题和困难，工作积极主动，学习认真，尊重他人，待人诚恳，团结同事，认真负责地完成所里交给的任务。

付宇洁同学在我所实习期间工作态度认真积极，表现良好，体现了一个法律人应有的职业素养与操守，故在此批准通过实习，并予以表扬，望在以后的学习生活中有更优异的表现。

① 傅羽韬，浙江天册律师事务所律师。

“法”奋图强，深思熟“律”

——浙江天册律师事务所实习体会

葛倩倩

实习之路

这个暑假的实习我有幸被分配在两个导师手下，尽管主要在傅羽韬律师团队下，但我有三个人要介绍，分别是傅羽韬律师、裘晓磊律师和朱卫红律师。

第一位是证券部的傅羽韬律师。傅羽韬是浙江天册律师事务所合伙人，执业领域涵盖证券发行与上市、并购重组、新三板、债券融资。傅羽韬律师在证券领域拥有丰富的实践经验，他曾主办了众多重大的证券项目，包括境内股票发行与上市项目、上市公司重大资产重组项目以及再融资项目，涉及的行业包括机械、医药、新材料、传媒、消费品等，并且服务于长三角区域著名的大中型企业。此外，傅羽韬律师正负责或参与其他数十家企业的A股上市重组项目以及相关上市公司的再融资项目。

就我个人而言，傅羽韬律师有着极大的人格魅力，谨慎严肃不失一丝儒雅，相处起来非常亲切，与下属也能谈笑风生，没有距离感，所以是我非常敬重和喜欢的一名律师。

第二位是裘晓磊律师。裘晓磊律师毕业于上海交通大学凯原法学院，获得上海交通大学法学硕士学位，法律和英文功底深厚。2010年加入浙江天册律师事务所，承办了九洲药业IPO及再融资项目、双环传动再融资项目及上市公司日常法律服务；参与了中金环境、思美传媒、思创医惠、致瑞传媒IPO、再融资及上市公司日常法律服务；联众智慧、无限动力等新三板挂牌及定向增发项目；隐居集团、余杭金融控股集团的日常法律顾问等服务。

由于傅律师每天比较忙，实习生也比较多，所以就让他团队下面的裘晓磊律师来具体分配实习任务，所以相对来说这一个月和裘姐姐的相处时间是最长的，从她那里我学到很多东西，所以在我心里她与另外两位律师没有区别，是很亲和的大姐姐，专业功底也特别强，特别喜欢与她交流，总之感谢她的悉心教导。

第三位是朱卫红律师。朱卫红律师是浙江天册律师事务所合伙人、律师，执业 23 年，擅长的业务领域是行政法、民商事法律。

朱律师是我自己打电话想要做他的实习生的律师，后来因为两位导师的合并选择，加上自己对行政方面不太感兴趣，所以没有选择他的方向，但他依然是我的导师。我当初选择他是因为他的着装，他的乐观以及从容，我很少见心态如此好的人，是朱律师教我领会了乐观的含义，也让我对法律有了更深刻的理解。

总而言之，以上三位都是我最敬重和喜欢的老师，谢谢你们。

实践感悟

虽然说只有一个月不到的实习时间，但是从准备到结束却历时约三个月，因为其中有一个月是我的想象。由于三个月之前还并未确定是否有这次实习的机会，我一直在脑补自己的实习是什么样子的，会遇到怎样的导师，自己看中的导师会不会选我。六月中旬的时候，终于等来了导师见面会，全班同学租了正装来见这些法律界的大佬。后来经过自己的努力以及学院调剂被分配在了天册所，在这儿开始了我一个月的实习生活。

在说实习生活之前，我想先说一说关于找房子的事，因为这也算是实践中的一部分，在 G20 这种特殊时期，找房子简直犹如登天般困难，之前在 58 同城上看中的房子竟然都不让租一个月，好不容易有了一个，去看了之后，又发现离自己上班的地方好远，不方便；百般无奈之下只能打车去律所所在地并以它为基准沿路找酒店，各种酒店都进去看了，给的答复都是一张床不能睡三个人，好吧，正在我们垂头丧气准备打道回府之时，竟然在路上看到了一家隐藏的酒店，我们迫不及待地进去看了看，最终决定住这里。

实习生活总是新鲜的，自从前一天从宿舍累死累活地搬到酒店，就对这一个月的生活充满了憧憬，想象着即将遇到的人和事，心中不免十分激动。第二天起了一个大早，满怀期待地向律所走去。

下面就该说实习中学到的东西：

（一）整理工作底稿

作为菜鸟，一开始也只能为律师们打打下手，第一天看见律所满桌的快劳夹，我们几乎只能用惊叹形容。所以我们被分配的第一个任务就是整理工作底稿。先拿一本与要整理的项目相似的私募股权投资的工作底稿从头开始浏览，通过隔页纸总结出每一部分的内容及其摆放顺序，并新建文档进行分类汇总。

理解了一本已经整理好的底稿之后，我们把新的项目按类打印出来，进行打孔，摆放。老实说，从一开始的整理底稿，到在打印机旁等待，无休止地来回跑，查对核对，说不烦是假的，还好是第一天，如果每天都做这个，可能真的会崩溃。想到这儿，我不禁对律所那些敬业的年轻人表示敬佩。不过这一次整理底稿确实让我对证券部的业务有了大致的了解，非诉的各个项目也慢慢在我眼前清晰起来。

（二）客户

整理一份份与甲方有关的访谈记录，想到甲方需要做这么多调查也是辛苦。日复一日地守在打印机旁边，打孔，装册。有那么一瞬间觉得自己跟文员做的工作差不多，不停地问自己真的要这样过一个月吗？其实说到底，导师要是真给自己安排了什么实质性的工作，也还是会因为自己能力和专业知识不够并不能帮到什么。想到这儿，我觉得我要把律所当成图书馆继续学习了。

（三）出差

某个周日突然接到电话说让我自己一个人去北京做访谈，听到这事的第一反应是终于不用每天待在办公室那么无聊了，终于我也有机会出去逛逛了。掏出手机查了一下，发现没有适合的高铁票了，这时候安排我去北京的律师告诉我只能选择坐飞机了，让我马上赶去机场，然后他给我买票，因为杭州 G20 峰会的原因安检需要三小时。匆匆忙忙收拾好行李，急急忙忙赶去机场，生怕来不及，然而到了那里还不能拿登机牌，并且我还要等待三个多小时，简直要哭，要知道这可是我第一次坐飞机，心里超级紧张。无奈之下便随便找了个咖啡厅坐下吃点东西，按照张律师的说法，这些支出是可以开发票的，但我其实并没听太懂他说的如何开发票，又不好意思说自己没听懂，所以突然所有一切的事情都是陌生的，无奈之下还是厚着脸皮找前台姐姐问个清楚，本以为会招来冷脸，没想到她耐心地听我说完，告诉我这个其实很简单的，只要给她公司名称就行了，这下我终于放心了，第一件事就这么办成功了。至此，我觉得自己在做事方面还是太胆小了点，决定通过这次出行好好地改变一下自己。按着指引，我顺利地拿到了登机牌，过了安检，下面就是无休止的等待。百无聊赖的三个小时之后，终于等到了飞机，于是就这样，带着忐忑的心进入了第一次空中飞行之旅。一上飞机我就觉得很冷，在空调室已经待了将近四个小时的我此时四肢已经酸疼到麻木，而飞机上的空调则是更冷，嗖嗖的冷风直入我的毛孔，久久不能动弹，更别提睡觉了。飞机的座位明显比高铁要挤，整个人都无法安稳地坐在位置上，挪动自己的身体都会觉得是好大的一个工程。就这样我艰难地度过了飞机上的两个半小时,各种不适一起袭来,同时由于飞机的噪音,耳朵里依然嗡嗡地叫唤。下了飞机的我简直如一具灵魂出窍的行尸走肉走在飞机场里,再看见别人都有人接机,而我从开头到现在就没有任何人帮助我,而且现在还要自己找到去酒店的路,我整个人是绝望的,鼻子一酸,眼泪啪地就流下来了。我游荡在飞机场,脑子迷迷糊糊地找不到打出租的地方,从一楼跑到二楼,再从二楼到地下一楼,最后发现原来就在一楼,果断被自己傻哭,无力到差点被坏人拉上黑车,最终保安叔叔给我叫了一辆出租车才得以继续。只是司机不用支付宝,我又没有现金,所以我得找一个可以取钱的地方,司机貌似没太听懂我说的酒店,就把我放在最近的银行让我去取钱了,取完钱给了司机之后我就发现自己迷失在大街上了,定了定神,打开百度地图,判断完东南西北,照着地图走了起来,路痴的我在那一刻突然就找到方向了,向着酒店径直走去。走在首都的大街上,四周高楼林立,道路宽敞明亮,不禁感叹首都的魅力。拖着疲惫的身子走进酒店开完房,我终于得以一屁股坐在床上。我整个人呈一大字躺在床上,闭上眼睛,回想着这一路上的经历,不由感慨万千。其实也没什么大不了,所有的困难我也能够一个人克服,再也不要做那个依赖别人的人。收拾收拾之后第一天晚上便在疲惫中睡过去,准备迎接新的明天。

第二天九点,我与券商、评估师、会计师按约定计划在楼下见面。大家互相介绍之后便开始跑公司了。第一天顶着烈日跑了七家公司,各种等车、拍照、问卷调查,见识了各种各样的人,最终吃到了北京的美味烤鸭,幸福地吃着便将一天的苦累抛之脑后。第二天访问了最后三家公司,北京之旅就要结束了。

走之前的那天下午提前订的机票因为天气原因取消了航班,害得我们只能买高铁票回去了。大雨淅淅沥沥地下起来,坐在前往高铁站的出租车里,我竟然舍不得离开这个只待了两天的城市,它让我感受到了大城市的人文关怀,气质文化,我想这就是首都的魅力所在。

(四)法院听审

朱卫红导师,我们私下里叫他小红帽,带着我们去了杭州市西湖区人民法院听了一场民事诉讼的庭审。虽然设施、阵势并不是电视剧里的样子,但双方律师处变不惊、有条不紊的处事态度着实给我留下了很深的印象。尽管法庭气氛比较紧张,但双方律师还是很恪守本分地呈出各自意见,将程序井然有序地继续下去。也许案子本身并不难懂,我更要学习律师的处变不惊以及良好心态。

为期不到一个月的实习生涯就这么结束了,有悲有喜,有平淡乏味也有惊险刺激,虽然以上文字记录的颇像流水账,但也真实地记录了我的生活,还有一些细节的感动，友情的坚固，离别的感触以及学到的待人处世之道，面对生活的积极心态，这都将是我大学生活中精彩的一笔，也终将成为我生活中最宝贵的记忆，在此我要谢谢学校给了我这么好的实习机会，谢谢与我合租朝夕相处、其乐融融的两位密友，最后谢谢自己最终给了自己一个完美的交代。这段经历将促使我在以后的人生道路上更加充满自信，带着梦想继续前行。

导师寄语①

该同学于7月4日到7月29日期间在我单位实习，其实习期间的态度，以及工作我们都看在眼里，这段实习期内，该同学为我公司带来了很大的帮助。其在我公司实习期间，工作认真负责积极主动，能够认真完成布置的任务，按时或者提前完成任务，这种一丝不苟的精神给我公司的精神面貌带来了很大的提升。并且其在实习期间能够严格遵守并执行公司的各项规章制度，做到不迟到，不早退，虽然是一个实习生却能按照一个正式员工的要求来要求自己，这对一个还在大学读书的学生来说实在难能可贵。与此同时，该同学还能认真学习业务知识，表现出较强的求知欲，并能够仔细观察、切身体验、独立思考、综合分析，灵活运用自己的知识，将自己从学校书本中学到的知识与工作中获得的经验结合在一起，一起运用到工作中，具备了一个实习生应当具备的业务能力。该同学对自己要求严格，遇到自己不懂的问题会主动向老员工学习，弥补自己的不足。在工作中该同学认真负责，在生活中与同事相处的过程中却能做到尊敬他人，待人诚恳，能够做到服从指挥，团结同事，不怕苦，不怕累，认真听取领导以及同事的指导，对于别人提出的工作建议，可以虚心听取，解决工作中遇到的实际困难。实习期马上就要结束，在此我代表我们公司祝该同学在未来的学习中取得傲人的成绩，为自己的未来写下美好的篇章。

① 傅羽韬，浙江天册律师事务所律师。

另一种律师的另一种生活

——浙江天册律师事务所实习体会

胡　蝶

实习之路

我的实务导师是浙江天册律师事务所合伙人傅羽韬，1995年毕业于杭州大学法律系。1997年开始从事律师工作，现为浙江天册律师事务所合伙人。傅羽韬律师主要从事证券发行上市、企业改制、并购重组、债券发行等法律服务，具有多年的从业经历，硕士研究生学历，执业律师，浙江省中小企业创业指导师、浙江省消费者协会维权律师、杭州市金融办企业上市咨询团专家。曾任中国平安保险公司杭州分公司员工，浙江政法联律师事务所律师，浙江天册律师事务所律师。现任浙江天册律师事务所合伙人、金融证券部负责人。

我进入律所实习的第一天，由于有一家企业正在申报IPO，需要一位实习生去现场帮忙，于是我就参加了。现场是由傅老师团队下的孔瑾律师和曹亮亮律师负责，因而我这为期一个月的实习，一直由这两位律师指导。不过通过我"跟随"着的这两位律师，就可以看出整个团队的优秀，无论是专业素养、言谈举止或为人处事，都可以看出团队的强大和稳固。这两位律师都是集CPA与中华人民共和国法律职业资格证书于一身的前辈，为人大度幽默，丝毫没有架子，对我也是循循善诱，耐心地手把手教我，让我从一个连IPO都要靠百度查找的"法盲"成为稍稍了解企业上市的固定程序与流程的新人，闲暇之时，会与我谈谈未来的规划与打算，告诉我即使优秀依旧要努力上进。

实践感悟

刚到律所实习的第一天，就接到去台州出差一周的任务。于是在第二天早上便带上了行李，来到了浙江天宇药业股份有限公司，从网络核查到重大合同

审查再到尽职调查的访谈，无一不需要经历虽枯燥但必需的核对阶段。

培根说："对于一切事物，尤其是最为艰难的事物，人们不应当期待播种和收获同时进行。为了使他们更好地成长，必须有一个培育的过程。"在这四周的实习中，我最大的收获就是对公司首次公开发行 A 股股票并在创业板上市业务有了大概的了解，并对一些业务能进行基本操作。在提高专业水平的同时，其他方面的收获也是非常大的，学到了许多学校里学不到的经验与教训。作为一名刚刚接触一年法学课程的大学生，这次的社会实践类型的实习无疑成了我进入大二的一个很好的试炼，为我今后更好地投入工作指明了方向。

首先，让我意识到理论知识与实践的差距。虽然我还没有学《公司法》《证券法》，但是却能够从业务的基本操作中了解到程序的严格，以及每做一步的用心。虽然我大一才学了一点点皮毛的内容，大部分都是一些理论性的东西，学习时也主要是背诵记忆，但是很快我就发现，在实践中，这些远远是不够的，实践的东西往往都是基于最基础的法条或法律原则形成的。例如《合同法》中提到，合同具有相对性，即合同只对缔约当事人具有法律约束力，对合同关系以外的第三人不产生法律约束力。所以实践中，需要的不仅仅是扎实的法律基础，同时也需要一些财务方面的知识。

其次，我学会工作中应具有高度的责任心。因为我是律师方带来的唯一的实习生，所以现场的基础工作基本由我一人处理。从最简单的打印复印，到报告访谈内容的编写，都需要尽力做到完美，工作是否尽责，细节是否处理好，是 IPO 最后能不能申报成功的重要的因素。所谓细节决定成败，前阵子某公司的 IPO 项目被毙，就是因为中介机构披露的信息和最终证监会所审核出的不一致。没有高度的责任心，复印少了签字页，访谈内容主次不分，都会影响整个团队的工作进度和效率。遇到最多的是对各类材料的审查，证券律师前辈告诉我，项目材料的反复审查是律师价值最大的体现，是一名律师业务能力的最大体现。例如 IPO 项目中的重大合同，合同的核心内容就是合同双方的权利与义务约定，在修改和制定各类民事合同时，需要特别注意的是一定要注意权利义务条款与违约责任条款必须相对应，给对方约定了什么样的权利义务就要给其扣上什么样的违约责任。违约条款与终止条款、解除条款也要一一对应。一份审查后的合同，应该能够有效防范可能发生的法律风险，尽可能维护客户的最大合法权益。

最后，让我学会如何与人相处。首先是团队的氛围很融洽，在指导老师和几位律师的带领下，逐步学习公司首次公开发行 A 股股票并在创业板上市的诸多法律问题，同时，此次的中介机构主要由一家会计师事务所（浙江天健会计师事务所），一家律师事务所（天册律师事务所）和一家券商（中信建投证券股份有限公司)组成。所以在具体的工作中,大家分工明确又相互配合,尤其是律师和券商之间,经常就一些复杂的问题进行法律上的探讨,从而选择合理的路径加以解决;在与会计师事务所的沟通上,双方更是各取所长,在公司账册、往来账户上的一些资金流转上的专业性工作由会计师进行进调,而这些事情所涉及的法律问题则由律师进行分析,双方相互学习、配合,从而将公司的资本状况从经济和法律上进行分析。尤其在走访阶段,部分政府工作人员,工作不耐烦,不愿意配合时,团队里总有微笑相待、彬彬有礼的人,礼貌地表明身份,用尽量舒缓的话语,来缓解高温下工作人员的烦躁。总而言之,真诚相待,在社会人际交往中至关重要。

一直以为律师这个行业是光鲜的,受到众人崇拜的。其实,通过这次的实习,我发现律师其实属于社会服务性行业,只不过都是以有偿帮助的名义来服务,律师职业道德的核心在于诚信。律师诚信是律师职业道德重要的基本原则。就像在IPO中,律师在做信息披露时,就需要秉持诚信的原则,否则就必须承担极大的风险和后果。

这仅仅一个月的实习,让我更清楚地了解到自身的不足,学会了很多学校里学不到的知识,认识了很多优秀却一直努力不止的人,就像券商有一位刚入职一年多的名校前辈说,“像这类行业,要不就往上爬,要不就退出”。现实的残酷,就业的压力,也让我坚定了以后的学习目标,向这些优秀的人看齐,用高标准严格要求自己,用更好的精神面貌来迎接大二的学习生活。以前一直都听说法学是一门实践性很强的学科,来了律所才真正理解了这句话的含义。只有将理论基础和社会实践结合起来才能干好律师这行。古语有云:纸上得来终觉浅,绝知此事要躬行。在能接触到的项目中,观摩律师处理项目的流程和程序,才发现自己知识的匮乏和实践的浅薄。学无止境,我很庆幸能发现自己的不足和差距。巩固了知识,发现了不足。更重要的是我得到了锻炼,获得了很多宝贵的知识和财富。我算是职场菜鸟,但是在我初入职场,就遇上那么多亲切的前辈,让我对电视剧里尔虞我诈的情节有了改观,大家相处得都十分和睦,即使不熟,也可以在很短的时间内相处得很好,毕竟服务性行业,如果不善于表达,不善于交际,也无法立足于三大金融行业。难怪我遇到的都是优秀的人,都是足以作为我的榜样的人。

细细品味在律所实习的这一个月,每一天都过得很充实,虽然每天都加班,但潜移默化中,我知道我在进步。我发自内心地感谢天册律师事务所里的每一位律师,感谢他们对我的支持和帮助。新的学期即将到来,我也将整顿精神,努力学习。我想只要我心怀希望,坚持自己的梦想,在未来的道路上,一定会克服困难,早日成长为一个像前辈们一样出色的人。

导师寄语[①]

律师行业的高收入，律师的光鲜外表，给太多法律人带来了美丽的职业憧憬。但是律师的工作是服务行业，在非诉中，律师的工作又是一种职业道德的体现，所以对自己要有较高的要求，不管是对专业还是对个人。例如你这次实习时所接触到的企业的尽职调查、法律意见书的编写、律师工作报告等，都是根据自己的专业能力外加实践经验所形成的。在实习中，可以通过从事具体的律师实务，不断加深对法律职业或者说法律人的理解，也会越来越体会到理论与实践的差异、理想与现实的冲突，在往后执业过程中特别注意和克服这些差异和冲突。因此，在做一名律师，一名好律师之前，专业能力是硬功夫。你在给我的信中提到，这段实习经验给你的人生道路以一定的指引。确实，相比同龄人，你们接触实习的时间更早，实践机会比别人多，因而，在有了目标和理想的情况下，应该更加努力地把专业学好，早日通过司法考试，加入律师的队伍。当然面对将来的司法考试不要有太大的压力，也不要产生畏惧感，相信你只要努力就可以轻松面对。由于我一直在国外，没有在实习结束前和你以及其他同学见面，也没有给予更多的指导，有些遗憾；不过我们团队的律师都很优秀，所以我一直放心地让孔瑾和曹亮亮等指导你，具体的工作他们比我做得更好，对现阶段的你帮助也会更大。你是聪明、勤奋的女生，欢迎明年再来实习。

祝工作愉快！学习进步！

① 傅羽韬，浙江天册律师事务所律师。

初涉律途

——浙江天册律师事务所实习体会

林谷雨

实习之路

第一次见到朱卫红老师是在法学院的导师见面会上。他身穿一件亮黄 T 恤，头戴一顶红色鸭舌帽，还背了一个俏皮的蓝色小背包。走进会议室，朱老师在那些衣着正式、神情严肃的律师中颇有些与众不同的味道。一开始吸引我的正是朱老师可爱的穿衣风格，我想，就像他身上年轻活泼的颜色一般，这一定是一个有趣又充满活力的人。

见面会正式开始后，各位律师依次做了自我介绍。我还清楚地记得，朱老师是第二位发言的。他一开口，便用他过人的资历和专业素养给我留下了更加深刻的印象。朱老师说，他是一个百宝箱。能自信地说出这样的话的人，定然是有着不可小觑的能力，并能承受起重担和责任。同时，他言谈中的态度也让人感受到了他的慷慨与毫无保留。

后来我如愿以偿成为朱老师的实习生，除了工作方面的教导让我受益匪浅外，我还见到了他生活上的另一面。他好品茶，随身携带茶叶与茶杯，时时为我们讲解茶道；他擅围棋，棋盘就摆在手边，闲来与自己对弈；他爱自然，带我们去山间、湖边，办公室也是一片盎然绿意。

我也有幸见到他在法庭上沉着自如的样子。辩护并非咄咄逼人，他的陈述有理有据，态度不卑不亢，温和但绝对有力。他所处的法庭并非硝烟弥漫的战场，他只是用他自己的力量，悄然改写着命运。

我想，这就是一位真正的律师应有的模样。

实践感悟

2016 年 7 月 4 日，我们怀着期待又紧张的心情来到了浙江天册律师事务

所,准备开始为期一个月的实习。

第一天以一个简单的小会开始。相互了解、交流过后,朱卫红老师让我们谈一谈对于法律的理解,向我们提出了一个问题:什么是法律?

这并不算是一个困难的问题,但那时的我们还是思考了许久。一年的大学时光中,作为一个法律专业的学生,我们时刻在接触法律、学习法律,但法律究竟是什么,我却不知道挑选出哪一个名词来准确定义,也不知道怎么形容才足够妥当。

我们当中,有人说法律是规范,有人说法律是统治手段,也有人表达了对法律实际作用的批判怀疑。在我的见解里,法律是可靠的第三方,虽然考虑了很久,但我的回答还是有欠缺之处,不能将法律的定义完整地解释出来。

听完我们的发言,朱老师同我们分享了他多年从事法律工作的体会。他说,在他的理解里,法律无外乎是由三个部分组成:我们能做什么;我们不能做什么;我们做了违反规定的事时将承担怎样的后果与责任。

听到朱老师的答案,我有一种豁然开朗的感觉。这个回答并不高深,相反是浅显易懂的,寥寥几句便将法律的定义完整概括。然而要用自己的理解总结出这样的结论,不是一件易事。

我想,我对法律的学习还只停留在很浅的层面,思考时总是有些混乱,不知从何下手。抓住法律的本质,不要把简单的问题复杂化、抽象化,是我从朱老师身上学到的第一课,知识越浓缩、越沉淀,才越精华。

能够进入律所,与一群优秀的律师在同一个地方工作,我在兴奋的同时也有一些不安。坐在我周围的一些实习生大部分都是毕业实习,毕业于名牌院校,像我这样的大一学生并不多见。与他人的差距让我一开始时有些小小的自卑,但与同龄人相比,我们有了更多得到进步提升的机会,这又是极其幸运的。

办公室里的工作比较轻松,主要是文件的打印和整理。朱老师常常会给我们一些案例材料,里面包括这一案件的委托书、起诉状、证据资料、相关具体法律条文、出庭通知书等文件。浏览一遍后,能让我们粗略地对案情做出理解和判断,也了解到了接手一个案子所需的大概流程。

然而,“纸上得来终觉浅,绝知此事要躬行”,我们向朱老师说明了想要跟随他出庭的意愿,朱老师欣然应允。开始实习的第二天,我们来到了西湖区人民法院,旁听了朱老师接手的金融贷款纠纷一案。案件在速裁庭进行审理,只由审判长和双方律师组成。正式开庭之前,朱老师还不忘向我们解释速裁庭的适用和特点。我本以为,在法庭上站在相对立场的双方律师多少会有些针锋相对的味道,但其实他们之间的交流是比较平和的,中间休息时还融洽地闲谈了起来。法庭不一定是战场,打官司也可以变成结识朋友的机会,这让我对律师这个职业的印象有了一些新的补充。

与旁听前一民事案件相比，跟随朱老师去义乌参与刑事案件庭审的经历给了我更丰富的体会。我们在当天一起乘动车前往义乌，赶车时发生了一个小插曲：另一位同学的学生票因为不在优惠区间内无法取票，在网上完成了订票却不能检票上车。离发车的时间越来越近，我们都很着急，不知如何是好。后来在候车室找到了朱老师，对他说明了情况，朱老师帮我们向检票处的工作人员解释缘由，最后成功上了动车。

下车时我们准备补票出站，但朱老师严肃地制止了我们。在去法院的路上他对我们说，我们有订单、凭证这些依据来证明自己已经购票的事实，为什么还要补票呢？在遇到权利得不到保障的情况时，我们没有勇气坚定立场、提出质疑，却立刻做出了退缩的反应，这是万万不行的。购票系统收取了票款并且成功出票，即可视作合同生效的行为，我们便有充分的理由乘坐列车。其中有句话让我很是惭愧，他说：连自己的权益都维护不了，怎么去维护别人的权益，又如何能成为一个合格的律师呢？是啊，我们那天因为铁路网络系统上存在的缺陷，一下子便乱了阵脚，首先考虑的就是如何迎合这一不合理的系统设置来解决当前的问题，维权的念头却被抛到了脑后，这样的表现确实是担不起“律师”这两个字的。

一件生活上的小事，让我看到了作为律师所应具备的思维方式和专业素养，也让我对自己有了更深刻的反思。控诉法律无用之人，大抵是自身没有掌握如何正确、果断运用法律，真正无用的是在侵权现象面前的退堂鼓罢了。

来到义乌市人民法院，当天审理的是涉嫌组织、领导传销罪一案，朱老师担任的是被告的辩护律师。这是我第一次旁听刑事案件的庭审，看到配带枪支的警察将被告人押到被告席上，不禁有些紧张起来。而法庭上的朱老师给我的感觉却是一直从容不迫的，他不紧不慢地指出了证据不足的几处问题，从程序和事实两个方面分点论述，十分有条理。并且他在发言时是注视着对方的，而不是埋头念稿，能让人感受到他充分的尊重。庭审过程中，朱老师曾针对一份讯问笔录向被告提问，询问他当天 14 时 58 分至 15 时 20 分期间的笔录是否均采取一问一答的方式，是否属实，被告都做了肯定的回答。当时旁听席上的我并未对这一提问有过多的考量，不明白朱老师问这些问题的用意是什么，以为它是无关紧要的。几天后与朱老师再讨论起这次的案件，我才明白他的提问其实暗藏玄机，令我吃惊不小。

朱老师说，笔录上记录的时间是 14 时 58 分至 15 时 20 分，而在时长仅为短短 20 分钟左右的讯问里，以一问一答的方式形成多达五页纸的笔录，那么它的真实性是值得怀疑的。朱老师表面上是在向被告确认讯问时间和方式，实则

在暗示公诉方他们笔录造假的嫌疑，给了对方一个有力的警告。他并没有把这一怀疑明确表达出来，而是点到为止，给公诉方留下余地，但若对方不予理会，那么将要面临的便是更棘手的回击。这是辩护的技巧之一，除此之外也能体现出一个律师的气度和策略。听到这里，我心生赞叹，不由得对朱老师更加佩服起来。

我也曾问过他一个困扰了我很久的问题：当律师替罪犯辩护时，是否会因为道德谴责而感到良心不安，又该如何应对这样的两难局面呢？朱老师没有马上做出回答，而是反问我：什么是有罪？

我一开始并没有多考虑，心想，做了法律禁止的事不就是有罪吗？却听到朱老师解释道，只有在法庭宣布审判结果后，才能说一个人是有罪或是无罪，在定罪之前，他只是一个嫌疑人，谁也没有资格给出定论。朱老师又列举了呼格吉勒图案、聂树斌案等冤案，他笑说，“宁可错杀一千，不可放过一个”只是中国非常时期的非常政策，而在越来越重视人权的当今社会，“宁可放过一千，不可错杀一个”才更为妥当。冤假错案时有发生，人死不能复生，牢狱之灾不能得到弥补，在事情发展到不可挽救的地步之前，不论是受害者还是被告人，都有为自己辩护的权利。或许尽自己最大的努力挽救他人的命运，对每一条生命负责，也是对每一个家庭负责，便是律师这个职业的魅力所在吧。

经过几天的相处，我发现朱老师对于我们而言不只是一个带领我们学习的律师，更像是一个亲切体贴的叔叔。初到律所时，面对我们犹豫又紧张的提问，他的一句“不急，还有三年的时间”让我心中尤为温暖。实习的时间只有短暂的一个月，我们都明白，在这一个月里能够学到的东西是有限的，而朱老师的这句话是在说，他不只是在这一个月里是我们的老师，接下来的三年里，也是。和他交谈时，他完全没有一个资深律师的架子，反而会开一些有趣的玩笑，常常逗乐我们。他也会从一些生活上的小事中引出实用的道理，为我们讲述他丰富的人生经历。他不仅在教我们如何成为一个律师，也是在教我们如何做人。

现在再看到那些步履匆匆的上班族，我心里有了一些不一样的情感。我想，这个社会的平稳发展与秩序井然，就是在他们轻快的脚步中渐渐积累起来的呀。我有幸来到他们当中，见识了不一样的生活。我也期待着在未来，能够正式成为他们中的一员。

导师寄语[①]

“小林子”“林同学”“谷雨同学”……是今年暑假事务所的同仁对实习生林

① 朱卫红，浙江天册律师事务所律师。

谷雨的称呼。可见，林谷雨是一个多么可爱、多么惹人喜欢的女生。

港剧中的《律政俏佳人》让美丽精练的女律师形象深入国人心中。《何以笙箫默》更是让普通民众迷上了律师。浙江财经大学法学院 2015 级非诉实验班的 30 名同学，或许就是未来的"律政俏佳人"，未来的"何以琛"。

律师是一个充满变局、富有人格魅力和智慧的职业。曾经，我不太支持女生做律师，因为律师太辛苦，压力太大。但随着国家不断出台新政策、法规，支持经济建设和保障民生，律师已不仅仅是"打官司"的代名词。出于避免法律风险，充分把握各项政策和机遇的目的，全国上下、各行各业都急需法律服务。特别是诸如公司股权投资、金融投资、房地产投资等，都需要专业律师的帮助。可以说，中央鼓励"大众创业，万众创新"，强调"加强法律服务队伍建设"，是对非诉讼律师的重大利好。不仅是我，整个社会，都应该改变曾经的"女生不适合当律师"的片面观念。

其实，任何工作，只要付出努力和艰辛，都可以获得成功。害羞、文静的谷雨同学，凭着你的可爱、活泼、热情、努力，又何尝不会是非诉专业中的律师骄子、俏佳人呢？作为先你入行的"大师兄"，我在律所等你！

混沌生活的清明梦想

刘安晴

实习之路

初见导师觉得导师是个非常严肃的人，在了解了导师的工作领域之后觉得导师给人的第一印象和他的领域非常适合。刑事较之于民商事本身就给人一种更加庄重的感觉。

导师是浙江京衡律师事务所刑事部主任、杭州市律师协会刑事诉讼法委员会副主任、杭州市律师协会刑事风险防范委主任、原资深检察官。主攻刑事领域，包括刑事辩护和刑事非诉。

导师为人正直和善，做事严谨负责，不仅专业素养极强，且实务经验丰富。眼光独到，从不随波逐流人云亦云。我从导师身上学到了很多。

实践感悟

6 月底，导师带我去浙江工业大学法学院听关于司法审查和鉴定的相关讲座。在浙工大法学院的墙上，我看到古罗马法学家西塞罗的一句话：

我们成为法律的奴隶，是为了能够保有自由。

从前没有想过自己会修学法学专业，从接触法学专业到快要完成一年的学习这段时间，我一直浑浑噩噩不知所以，对法学没有任何更多的想法，抱着既来之则安之的心态度日。直到学期期末，在一篇题为《法律与人生》的文章里，我在结尾写道：法律于我，是隐秘而坚定的信仰，是混沌生活中清明干净的梦想。

7 月初有幸进入京衡律师事务所实习。导师主攻刑事领域，我接触的第一个卷宗是一个刑事控告的案子。当事人被 KTV 保安打伤，当地警方鉴定认为不构成轻伤，不予立案。我在卷宗中看到导师为当事人提交了重新鉴定申请书，还向当地公安的上级部门提交了多份相关监督执法的法律文书等。文书内容虽大同小异，但控告的过程之艰辛可见一斑。且过程中的种种皆是我在刑法学这门课上没有接触过的。

刑法学课程注重理论，刑法总论较分论而言更是如此。刑法课程中，老师选用案例，根据课程内容限定一个或几个角度让我们进行案例分析，或是将案例作为题目，配合学习的理论知识加深我们对某些概念、方法的理解。然实务中往往没有那么简单。遇到一个案件，以刑事案件为例，无论是作为原告委托人还是被告委托人，如何分析案情，如何寻找切入点，都没有人会事先给你提供角度，把握案情脉络的难度大大加深了。我看导师写的辩护意见，总觉得头头是道，说服力极强，角度的选择非常有趣，想必如果没有法学专业知识打底和多年的实践经验，很难达到这样的水平。

实习第一周的周三晚上参加了涉性犯罪风险防范和有效辩护研讨会，大开眼界。6位律师分享了各自的案例，有的听起来有点儿荒诞离奇，甚至滑稽。生活百态，精彩之处竟在各类涉性犯罪案件中体现得如此淋漓尽致。导师分享的案例是，他代理的是一位被控告强奸罪的当事人，最后成功替其争取到无罪释放。凑巧那位当事人算起来还是与我同校的学长，法律、犯罪、"被"犯罪等等离我们从来都不遥远，它们时刻发生在我们身边，甚至就发生在我们身上。导师从细节入手，向当事人周围的同学朋友等了解情况，考虑了人际关系等多方因素，成功洗清了当事人的嫌疑，让当事人得以继续自己的生活，重回属于自己的道路。

刑事案件不同于民商事，它们往往给我一种"严重"的感觉。刑事律师工作量大，频繁地和公检法打交道，不仅需要精力，也需要坚定的信念和对自己、对人性的信心。刑事律师需要承受大于其他领域律师的心理压力。虽说《刑法》里规定的罪名并非全是杀人越货，刑事案件却总是难免将人性的阴暗面呈现出来。有时律师们去会见当事人，不仅要接受各种各样的负能量，还要随时提防不被当事人透露的错误、虚假信息误导，要注意会见规范等诸多问题，以免自己也不幸陷入违反法律法规的泥淖。

由于专业知识不足，到律所自然还是不断地学习。在律所实习的这一个月，我接受了大量的不同于学校的类型的信息，可谓"信息量"极大。一个案子的卷宗可以多达几十本上千页。看过一个污染环境的案子，被告人有8位，单是笔录就看得我七荤八素，律师们阅卷时的耐心和细致实在值得敬佩和学习。对于细节、矛盾的线索的发现和把握往往会成为一个案件的关键点，如果没有敏捷的思维和强大的头脑，便很难做好。在参加青年律师交流会的过程中听一位年轻有为的律师分享自己的经历：一个经济类案件，标的金额极大，受害人上百位，卷宗一百多本，他花了一个月整理案卷材料，将被害人的名单整理成表格，最后做得非常成功。这需要多少心血多少时间，可想而知。

律所的氛围给我一种难以言明的感觉，简单描述就是紧凑又不失自在，绝非疲于奔命的状态，又不是无所事事的悠闲。总的来说是一种让我觉得恰到好处的节奏。似乎律师的形象总是不苟言笑，严肃精明，但事实并不完全如此。就我的导师而言，初见时确实觉得他非常严肃刻板，但实际接触下来发现导师不失幽默风趣，且通情达理，为人和善。还有一位律师，乍一看像是不好相处的类型，实际却热心而实在。

法律人思考问题的角度非常不一样——7月份，电影《寒战》热播，朋友圈一片热议。我所在律所的律师们也纷纷表示想看，但他们想看的理由非常有趣：香港大律师在政治生活中的作用；香港法治进程现状；香港在特殊情况下的执法方式……在此种氛围的熏陶之下，我也取得了一点小进步，同样试着用一个法律人的思维去考虑问题，用法律人的眼光去看待事件。以前看偶像剧《王子变青蛙》，只是觉得非常浪漫，少女心满满，今年暑假一时无聊重新租这部剧的碟片来看，竟然一直在和同学讨论其中的法律关系：女主角开车撞伤男主角，构成交通肇事罪无疑，但女主角将其带回家中，隐瞒男主人公的行踪，利用其失忆虚构其身世并由此引发了系列问题的行为是否构罪？若构成，那又是何种罪名？打开新浪新闻看到一男子因妻子出轨砍杀了“男小三”，关注点也不再只是出轨等带着八卦性质的东西，而是会考虑如何为这个男子做辩护了。

经常听到人说，女性在律师这一行业仍然比较弱势，尤其刑事领域，女性更是少数。从事刑事领域，除了要面对更大的心理压力和工作量，还有时刻的对个人人身安全的威胁。这些都影响着人们对刑事律师这一职业选择的考量，更多的人倾向于民商事领域和非诉业务，相对轻松，薪酬可观。然而刑事及其相关领域更加有“分量”，并非是其更重要，而是说其影响巨大。看了不少刑事案件的卷宗和案例，不难发现情节相似的案件定罪量刑却差别较大。作为辩护人，律师的帮助可能改变当事人的一生。都说在律师眼中，没有好人，没有坏人，只有当事人。使当事人的利益最大化是每个律师必须遵守的职业，但我想这里要加上“合法”二字，使当事人的合法利益最大。即使对方穷凶极恶，也应该让他该有的权利不受到侵害。

个人觉得公司类案件专业性极强，诸如新三板 IPO 的专业名词，我也仅限于听说，由于其和日常生活相关性较小，若没有学过相关专业知识，必定是一头雾水。实习最后一周的周四，我听了关于融资风险控制和股权激励机制的讲座，其中涉及大量与公司相关的专业知识，同时，对公司法、合同法等部门法的掌握要求也很高。术业有专攻，律师这条路会越走越宽——机会多了；也会越走越“窄”——专攻的领域越来越细分。导师专攻刑事领域，但他说现今说自己是刑事律师已经非常不专业了。刑事还可细分成经济犯罪、房地产、网络犯罪、贪污受贿犯罪等更加细致的领域。以后的路，应该是越走越精的。

现今非诉讼业务愈发热门。公司挂牌上市，企业法律顾问等需求量极大，不仅在经济领域，刑事非诉业务的市场也呈现出欣欣向荣的状态。专业刑事律师大有作为。虽然现今刑事非诉业务存在诸多难点，诸如立案标准不明确、公安机关立案意愿低、取证难度大、律师自身风险大、收费模式难等，但只要不断提高理论水平，精准判断案件是否构罪；提高写作水平，让报案书深得人心；熟悉程序规则，穷尽一切途径斗争到底；提高心理素质，办案过程中遇到挫折不轻易放弃；并且把控好风险，避免低级错误，加之刑事非诉业务的前景广阔，一定能将其做得风生水起。提到非诉讼业务，我们不应将眼光全部投到热门的经济领域，更宜“一视同仁”，刑事非诉业务虽然难度大，但同样精彩，且做好这一业务的成就感，是其他业务不可比拟的。

我就读于非诉讼法律实验班，但非诉应当以诉讼为基础。首先学好基础，再进一步提升。一个月的实习时光使我明白，要有扎实的专业知识打底，再加上丰富的实践经验，才能做好一名律师。专业知识和实务经验缺一不可。就像西塞罗所言：我们成为法律的奴隶，是为了能够保有自由——愿将来的自己能为中国法治进程添砖加瓦。

导师寄语——我们都是法律人[①]

首先恭喜你，明智地选择成为一名法科生。也许对于你，当初填报法律志愿只是偶然的决定，但我可以很负责任地告诉你，你选对了。因为学好法律，不仅可以有效地保护自己和家人，如果你愿意，也可以济世救人、伸张正义，你说伟大吗？

当然，一名法科生伟大的价值不是一天就能实现的，必须内外兼修、不断努力，才能有所成就。

首先，必须先明确一个问题，法律是什么？我们学习它、运用它、努力实现它的价值，但它到底是什么？我学生时代教科书上的“标准答案”是“法律是阶级统治的工具”，会不会有好严肃、好胸闷甚至好害怕的感觉？我不知道你们现在的教科书上如何讲的，但是请记住，作为法律人，要学会用自己的头脑去思考。法律也许是工具，我认为确实也是工具，但这个工具应该体现什么样的价值？或者既然是工具，它就是没有主观能动性的客观存在，那么我们这些使用这个工具的法律人如何使用它是否就变得更加重要？用好了，造福百姓；用坏了，祸害人民。

---

① 沈国勇，京衡律师事务所律师。

那么接下去的问题就是，作为法律人的我们，如何才能确保正确使用法律呢？我认为最关键的就是，要有法律的信仰。每个群体都会有害群之马，法律人里面也会有坏人，在这个诚信缺失、物欲横流的时代，唯有坚守法律的信仰，才能时刻提醒自己什么该做、什么不该做。所以请记住这句我一直坚信不疑的话——法乃善良公正之艺术。当你迷茫、不知所措时，问一问自己，所要做的事，是否能够体现善良和公正。如果是，那么不管前路有多坎坷，阻力有多大，你必须奋勇前行；如果不是，不管能给你带来多大的荣誉和经济回报，你都必须断然拒绝，因为我们是——法律人。

最后我想遗憾地告诉你，很不幸你选择了一个需要终身学习且实践可能比理论更重要的专业。大学里，你不仅要学会法律思维和基本的法律知识，还应利用假期参与各类法律实践；踏上工作岗位后，不论你从事教学、公司法务或者在司法机关工作，尤其是律师，仍需要不断充电学习。中国的社会发展很快，法律的变化也与时俱进，所以这是一个活到老、学到老的专业。当然就大学阶段而言，学会法律思维、确立法律信仰、学会基本功、增强实践能力，是四个比较基本的方面。

法治的进步需要我们全体法律人的努力，这既是我们的责任，也是我们的荣耀。加油吧，年轻的法律人！

浙江泽大律师事务所实习记

刘思羽　倪聖凯

实习之路(刘思羽)

我实习期间的导师是何远律师,何老师是浙江泽大律师事务所合伙人、涉外业务部副主任、义乌分所副主任,浙江大学民商法硕士,执业律师,译者。多年来一直在浙江泽大律师事务所从事民商事诉讼业务,同时担任浙江泽大律师事务所涉外业务部副主任、义乌分所副主任,具备丰富的民商事诉讼经验。业余从事翻译,先后出版《最高法院的"隐士"——戴维·苏特大法官传》(中国法制出版社 2013 年版)、《质问希特勒——将纳粹送上法庭的律师》(北京大学出版社 2014 年版)等译著。同时,多次在《新京报》《南风窗》《南都周刊》等媒体发表评论文章;也应邀与资深法官合作撰写诉讼实务文章。

我一直希望成为一名涉外律师,所以对何老师非常崇拜,在实习的一个月里跟老师学习到了很多,在和老师的谈话中也明白了很多,可以说是受益匪浅。老师对阅读的热爱给我印象十分深刻,买书的数量和频率真的是让我想到了我爸爸。读书是一个积累的过程,我家里有将近三万本书,小的时候不理解爸爸为什么买那么多书,但是现在,在生活学习出现了问题的时候,我会想要寻求爸爸的帮助,因为他读的书已经转化为自己的思想,他对待事情的方式态度可以帮助我度过一个又一个小困难。

实践感悟(刘思羽)

由于实习之前我爸爸让我每天对自己的生活进行总结和规划,我在实习期间也确实这样做了,所以这次的实践感悟我就用日记的形式来真实地反映我这一个月充实的、精彩的生活:

2016. 7. 4

实习之前爸爸跟我强调了实习期间注意的三点:

领导的任务要在执行的时候理解，在理解的时候执行；

每天都要有当天的总结和第二天的计划；

少喝酒，尽量不喝酒。

在之后的实习和学习生活中，我才更加深刻地理解爸爸说的这几句话，自己也从中受益颇多。第一点的两句话是有先后关系的，领导安排的任务不要质疑应该第一时间去做，在做的过程中思考领导为什么这样安排，思考过后对这个事情有了更深的理解再去更好地执行。爸爸让我写的每日总结和计划，我按照要求每天坚持写了，在写实习心得的时候这些日记真的发挥了很大作用，从日记中可以看到自己这一个月完整的心路历程，回看一遍都收获很大。作为一个女生不要在外面喝酒好像很重要，一个考上山东选调生的学长告诉我从一开始就一点都不要喝，否则一有场合就会被灌得酩酊大醉，一个人在陌生的城市要学会自己保护自己和注意自己的形象。

2016.7.5

到律所的第一天，导师何老师和我们进行了将近两个小时的谈话。首先，他对我们实习以及下个学期的学习提出了建议和要求，除了多读批判性思维的书和多读民法书之外，还可以多旁听经济学的课程。然后，老师让我们在明年暑假之前对自己的职业有明确的规划，包括法学方面自己的主攻方向，有自己明确的计划和目标，毕业后无论是想考研还是出国，都要提前准备。想考研的话要想好学校与专业，如果是在国内做法律实务方面，研究生学历就够了，想要做学术研究至少要博士学历。如果想出国的话要提早准备，学校各项成绩都要优异，去美国留学还要学习经济类法律。

老师还告诉我们，要在专业领域做“学霸”，美国对律师最高的称谓是“律师中的律师”，要在自己的专业领域做到别人来咨询和求指教的地步，成为这个领域的“学霸”。最重要的是，在经历实习和学习之后，学会广泛地阅读和独立地思考。这与我爸爸一直跟我强调的成为一个有思想的人大概是一个意思。

2016.7.6

由于老师在义乌那边还有事务，我们平时的主要实习任务是由杜佳樱律师分配的，今天她给我们的任务是归档，为档案编号、写目录，看起来简单的事情在与两个老师交谈之后才知道如何从简单的事情中学到东西，比如归档的时候如果只是整理的话只能学到办公室技能，但我们可以主动了解英文档案，也可以在看卷宗的时候观察泽大律所和其他律所律师的思维模式和处理方法。同时也可以学习到在面对一个问题时，如何在法律条文上适用和如何在现实中适用(可以参考裁判文书)。

何老师还说过一句对我影响比较大的话，就是作为实习生，我们应该做的就是多听、多看、多想、少说。

2016. 7. 10

今天我开始阅读何老师翻译的《质问希特勒》。在最广义的层面，本书有两个主题：

第一个主题是魏玛共和国的刑事司法程序的运作方式，以及20世纪30年代德国法治如何走向分崩离析的。

第二个主题是对政治行动的道德后果的深入思考，面对非正义时，个体该如何自处。

律师政治家作为英美法系的职业理想，自然无法在中国复制，但是，在这样一个急剧转型的时代，不畏浮云遮望眼，在每一个个案中，为权利而斗争，为法治而呐喊，仍应该是中国法律人的本分。

中世纪后期，欧洲国家的律师行业刚刚成型，律师尊崇这样一种贵族责任：上帝馈赠了自己礼物——知识，为公众服务就是自己的天职。在现代社会里，我们把接受知识当作理所应当的事，甚至有些人对知识嗤之以鼻，殊不知知识在从前社会中多么受人们尊重，我们的经济得到了发展，社会得到了进步，但是我们的敬畏之心越来越少，我们人类把自己的位置放得越来越高，认为我们得到的都是理所应当的。

2016. 7. 12

这几天看了两部电影——《寒战2》和《大鱼海棠》，这两部电影有一个共同的主题：当个人利益与集体利益冲突的时候，保全个人利益、为了个人利益损害集体利益应不应该受到谴责？《寒战》中的男主角和《大鱼海棠》中的女主角都面临这样一个问题，自己的家人（爱人）有了危险，应不应该冒着牺牲他人生命或利益的风险去救。这可以对比《老九门》中的佛爷和二月红，《花千骨》中的白子画和杀阡陌，他们有的是可以为了天下苍生牺牲爱的人，有的是可以为了爱而负天下的人，这取决于个人的价值观和性格，但为个人利益而不顾全局的人必然会付出相应的代价。我认为，什么样的位置适合什么样的人，警察局局长这样的职位不适合这种把个人利益放在首位的人来担任，佛爷和白子画这样将世人放在第一位的人才能担当大任。

2016. 7. 17

我有幸去古城西安参加了“APEC未来之声”青年大使英文演讲组的决赛，这是我第一次去西安。西安是一个神奇的城市，历史文化底蕴深厚。正因如此，很多人都在靠老祖宗留下来的东西生活，想要一劳永逸，有些人天天想着用各种方法来赚旅客的钱，很多都是非法的。很多人法律意识淡薄，没有意识到自己的行为是违法的，给西安的形象带来了一定的负面影响。

2016. 7. 20

如何起草法律研究备忘录

(1)事前准备工作:

充分了解事实背景,确认事实细节;

明确核心法律问题;

查找相关法律法规的规定,搜寻相关案例;

也可以匿名咨询有关部门。

(2)如何书写:

法律研究备忘录结构:事实,法律问题,引用的法律法规,结论,分析;

理解法律问题:了解其背景,将法律法规分类并做初步描述;

法律研究:研究可能指向的有效法律法规。

结论:简单明了直入主题,告知客户他问的问题是合法的还是不合法的。如果不合法,给出其他建议性合法方案和建议。

2016. 7. 23

今天去律所的路上目睹了一场事故:一个骑电动车的人撞在了栏杆上,整个人掉下来重重摔在了栏杆上,然后躺在地上不动了。我上前去查看了一下情况,那个人起身的时候,大量的血从头上涌出,而且随着他慢慢起身,血越来越多。我一下子有些慌张,我和另一个行人分别拨打120、122和110,没想到120说救护车不过来了(可能是因为车不够也有可能是因为受伤的人有意识),122经过了很长时间才过来,最后还是路人将他送到医院。经历了这件事,我有几个认识:

(1)警察学院的同学说,遇到事情应该拨打110,相比120和122,遇到交通事故的时候110更靠谱一些。

(2)天气热的时候骑车开车上路都要小心,因为天气热人的意识有的时候比较模糊,意外容易发生。

(3)学会自我保护与自救,不知道明天和意外哪个先来,就先学会保护自己,不能什么事都想着依靠警察和医院。

实习之路(倪圣凯)

暑假实习,我有幸拜在何远老师门下,何老师是浙江泽大律师事务所合伙人、涉外业务部副主任、义乌分所副主任,浙江大学民商法硕士,执业律师,译者。多年来一直在浙江泽大律师事务所从事民商事诉讼业务,同时担任浙江泽大律师事务所涉外业务部副主任、义乌分所副主任,具备丰富的民商事诉讼经验。业余从事翻译,先后出版《最高法院的"隐士"——戴维·苏特大法官传》

(中国法制出版社 2013 年版)、《质问希特勒——将纳粹送上法庭的律师》(北京大学出版社 2014 年版)等译著。同时,多次在《新京报》《南风窗》《南都周刊》等媒体发表评论文章;也应邀与资深法官合作撰写诉讼实务文章。

何老师于我可谓既是良师亦是益友,在实习初期就针对我的就业方向及目标提出了相应的建议,定期安排任务给我,提供了一些代表性的案卷供我学习,让我有机会能够深入了解律师的工作。在传授法律专业知识的同时,何老师以他自身经历为例告诉我们在宝贵的大学阶段应该做的事情和应该培养的独立思考能力,还赠送了我五本书,教导我阅读对于一个人思想进步和境界提升的重要性,我想独立思考能力和养成阅读的习惯会让我受益终身。何老师工作时认真严谨,私下里平易近人,尽管实习期较短,但我却既学到了许多法律知识,也懂得了很多为人处世的道理,非常感谢何老师的教导。

实践感悟(倪聖凯)

泽大所的暑期实习结束已有一个月之久,但每每回想起来,仍记忆犹新。在这短暂的一个月的时间里,我学到了许多在学校无法学到的知识,受益匪浅,让我对律师这个职业有了新的认识,对自己所学的法律专业有了新的认识,对自己的未来有了新的定位。

(一)初入泽大

第一次踏入泽大所的工作场所,我就被其优越的工作环境所吸引了,律师们身穿笔挺的西装,忙碌于办公室和洽谈室间,举手投足间透露出非凡的气势,这在我心中种下了一颗向往从事律师职业的种子。

第一次与何老师会面,何老师就通过我们投递的实习简历对我们进行分析和指导,明确地告诉我们,泽大所招收员工更加注重个人的才能,如果拥有一门能够令人刮目相看的才艺,会让你的简历脱颖而出,这让我对自己接下来三年的大学课余生活有了新的规划。何老师通过自身的学习经历告诉我们学习英语的重要性。英语对于律师来说,不仅是一个与人交流沟通的语言工具,更是一扇连接中外市场的大门,对于从事对外贸易法律事务的律师来说尤为重要。同时何老师还强调了阅读的重要性,甚至在第一次见面时就赠予了我们每人五本书,要求我们在暑假有空的时候就多进行阅读,增加自己的知识面,从书中培养自己的独立思考能力。这一点在接下来的日子里何老师也多次与我们强调,我想"阅读"和"独立思考"是始终贯穿于何老师教导的两个核心点。

在这个信息时代,人们的信息来源可以说是各式各样,各种媒体左右着舆论的走向,网络水军更是在其中浑水摸鱼,人们很容易被一方势力影响,产生对

事件的不真实的看法，甚至对社会造成不良的影响，例如法院的判决就会受到社会舆论的影响。一个人如果没有独立思考的能力，就只能随波逐流，盲目地表态，而作为一个法律人，我们看待、处理事情不能仅仅从理性、道德和法律专业知识的角度出发，更应带有自己的独立思考和判断，看清事件的本质，结合法律知识，做出正确真实的判断，挖掘事情的真相，维护社会的公平和正义。

在泽大的实习期间，我多次看到律师们因为与客户商谈而顾不上吃饭，中午累得只能趴在洽谈室的桌子上休息，傍晚一直加班到很晚。律师们外表光鲜亮丽，但是身上肩负着完成委托人委托的责任，压力也是巨大的。我想我也能理解何老师所说的“一定要找到能够让自己完全放松下来的事情”的含义了。如果长期进行高强度、压力大的工作，那对人来说就是一种折磨，找到适合自己的解压方式就很重要了。在和泽大所各位优秀的律师交流后，我发现，其实律师们在私下都是幽默风趣的人，他们都会互相打趣，感情很好。在法庭上，他们是各领域叱咤风云的高手；在工作上，他们是一支高效强力的团队；在生活上，他们是一群享受生活乐趣的可爱的人。

通过在泽大所的实习学习，我也对如今中国的法律行业有了一定的了解，律师作为一个特殊的职业，尤其是刑事律师，难免会接触到社会的阴暗面，在刑事案件中，部分法院的判决中还存在一定的漏洞和黑暗，仍有不公平存在，依旧有草草结案的疏忽大意存在，但是我对中国法制建设的前景充满信心，中国作为世界上最为庞大的经济体之一，正处于经济结构转型的重要时期，急需法律这个上层建筑的保驾护航，我们国家的法律体系正在不断完善中，案件的审理更加公开透明，程序也越来越正当，在法院的门户网站上都会公示出每个案件，这让我更加坚定了从事法律行业的信心和决心，希望自己在未来能通过身体力行为中国法治社会的建设贡献出自己的一份力量。

(二)初级实习生

对于一个连民法典都没看完、部门法都没学完的“法盲”来说，在律所实习可以说是“小材大用”了，我们无法协助律师处理具体案件，而鉴于保密的原则又无法介入和客户的交流中，所以我十分理解老师既想倾囊相授却又怕我们无法吸收的苦衷和虽然我们能力不足却尽量让我们接触律所各种工作的良苦用心。刚开始，我也做了不少比较简单烦琐的工作，但是在这些工作中，我却真的学到了很多，也认识到了自己的不足。

说起日常工作，就不得不提在暑假实习中除了何老师外对我们百般照顾的前辈——佳樱姐。佳樱姐作为任律师的助理，是香港大学的研究生，可以说是精英中的精英，她耐心地教我们熟悉律所的各种日常工作，教我们如何打印和扫描文件，教我们如何邮寄发票给委托人，填写的时候应该注意哪些细节，如何整理公司的发票，如何塑封合同书，手把手地指导我们各种工作，然而此前我连这些基础工作都无法胜任，这让我深刻地认识到了自己的不足，我想这也为我未来步入社会打下了一定的基础，更加深刻地理解了细节决定成败的含义。

（三）小试牛刀

在接触了律所工作的一段时间后，老师指派我们进行案卷的整理工作，通过整理案卷，我有幸能够直接深入地了解各种民事、刑事甚至非诉案件，学会根据收结案表来完成案卷封面的填写，接触到了委托合同、授权委托书和法律服务风险告知书等一系列在学校中从未耳闻的专业材料，而那多达几十页的证据材料和调查材料，也再一次让我深刻体会到律师处理案件庞大的工作量和巨大压力。每一份材料、每一个细节都可能是制胜法宝，这就要求律师在有限的时间内吃透所有的文件，寻找出对手的漏洞，一招制敌，而我借助判决书也只能勉强理顺案件的脉络，更不用说提出什么见解或是找到解决的方法，看着承办律师代理意见和代理词上律师们密密麻麻的笔记和庭审纲要，字里行间都透露着智慧的较量，心中对老师们过硬的专业知识和随机应变的能力由衷地敬佩。在老师的信任下，我也尝试整理了几份办案小结，办案小结需要我们简洁地交代案件的原告、被告、案由及案件发展的过程，这使我们的概括和理解能力有了很大的提升。

老师考虑到我们的发展方向偏向于非诉业务，就向我们分享了一些上市公司的贸易合同和非诉业务材料，我接触到了人生中第一份全英文合同，第一次直观地了解一个上市公司的企业状况及股权结构，第一次认识到一份合同的签订需要如此庞大的材料支撑和反复多次的法律评估。随着法律法规的不断出台和法律体系的逐步完善，律所也需要紧跟随法律更新的脚步来处理案件，这就需要制定法律备忘录和法律法规更新月报，我在老师的指导下制作了关于民办非营利医院的法律备忘录和 6 月份的涉外法律法规更新月报。在制作备忘录之前，佳樱姐提前给我们准备了法律备忘录制作的要点介绍及格式要求，而备忘录需要我们找出民办非营利医院的性质、设立、经营范围、如何转变为营利性医院的材料以及相关的法律法规并进行汇总整理，给我们好好上了一堂法律检索课。而涉外法律法规更新月报需要我们将所有 6 月份新出台的涉及对外贸易的法律法规进行整理汇总，方便主营对外贸易业务的律师及时了解最新的政策资讯，与时俱进。

除此之外，老师们并没有让我停下学习的步伐，安排我制作医疗器械法律法规汇总、劳务派遣关系中职业病防治的义务和外资律所在大陆如何设立分所

及代表处或办事处的法律备忘录，让我学到了各个领域的法律专业知识，充实地度过每一天。我也学会了填写工商名称承诺书，学会了利用全国企业信用信息公示系统来查询企业的工商信息，学会了通过全国法院被执行人信息查询网站来查询企业是否有失信被执行人的信息，学会了借助中国裁判文书网来检查企业有无涉诉信息，学会了如何对一个企业进行法律评估，学到了数不清的实务技能，这都是校园课堂中无法接触到的知识，是脱离课本的对理论知识的应用和实践。

(四)完美收官

在泽大实习的一个月里，我学到了很多法律实践技能，收获了和何老师、佳樱学姐的师生情，接触到了很多前所未闻的法律知识，对律师职业有了更深刻的了解，也为自己未来法学专业学习开启了一扇新的大门。

最后，感谢学校和学院给我们提供这个宝贵的实习机会！

感谢何老师和佳樱学姐！

感谢泽大！

导师寄语①

美国联邦最高法院前大法官卡多佐有言："法律就像旅行一样，必须为明天做准备、它必须具备成长的原则。"法律人也同样如此，需要为明天做准备，需要不断地成长。法律实务领域已经越来越走向专业化，对踏入高等院校法律专业之门的莘莘学子，也随之提出了更高的要求。在接受基础法律教育的同时，如果能够提前做好人生规划，并随着知识与人生经验的拓展随时加以调整，就能在踏入社会时占到先机，为实现人生理想和远大抱负打下坚实的基础。秀外慧中的思羽同学不但博闻强识，更为难得的是，在初入大学校园不久，她就有了自己的人生规划和职业抱负。

涉外法律业务是一种复合型、交叉型的实务领域，不但要求律师掌握基本的执业技能，还要在熟悉中国法律的同时，对英美法也有一定的了解，更要具备相当扎实的英语功底。而作为核心技能的法律英语，既非单纯的法律知识，又不是单纯的英语知识，也不是两种知识的简单叠加，而是要求对两个艰深的领域上下求索、融会贯通。也因此，在知识面和学习能力上，涉外律师业务对执业律师提出了更高的要求。想必也正是为此，思羽同学已经具备了相当出色的英语和写作功底，为自己的未来之路打好了坚实的基础。思羽同学能够迎难而

① 何远，浙江泽大律师事务所律师。

上，把艰深的涉外业务作为努力的方向，不啻为对自己提出了更高的挑战。遗憾的是，实习时间仅有一个月，在基础性的法律知识尚不具备时，要深入学习涉外法律业务的具体领域，自然是无法实现的，因而，也唯有在承担一些基础性的辅助工作时，通过阅读书面材料，对律师实务先有一些感性的认识，才能在以后的学习过程中，对作为法学知识基础的社会生活做进一步思考。“法律是正义与秩序构成的一张网”，这张网从社会生活中提炼出来，又反过来应用于社会。希望在以后的实习中，随着法律知识的继续学习，随着社会经验的进一步增加，所有非诉法律实验班的同学，能够从社会生活本身出发去领悟、思考法律，从而取得更快的进步。

学会聆听法律的声音

——浙江天册律师事务所实习体会

鲁 姣

实习之路

在实习的最初，我们便被赋予了一定程度上自由选择实务导师的权利。在导师见面会上，一位戴着红色帽子的律师一走进会议室，便让我觉得这一定是个很特别的律师。通过自我介绍，知道了这个虽戴着别人看起来有些滑稽的红色帽子却仍然不失儒雅气质的律师叫朱卫红。这次见面会上印象最深的就是他。记得他幽默地谈起自己的经历，更记得他严肃地谈起对法律的真知灼见。

回去仔细翻看了朱律师的介绍，真的不敢把那个与我们和蔼说话的人跟眼前长达四页的介绍对号入座。23 年的工作时间里，大大小小数不清的省级、地区、国家的各种论文的一、二等奖，曾是农夫山泉等十几家公司的法律顾问。惊讶到说不出话来，直到现在，也敬佩到无法用文字说清。最终，我终于成了这位了不起的律师的小小学生。

一个月的实习时间，让我对这个原本崇敬而不熟悉的老师多了一份喜欢。他的书柜里满满的都是书，手边是他最爱的棋盘。他说，围棋给了他缜密的思维方式跟灵活的思考方式。他会在去法院的路上突然地抛给我们一个关乎案件小细节的问题，让我有些措手不及，但是，正是如此，下一次在拿到资料时，我会认真关注每一个细节。从他身上，我学到了很多。他说的有些话，也不知不觉记住了。他说："要注意观察周围的一切，不管有没有用，先观察了再说。"他说："律师是来维护他人的权益的，如果你连自己的权益都不能维护，怎么能替别人维权呢？"他还说："任何时候，在没有付出自己最大的努力之前，都不应该妥协。"

我的导师，他是一名经验丰富、尽职敬业的律师，也是一位抓住每一个机会把他的宝贵经验传授给我们的无私的老师，还是一位总是提醒我要多吃饭，出差还给我们带礼物的温暖的长者。

实践感悟

尽管经过了大一一年的学习，合上书本，依旧觉得自己还是个一无所知的法盲，无法再在听到同学开玩笑时说“鲁律师”之后做出认真严肃且又骄傲的应答。对于律师，我似乎只知道电视剧里那个穿着宽大黑色律师袍在法庭上流利地说出法条的以打赢官司为目的的不苟言笑地站在辩护席上的人叫律师。选择法学专业，以成为一名律师为目标，其实都是因为我喜欢律师口中的公平、公正、公开，我深深地觉得，这样的正义正是我希望可以用一辈子去维护的东西。没有宏大的“以建设社会主义法制体系为目标”，我只是简单地喜欢这样的正义。

一次一个月不到的实习，没做太多，得到的却太多太多。

从实习的准备工作开始，我便体会到生活在这个城市的艰辛。对于不是本地人的我们，住在哪里成了最大的问题。我们最先想到合租，可是现实却远比我们想象的难。不断在网上找房子，一联系，联系人是以房主之名坐等别人上钩的中介。最后我们还是通过中介看起了房，这一看，浇在身上的不是冷水，而是寒冷刺骨的冰水。先不说价格远高出了我们的预期，房子的条件也并不是我们预期的。印象最深的是一套充斥着很重石灰油漆味道的房子，一套房子，只有空空几堵白墙，却好像分成好几个家。我在这边时，这家的厨房锅灶坏了。走几步，就到了别人家，他家浴室的灯悬挂着荡来荡去。我不知道我们几个女孩该怎么在这个空间里生活。印象最深的人，是给了我们温暖，把我们从心灰意冷中牵出来的人。在我们看房时，一个住在隔壁的奶奶笑嘻嘻地走过来，真的像我们的奶奶一样跟我们聊天。一直跟中介说给我们便宜的价格，说她就喜欢可爱的小姑娘住在隔壁，甚至想让我们去她家住。托奶奶的福，沮丧的我们在那个院子里开心地笑着。终于，我们在被蚊子叮到满腿包天都快黑了的时候放弃了合租的想法。我们最终选择了一家离律所还算近的酒店。我们假装忘记了看房前想象的一起煮饭的开心，用“反正暂住证短时间也办不到”安慰自己。我开始想象我毕业时的样子，我该怎么用微薄的实习工资在这个我不算熟悉的城市生存下去。

律师是一个需要高修养的职业，成为一名律师的首要前提就是拥有好的修养，给予每一个违法者、受害者同等的尊重，才能维护违法者、受害者本就该拥有的权利。实习终于开始了，第一次那样正式地填简历表，却发现自己似乎没有什么发光的东西可以填上去。略有羞愧地上交了表格，紧张地去见导师，这一见，更是羞愧了。听到这里的实习生学历要求远高于我时，顿时觉得我说什么都没办法隐藏起我的无知。我认真回答导师的问题，结结巴巴，但是导师依

然听得很认真，这让我有了说下去的勇气。也许我们说的东西有些好笑，但他依旧认真地听着。我不由得想到，他对待每一个当事人应该也是如此耐心和尊重的吧。渐渐回忆起实习之前实务导师见面会的场景，每一个律师都与他人谦逊问好，每一个律师在跟我们交谈时，都表现出对他人的尊重。律师之所以逐渐赢得了社会的尊重，正是因为律师给予了每一个社会人以尊重。

替别人维权的前提就是学会维护自己的权益，维护自身权益的前提是不侵害他人的权益。实习的时候，最惊险的一次经历就是跟导师一起去义乌。前一天买好票，想着省钱就买了学生票。第二天一大早，我跟同学从酒店出发，到达车站的时候我俩还沾沾自喜时间掐得很准。可是，我买的是学生票，需要取票，这时候问题就出现了，由于买的车票不在优惠区间内，所以我是没有办法购买该段行程的学生票的，没有办法取到票就没有办法上高铁，那边导师不断地打电话催促。连忙去窗口换票，可是看到长长的队伍，等我改好票高铁早就开走了。此时离高铁出发时间不过十几分钟了，想要劝说队伍里的人让我先办，可是队伍里的人没有一个乐意的，办理改票的工作人员一句"好好排队，谁不着急啊！"让我瞬间连义乌都不想去了。最终，在跟检票口的工作人员解释之后，我还是上了高铁。坐在座位上，先消化掉慌张和难过的情绪，开始思考为什么会有一个这么慌张的早晨。除了自己的原因好像找不到其他的原因了。为什么买票的时候不仔细一点，为什么早上不留下更充裕的时间，为什么在出现问题的时候自私地只考虑自己，越想这些问题越觉得羞愧。

就在我等待补票的时候，导师把我叫到一边。导师说："你买票了吗？既然买票了，谁让你去补票的？"很严厉，但是却让我真正冷静下来，客观地去考虑这件事。这件事并不只是我的问题，既然我已经支付了车票的钱而且购票成功了，那么我就有权利享受我的权利。我为什么一点都没有想过我也是有权利的一方呢？去法院的路上，导师很认真地说："你为什么什么都没做就放弃了呢？你如果连自己的权利都维护不了那你凭什么想维护别人的权利呢？凭什么让别人相信你可以替他维护自己的权利呢？"一路上，我都在想，我好像越来越习惯被动接受了，一旦出现问题第一反应就是想到弥补自己的失误，从来没有想过自己是不是可以维护自己的权利。如果我不能学会捍卫自己的权利，我如何替别人维权，如果成为一个律师，连自己的权利都维护不了不是很可笑吗？学会了解每件小事当中自身的权益，积极实现自己的合法权益，而不是消极地傻傻地看着自己的权益受损然后一味地自责。我也觉得，这不失为一种学着以法律人的思维方式思考问题的方法。

关注细节是律师组织辩护的关键。实习中最宝贵的经历就是在法院观察律师是怎么"打官司"的。两次的旁听，都是在很认真地了解了案件之后，可是每次律师发表的言论都让我很疑惑，离开之后，细细研究才明白简单细节之中其实隐藏了很多的关键信息。看似不起眼的字眼其实都很重要，而往往被忽视。还记得，实习时另一位老师让我看了一个二审的案件，让我试着寻找关键之处。看第一遍的时候，我想的就是一审都败诉了二审肯定很难改变。第二遍，终于发现了一个似乎不太正常的地方，由于银行工作人员的失误，在办理其中一个手续的时候少了一个零。在后来和老师的交流之中，老师告诉我们，确实那就是关键之处。没想到一个我们不确定的细节，却可以严重影响案件的审判。细节决定成败，似乎是律师这个行业必须谨记的话。

实习结束之后，跟导师一起聊了很久。我也终于提出了困扰我很久的疑问。通过两次旁听，导师在辩护的时候依旧像平时跟我们聊天一样，微笑着，不慌不忙，仿佛不是在摆出证据而是在跟你唠家常，一点也不像电视剧里出现的律师那样咄咄逼人。难道不紧张不在意最终的结果？导师告诉我，是 23 年的工作经历让他变得沉着，如果现在我跟着的是年轻的律师我就会知道紧张是避免不了的。现在想想，虽然导师很亲切地对待对方辩护人，但是这一点都不妨碍他指出对方的漏洞，摆出自己的证据。我把我的底牌透露一点点，只要你明白我是有把握的，对方自然会做出让步。用一种平和的方式实现公平，不用“刀光剑影”，自然“水到渠成”。我想，所谓“有理不在声高”也就是如此吧，不用把自己的理悬挂在过高的位置，只要对方看到就好。

一次简单的实习，我没有给律所带来什么实质性的收益，或许也只是角落里可有可无的角色。但是，看着格子间里来来往往的人，他们正是我梦寐以求想要成为的。看着他们的认真严谨，我更加坚定了信念：我必须成为像他们那样的人，必须！我看到了他们的艰辛，他们的投入，他们的细致，也有他们的可爱。我知道，想成为合格的律师，远比我想象中的难很多，有人告诉我，律师这个行业至少需要 10 年时间你才能熬出头来。现在看来，10 年好像也不是太长，因为，对于我，作为一个律师所要学的，10 年也许远远不够。但是，我的心已经在路上了，我的人也已准备好风雨兼程。

导师寄语——来自农村的我[①]

我来自农村，经过 20 世纪 80 年代的高考，奋斗了 20 多年，终于在律师工作中取得了一些成绩。承蒙浙江财经大学法学院律师学院的多位领导厚爱，我有幸在暑期带了 2015 级非诉法律实验班的几位女生实习。在短短一个月中，我们相处甚欢，让我在办案工作之余了解到当代大学生的所思所想。同时也让

① 朱卫红，浙江天册律师事务所律师。

我回忆起了多年前刚入校，以及毕业后进入工作时的种种情形。而这几位女生中的鲁姣同学，一位来自安徽农村的女孩，更使我想起了刚开始执业时的种种困难。

23年前，我刚刚执业，举步维艰。作为一个来自农村的穷孩子，几乎没有任何的人脉、资源。别说没有人知道我是律师，就算知道了，别人也不会信任初出茅庐的没有背景的我。但是，鲁姣同学，我要告诉你，我要自豪地告诉你：当年的我，这个来自农村的又矮又矬的我，在毕业10年同学聚会时，已经是浙中地区最大的律师事务所的主任了，比很多家境优越的同学都要成功得多！在全年级60个同学中，没有背景的我能够成为毕业后发展最好的同学之一，正是因为我的努力和坚持，我用我的刻苦和坚毅证明了我的能力，用不懈努力的时间证明了我的优秀。因此，大学班主任还有我的导师胡建淼教授对我的评价是："穷人的孩子早当家。"所以，我相信，只要你努力，我能做到的，你也可以！

鲁姣，来自农村的你，或许见不多识不广，客观上在综合素质方面会略逊于其他同学。因此，你有时会自卑。但你也有你的优势，那就是你的刻苦精神。还有强烈渴望改变自身命运的信念！这些是属于你的最好的资源！此外，你的宽容，你的细心，你的善良都会在未来的学习、工作中助你成功！

外在的经济基础、社会资源或许能够帮助我们更好、更快地成功。但内心的强大，内心的刻苦坚持，却更能助我们克服各种困难，让我们走得更远、更稳。

来自农村的我，愿与来自农村的你，携手前行……

法学野渡

马齐月

实习之路

很幸运，浙江泽大律师事务所的徐晓岗律师成为我的导师。

导师生于1975年10月20日，专业领域有公司法、合同法等，承办过多起案件，是多个公司和名人的法律顾问。其在律师行业中的突出贡献曾在2015年度受到杭州市律师协会通报表扬。

导师的性格随和，一点没有大律师的架子，第一次见面就主动和我握手。为人风趣，十分健谈。导师的自控力很强，对自己的工作要求近乎完美，每次开庭前都会准备多种可能来应诉。工作起来十分投入认真，看导师发朋友圈的内容差不多都是加班的图片。

作为律所的大律师，导师的专业知识和能力当然是毋庸置疑的，导师平常也爱阅读各类书籍，知识面很广，对股票和房地产有自己独特的见解。

在与导师相处的一个月中，我也了解到导师的兴趣爱好很广泛。导师爱摄影，据我所知律所的大小活动都由他来拍摄，很专业；导师也爱围棋，工作室里摆设着两个棋盘，实习期间还与我的同学切磋了一盘；还有就是导师喜欢在淘宝上淘几件精美摆设来装饰自己的工作室，很有情趣。

其间与导师交流过两次，分别在实习开始前和结束前，大多时间都是导师在传授人生经验，讲授富有智慧的道理，我自己从中也领悟到很多。导师是位智者，为人低调，未曾过分宣传自己是哪位明星的代理律师。

导师热爱生活，工作室的装修充满文艺气息，木质的装修给人自然的感觉。类似于佛教中的"禅意"。

导师朋友多，从学生到名人，人际交往广，但都一样用和善的方式交往，在律所里的人缘特别好，在社会交往方面对于我们来说导师是学习的榜样。

实践感悟

从大一上学期就开始期待的暑假实习终于到了，更多的是满心的欢喜。律所实习的第一天，很陌生，一切都是新的。干净整洁的办公室，精美的摆件，西装革履的律师，忙碌地穿梭在办公桌与打印机前。我一个初涉法律的大一学生，坐在交谈室里，没带电脑，拿起手机，听着音乐，看着玻璃外的身影。实习就这样开始了……

从刚开始坐在会议室里做自己的事到做导师布置的课题，再到最后做行政工作整理案件，然后又回到刚开始的时候。可以这样说，大部分的时间我们是坐在桌边做自己的事情，可以说相当于自习。但这又是最考验能力的时候。因为大部分人在这种无聊的时候，拿起手机，一拿不放，一天很快就过去了。经过一个月的实习，我脑海中的回忆都是千篇一律的：早上 8 点起床，9 点到律所前台签到，之后开始做自己的事，上午过得很快，吃午饭，到了下午还是一样，傍晚 5 点下班回家。虽然在外人看来，就这么无聊地坐着能学到什么？其实不然，你可以背单词，看法条，找案例分析对比，看论文，学习点财经方面的知识，可以做的很多，只看你耐不耐得住寂寞无聊。

在校期间的理论学习，让我对法律专业的基础知识有了一定的理解，理论的应用窘境在现实面前总是被展现得异常清晰，也许站在法学理论学说的角度，我们无法消除法律实务和法学理论的差距，但当我们在实务中以自我的真实水平去检验自我的想象水平时，我想，在此期间由理想与现实的阻隔与差距所激发的感悟和慨叹必定不少，但我们需要的不仅仅是这些，比这些更重要的，也许是最重要的，我想应是理论经过实践的检验并经审慎思考后对我们未来前进方向的指引与规划。俗话说，"实践出真知"，而律师事务所是律师的执业机构，律师接受刑事案件、民事案件、行政案件当事人的委托担任代理人参加诉讼和非诉讼业务时，涉及的法律面较宽、实践性强，大学生到律师事务所实习并亲身经历一些法律实务、学习一些办案经验，不仅可以弥补知识的不足，还可以增加一些新知识，提高动手能力。

通过近一个月的实习，我收获良多。

首先，通过实习，我对律师这个职业群体有了更深刻的了解，有人说："律师这个职场，看起来很美，听起来很阔，说起来很烦，做起来很难。"通过实习，我对这句话有了更深刻的体会，律师的工作是这样的：忙，工作压力大；知识更新快，知识面很广；律师不一定要是一个辩论高手，但得是一个沟通高手；律师收入不均衡，"20/80"定律表现较突出。所谓看人挑担不吃力，很多人觉得律师是非常轻松的职业，整天不用待在办公室里，到处走走，钱就来了，通过这次的实习，体会到律师工作不是那么简单就能完成的，他们一般都是到处奔波，“拉生意、谈生意、做生意”，何况如今社会，这么多律师，这么多律师事务所，相互间的竞争如此激烈，谁还会有闲情逸致去咖啡馆稍作休息呢？谁还会眷恋路边的风景呢？

其次，在实习期间，我掌握了以下的技能：(1)整理文档并归类装订；(2)书写基本的法律文书；(3)熟悉律师办案的流程；(4)了解与当事人沟通的技巧；(5)熟悉法院开庭审案的流程。整理卷宗让我了解了律师的整个办案流程和司法程序，并且通过撰写法律文书弥补了知识上的不足，同时也更加注重写作技能。

这次实习过程中，接触了大量的各种各样的法律文书，也学着写了一些常用的法律文书，如起诉状、上诉状、答辩状、代理意见、律师函、公司员工制度、合同书等。虽然大学选修课里面也开了相关的课程，但是在现实的运用中，是完全不够的。学校教学有不同的侧重，因此学习写法律文书更多地关注关于公安、检察院、法院等机关的法律文书，而某种程度上忽略了对普通法律事务法律文书的学习。但是，在这次实习的过程中，大量阅读卷宗和查找资料，让我重新学习了这些法律文书的书写，如法律文书的格式、表达、侧重点等方面。

我的工作还包括大量的案卷整理和装订。每个单位都有关于案件的整理装订的问题，不过这次的整理装订工作我特别认真。因为一直在书写各种法律文书，在书写的过程中总是遇到各种各样的问题，而整理装订案卷材料，正是一个非常好的学习的过程，其中的材料就是我们书写的范本，学习的模板。而枯燥的整理装订过程，还很好地培养了我的耐性和细心。

最后，通过实习，我认识到自己作为一名法律专业的学生，离一个合格法律人相差甚远，自身存在着诸多的不足，比如我发现自己的专业知识学得不够翔实、细致。很多具体的小细节根本就不知道。课本知识和实践操作完全是两码事。在短暂的实习过程中，我深深地感觉到自己所学知识的肤浅和在实际运用中专业知识的匮乏。在学校以为自己学得不错，可接触到实际后，才发现自己知道的是多么少，这时才真正领悟到“学无止境”的含义。这也许是我一个人的感觉。不过有一点是明确的，就是我们的法学教育和实践的确是有一段距离的。法学是一门实践性很强的学科，法学需要理论的指导，但是法学的发展是在实践中完成的。所以，我们的法学教育应当与实践结合起来，采用理论与实际相结合的办学模式，具体说就是要处理好“三个关系”：课堂教育与社会实践的关系，以课堂为主题，通过实践将理论深化；暑期实践与平时实践的关系，以暑期实践为主要时间段；社会实践广度与深度的关系，力求实践内容与实践规模同步进行。

与此同时，我发现以前对法律的认识存在不少的缺陷，学习的理论过于格式化，过于“案例化”。我深深地感到自己所学知识的肤浅和在实际运用中专业知识的匮乏。而对社会问题的敏感性还需以后慢慢地培养。这是从事法律工作的基本的素养，因为法律解决的就是人与人之间的社会问题。作为有志于从事律师行业的人，培养良好素质是极为重要的，这包括专业知识、执业形象和执业纪律、人格魅力等素质。同时，律师为社会提供法律服务，必须与社会各行各业建立良好关系，这既是工作的需要，也是增加案源的途径之一。

在实习的过程中我也遇到了很多的问题和困难，不仅是专业知识方面，还包括与人交流、融入社会的方面，毕竟社会和校园生活是不同的，残酷的现实让我明白要想在这个行业中生存就必须使自己先强大起来。律师提供的是法律服务，在某种程度上讲提供的也是一种商品，那也就会有知名和不知名的区别，毕竟每个人能力、水平、经验不同，针对不同等级的商品服务，消费者给予不同的、有差别的待遇很正常。在专业素质和职业素养还没有完全锻炼出来的时候，实习律师不应该产生一步登天、一蹴而就的想法。没有学会平稳地站立就想飞奔，是急功近利的表现。而且也不应该只看到老前辈的辉煌，要知道作为开拓者和先驱者，他们经历了更为严酷的磨砺。

所以，我现在要做的就是努力提升自己，抓紧时间充实自己，在步入社会之前让自己具备更多的技能和涵养，机会总是提供给那些早早做好准备的人，在外部机遇还未光顾的时候就要抓住时机练好基础，养精蓄锐，在一天一小步的努力中，让自己成为一个有前途的人。

以上就是我实习过程中的心得体会，面对当前严峻的就业形势和看似不太光明的前景，实习让我更加明确了自己的努力目标和前进的方向，我会努力完善自我，弥补不足，争取提高自己各方面的能力和综合素质，希望将来在法律这一行里会有我的一片天地。

导师寄语①

该实习生在实习期间，表现了良好的敬业精神，深厚的专业思想和极高的道德水准。实习态度极其认真，工作积极、细心、踏实，能虚心接受指导，全身心投入所做工作。在时间紧迫的情况下，加时加班完成任务。能够将在学校所学的知识灵活应用到具体的工作中去，保质保量完成工作任务。同时，该学生严格遵守我事务所的各项规章制度，实习期间，未曾出现过无故缺勤，迟到早退现象，并能与事务所的同事们和睦相处，与其一同工作的律师、同学都对该学生的

① 徐晓岗，浙江泽大律师事务所律师。

表现予以肯定。

希望该生在接下来的大学生活中锐意进取、脚踏实地，努力学好专业知识，为将来的工作打好基础。同时要多看点课外书，拓展知识面，做个全能型的人才。在人际交往方面能够做到与人为善，朋友不求多，但求精。

要学会表现自己，专业上的欠缺在大学期间还可以巩固，但是要有自己的思维方式，做到细心耐心，多方面思考，有自己的价值观。能够从与我交谈中领悟到对自己有益的方面，学会做人做事的道理。

最后，望该同学享受大学的生活，展现当代年轻人的面貌与活力。

站在法的门前

宋如静

实习之路

我的导师,林华璐律师,是北京中银(杭州)律师事务所的一名优秀律师,擅长企业并购、改制,投融资,企业上市、新三板挂牌以及民商事法律服务,被浙江省经信委聘为"浙江省中小企业创业辅导师"。

林律师对其工作有着极高的专业认知和严谨的工作态度,通过言行举止可以看出林律师是一位干练的职场女性。对于律师工作来说,律师的工作态度,往往决定了律师投入到工作上的时间、精力及人力等。而律师在工作上投入的时间、精力往往又决定了律师对该项工作的熟悉程度和研究深度。记得有一天,我在朋友圈看到林律师在办公室工作到凌晨 4 点,这样的工作态度引起了我的反思。经过林律师的指导,我更加认识到做一名律师需要培养思维能力和体现在种种细节上的工作能力,让我更加了解了这个行业。不满足于一般的工作表现,做到近乎完美,才能成为不可或缺的优秀人才。

实践感悟

(一)实习过程及内容

1. 熟悉律所结构和运作方式

怀着满心期待和憧憬,我踏入律所,最开始觉得迷茫陌生,后来逐渐熟悉了未来职业生涯的日常生活。

第一天,在行政人员的带领下,我来到了自己的办公桌,在方格间有了自己的一席之地。随后,我了解了律所的各部门,并熟悉了律所的业务范围、工作流程、实习生管理制度等。北京中银律师事务所在金融、证券和国际法律事务等业务领域具有丰富的从业经验，拥有一批国内一流的谙熟金融、证券、国际法律事务的资深律师，在上市公司并购重组、国际金融贸易等领域具有丰富的从业经验。中银律师总部设有十大法律业务中心，即金融证券法律服务中心、法律风险管理法律服务中心、公司业务法律服务中心、房地产与建筑工程法律服务中心、知识产权法律服务中心、国际业务法律服务中心、贸易救济与 WTO 法律服务中心、争议解决法律服务中心、刑事法律服务中心和不良资产法律服务中心，根据业务管理的需要，各业务中心下设若干不同的业务部门。

2. 了解律师的主要工作

在辅助律师的这个过程中，我逐渐了解了律师工作的日常和核心。由于我的实务导师是一名非诉律师，所以我这次接触的也主要是非诉业务。

短短的实习让我深有感触。首先，律师是一个自由职业。区别于法院里的工作，律师并没有朝九晚五的固定工作时间，但是时刻都在为了工作奔波，也会深夜加班到很晚。其次，非诉业务一般时间跨度长达几个月、半年甚至好几年，所以非诉业务难度大、强度高、专业性强。非诉律师的日常工作有：写法律尽职调查，对企业进行投资决策；拟写审核法律意见书等文件，帮助企业上市；与客户、其他中介机构（如对家律师、券商、审计师、评估师等）时时沟通，大量琐碎的法律研究，给官方机构打电话咨询法律实操问题等。总之非诉律师的日常工作就是为客户设计方案、解决问题，也可以说，非诉业务是一份完整的法律尽职调查报告、一份法律意见书、一套交易文件、无数个沟通电话、无数个细小法律问题的研究结果汇集而成的。

律师是实践性很强的职业，丰富的实践经验有时会比精专的法律知识更为重要。法律是不断更新的，律师也要时刻去学习新的法律法规、新的政策。律师是为客户服务的职业，经常与人交流，所以需要树立一种专业的气质，在言行举止中提高客户对自己的信赖度。

3. 接触非诉实务工作、进行拓展性研究

(1)发票报销与企业税务报告。在实习的第一周我了解了报销流程，包括发票报销制度，可用于报销的票据种类，贴发票，统计报销数额等。我还整理了律师的发票，对照律所发票报销制度确定了可报销项目，将差旅费、办公费的发票按时间顺序粘贴进行分类报销。在和财务的多次接触中，我对发票报销制度以及企业税收管理制度有了一个具体的认识。虽然在这简单的工作中我也遇到了不少困难，但是在询问各方人士并进行自主网络学习后，这些困难都得到了相应的解决。这第一项任务就让我了解到，在职场中工作要十分严谨，就算是一个职场新人的简单工作都包含了很多需要学习的技巧。

第二周，从发票报销制度出发，通过自主学习和与律师交流，我了解并归纳

了纳税税种、不同企业的税收制度、不同企业间成本核算机制、企业内部节税的税收筹划方案，整合文件和相关知识撰写了一个企业纳税报告。并且，我针对律师事务所的实际纳税情况，也拟制了一个事务所节税方案。就如林律师所说，律师的工作就是一个发现问题、分析问题、解决问题的过程，其中最为重要的核心就是整个方案的思路和脉络，有了这个思路和脉络，再进行法条和案例的佐证，最后总结归纳出几个从不同角度出发的方案。我根据律师的指导和多方检索写出了一个具体而又清晰的报告，并且也了解了一个企业在运行中降低成本、规避风险的具体方法。虽然在接触这项任务之初我很迷茫，也不知道从何处下手，但是在与林律师交流后，在脑海中逐渐形成了一个大概的体系和概念，也分角度和模块去整理报告。在拟写报告的过程中，我也自主学习了各种企业的税收管理制度，以及个人所得税等税款的征收办法，在这次实践中我也巩固了自己的专业知识。

(2)归纳整理劳动法律法规与撰写孕期员工辞退报告。第三周，在前一周拟写报告的基础之上，我又接到了新的任务：整理归纳全部与劳动法相关的法律法规、地方性法规、部门规章、司法解释、法院文件、内部审判纪要，集合成册，并按照法律效力等级排序；撰写一个企业孕期员工辞退法律研究报告，从员工维权和企业如何合法辞退孕期员工两方面制定相应方案。

在有了拟写报告的经验后，面对这次的任务，我不再迷茫和不知所措，而是显得有些游刃有余。通过一定的检索技巧，我高效地将与劳动有关的法律法规以颁布时间、法律位阶进行了归纳，并针对孕期员工辞退问题提取出了相关的法条作为法律参考依据。在林律师的指导下，我运用三段论的方式拟写了整个报告：法律依据，案例对比与证据证明，结论与方案。我也意识到法条的时间和效力的重要性，这些是我原来忽视的，于是我更加严谨地比对法条之间的效力、颁布时间以及新旧法条之间的差异，做出一定修正，这是报告的基础和我迈出的第一步。

随后我从员工维权和企业合法辞退员工两个角度做出具体方案。在这几周的实习中我认为拟写这个报告令我收获最多。在此期间，我深刻认识到在实务中法条知识笼统的规定，律师应该通过分析法律法规规定的一字一句去找突破口，比如《劳动合同法》第三十九条规定，劳动者有下列情形之一的，用人单位可以解除劳动合同：(一)在试用期间被证明不符合录用条件的。(二)严重违反用人单位的规章制度的。(三)严重失职，营私舞弊，给用人单位造成重大损害的。(四)劳动者同时与其他用人单位建立劳动关系，对完成本单位的工作任务造成严重影响，或者经用人单位提出，拒不改正的……律师在面临这个问题时，会从细节逐个将法条表述分析，从而寻找证据点。比如需要分析什么叫试用期间，用人单位是否有有效的规章制度，具体失职行为界限和尺度是什么等。

第三周的实习让我更加深刻地体会到了做律师不仅要有严谨的逻辑思维，还需要具备很好的写作能力。客户选择你而不选择他区别就在于你的一份文件各个细节都是完美的，内容也好，格式也好，甚至是封面都是要完美的，要客户觉得你是可靠的，是独一无二的选择。

4. 参与外部会议，了解谈判的真实情况，掌握谈判技巧

我所参加的这次会议安排在了某集团的董事长会议室里。参加会议首先得有个良好的形象和态度。在实习期间，林律师要求我们着正装。虽然说衣着外表不能代表一个人的内在品质，但是在律师职业中衣着很大程度体现了律师尊重客户、重视业务的专业态度。态度决定成败，细节决定一切。

在与客户的谈话中，虽然我只是充当一个记录员的角色，但是在林老师与客户接触中也是耳濡目染，掌握了一定的谈话技巧。唯有自己掌握了最扎实的专业技能才能给客户和自己谋求最大的利益。

5. 掌握基础办公技能，提高了资料检索的技能

在每天的日常工作中，我也发现基础办公技能是职场必备的基础技能，同时也在实习过程中掌握了这些技能，比如打印、复印、传真、碎纸等。掌握这些技能大大提高了我的工作效率。

(二)实习主要收获和体会

这次实习经历弥足珍贵，我收获了很多在大学里根本无法学到的经验。除了对非诉业务有了大体了解，并熟悉了一些公司企业业务的具体操作之外，我提高了自己的专业水平，同时我也收获了很多在社会立足和人际交往方面的经验和教训。作为一个大一尚且稚嫩的大学生，这次实习是我之后走入社会前一次充满挑战的锻炼，也让我对未来的职业生涯有了更好的规划。

首先，在实务中我发现了书本理论知识与实务的差距。在导师指导下，我通过自主学习和深入研究了解了企业内部税务、企业股东大会、企业清算问题和企业解雇员工的问题。在此过程中，我提高了发现问题、自主分析问题、寻求各方资源解决问题的各种能力。可能短短几周对专业知识的了解还不算熟悉，但是培养一种自主解决问题的思维能力才是实习的意义所在。

其次，在草拟报告中，我理清了解决问题的思路和报告的整体框架，学会了运用三段论论证的方法。我的逻辑思维能力也随之提高，在整理报告时思路也更清晰，这些也对我将来写论文有一定的帮助。同时格式的严谨也是至关重要的，在没有现成模板的情况下，从一份文件的格式、封面、装订结构就可以看出一个人是否可以信赖。所以我也时刻提醒自己要把每一件事的细节做得近乎

完美，时刻用严谨的态度对待学习和工作。

最后，在实习过程中，我进入了一种职场打拼的状态，朝九晚五的作息让我有了职业生涯的实感。我也感受到了律师这个职业的魅力，在林律师身边我了解到了律师接手的非诉业务和日常的工作状态。林律师的一言一行也都体现着职场女律师的气质，在这次实习后我也坚定了信心，以后要成为像她一样优秀的人。在与当事人谈判中，我发现，当事人对自己所面临的问题也做了很多的了解，那么律师就更应该加强对自己的要求，提高专业知识，才能体现出自己的价值，取得客户的信赖。律师团队氛围融洽也会提高业务的效率，在面对团队和客户时，自己的言行举止都显得十分重要。在社会交往中，我们应该明确自己的位置，真诚待人，努力工作。但是不是所有人都是优秀的人，我们也会遇见投机取巧的人，这是难免的，在面对这些人的时候更应该时刻提醒自己要通过正当的渠道达到自己预想的目的。明确自己面对什么样的人要说什么样的话，在职场这潭摸不清的深水中生存，就需要掌握做人处事的技能，才能在其中游刃有余。

总之，短短几周的实习，让我更加体会到未来步入社会将面对的艰难险阻，也认清了自己目前的不足。这次的经历会时刻陪伴我，让我脚踏实地在巩固专业知识的同时，磨砺自己，提高能力，成为一个优秀的人。

导师寄语①

普通大众对于律师这个职业都怀有一种美好的想象，这种想象在年轻的法学学子身上又表现得格外纯粹，港澳地区的法政剧集以及英美法系律政一体的现实都为这个行业包裹上了一层格外诱人的糖衣，尤其是非诉律师，更以“三高”受人瞩目——“高层次、高收入、高强度”，于是乎大家熙熙攘攘，前仆后继，却又戛然而止。基于多年负责律师助理的招聘经验，大部分想从事非诉业务的年轻人大多无法坚持过半年，除去个体的差异，大多还是因为“理想很丰满而现实很骨感”，对行业和职业的感受基本来自想象而非真实的个体体验。律师这个行业要求从业人员有着非常强的主动性。除却在校期间和助理期内能获得学校及指导律师的一些指导以外，整体执业生涯基本都是一个自我进化的过程。需要长期保持一种工作、学习、沟通上的热情而非短暂的幻想，正所谓乍见之欢不如久处不厌。

大学四年既是学习专业知识亦是积累专业热情、拓展职业技能的绝佳时段。在确定未来发展的一个基本方向后，即可开始构建自身未来发展的架构，

---

① 林华璐，北京中银（杭州）律师事务所律师。

并拓展基于此而需要增长的技能，补充掌握法学专业之外的其他知识，考取部分相关的专业证书。

如静本身拥有不错的沟通交流能力，为人处事积极主动，同时基于其兴趣偏好和竞争优劣势，如果对非诉业务领域抱有好奇和热情，愿意进入律师行业并进一步发展，可适当拣修语言类课程，提升自身在专业精分领域的竞争优势，避免在传统律师业务核心领域进行非专业技能的竞争，同时扩充目标律师业务行业的专项知识储备，并据此发挥自身最大的热情和优势。最后，愿你学你所爱，爱你所学，并在以后的学习和工作中不断强化自身的个性和精神。

缘法而行，发蒙启滞

——浙江智仁律师事务所实习体会

宋亚琼

实习之路

马宏利律师是我的实务导师。他是浙江智仁律师事务所的主任，主要从事建筑、房地产，公司业务，行政诉讼等领域；曾获杭州市优秀律师、杭州市优秀仲裁员、杭州市优秀盟员、滨江区优秀政协委员等荣誉。马老师的职业素养让人钦佩、敬仰，正如他的执业格言：博学、慎思、明辨、笃行。

马老师为人随和，阅历丰富，睿智豁达，在学习生活中给予了我们很多关怀和帮助。初见马老师，觉得他是一位和蔼的长辈，亲切地和我们打招呼，带我们熟悉了解智仁律师事务所。印象最深刻的是马老师的笑容，明朗温暖，平易近人。

由于马老师平时工作较为繁忙，在实习期间主要由余春红律师指导我。

余律师是一位专业、敬业、让人敬重的律师，她是浙江智仁律师事务所的合伙人，擅长并购重组、金融银行业务、企业境内外上市等业务，并为多家外商投资企业和多家外资银行等提供常年或专项法律服务。

余老师知性干练，落落大方，从她身上我真切地感受到了法律人所沉淀的素养。余老师很有魅力，待人接物都有其独特的方式，她爽朗的性格、缜密的思维、认真严谨的工作态度、沉着冷静的处事风格无一不深深地感染着我。

实践感悟

古语曰：缘法而治。于是，缘法而行，我们走入了法律之门，踏进了法律殿堂，迈上了法律之路。

霍姆斯曾说："法律的生命从来不是逻辑，而是经验。"于是，我们缘法而行，在探寻、实践法律的道路上发蒙启滞。

7月伊始,我和同学有幸来到了浙江智仁律师事务所,开始了为期近一个月的暑期实习。这次实习不仅增长了我们的专业知识和实务经验,更开阔了我们的眼界,让我们学习了为人处世之道。

(一)智者洞先机,仁者济天下

在智仁律师事务所实习时,其上善若水、厚德载物般的文化底蕴对我有着强烈的吸引力,也对我的职业向往有着深厚的影响。

智者洞先机,仁者济天下。这是对智仁的完美诠释。

智,知也。无所不知也。作为律师,一群立志为中小企业提供法律服务为核心业务的律师,不仅要掌握法律专业,更要知道企业经营之道,且与时俱进。子曰:"或生而知之;或学而知之;或困而知之;及其知之,一也。"(《中庸·第二十章》)欲智者,需一日一学,需一日一思,需一日一决。如此,智者方能动行机。

仁,亲也。真正的"仁者",看事客观,心态正面,为人忠厚,方向正确,思想积极,以期诸多的事务因之而可以愈加正向、阳光、明晰、和善,积极的成长与发展为本质方向。故仁者可济天下。

智仁律师,三达德者也。律师知荣辱的天性和道德的天性必须要高于社会,否则无法以律师立足。故凡律师者,皆具勇。若律师同时能够拥有"智"与"仁",则"智仁律师"可法务天下,法度天下,从而实现"法治天下"。

在"睿智、大气、向善、幸福"的浙江智仁律师事务所实习,我很荣幸。这里的文化氛围勾起了我对成为一个合格的法律人的向往与憧憬,我立志成为一名坚守初心、忠厚正向、干练勇敢的律师。

(二)人多智广,群策群力

英国诗人约翰堂恩写下了一首诗,海明威引用了其中的片段:"谁都不是一座岛屿,自成一体;每个人都是那广袤大陆的一部分。如果海浪冲刷掉一个土块,欧洲就少了一点;如果一个海角,如果你朋友或你自己的庄园被冲掉,也是如此。任何人的死亡使我受到损失,因为我包孕在人类之中。所以别去打听丧钟为谁而鸣,它为你敲响。"

每一个人,都不是一座孤岛。每一个人,都是广袤大陆的一部分。

每一个人,都不是单独的个体。每一个人,都是团队中的一员。

我所在的资本市场部团队每周都会至少开一次集体会议,交流大家正在做的项目,一起提建议、审阅、修改。在开会过程中,虽然由于专业知识不足,我对于这些项目并不是很清楚,但是我能真切地感受到那种大家一起工作,集思广益、团队协作的精神。

在团队中，我学习到了很多，不仅仅是专业知识和实务经验，更多的是对于团队合作的理解和感悟。

俗话说，“三个臭皮匠，赛过诸葛亮”。一人不敌众人智，团队的力量是远远大过一个人的。一份法律意见书需要科学的分析、严密的论证，然而一个人往往有固定的逻辑思维，并不能考虑得十分周全、详尽，这就需要团队的力量。每一份法律意见书都是一整个团队共同努力的结果。

在现代社会，成功的人不仅需要拥有自己独特的才华，更需要拥有团队协作能力。

(三)知出乎争，知以藏往

犹记得在大一下学期，经济法曾老师让我们写过一份交通事故起诉状。当时，他并没有告诉我们应该怎么写，只是给了我们一叠证据材料让我们自己去摸索、模仿、成稿。他说，很多东西是没人教你的，是需要自学的。

当时，我觉得曾老师说得挺有道理的。并不是在所有时候你的身边都恰好站着一个老师，他会手把手地教你做事。其实很多时候尽管老师会提点，会给予指导，但自己真正想要去学习，真正想要把一件事情做好，想要把这些变成自己的，就只能自学。自学的能力是十分重要的。

那天余律师和我说了相同的话，她让我帮忙起草一份离婚起诉状，去网上搜索模板，并且交代了小师姐帮助我。我十分感谢小师姐放下了手头正在忙的工作，来帮助我写起诉状。小师姐从我一开始进入律所实习就给予了我很多的帮助，也是我在团队里除了洪律师和余律师之外认识的第一个人。在小师姐的热心帮助下，我完成了离婚起诉状的书写。

后来，余律师修改了我的起诉状，和我分享交流了经验，告诉了我起诉状的几个要点，尤其是对事实与理由的陈述。

曾老师和余律师指导的两份起诉状呈现了不同的风格，也许是因为案件的类型和情况不同。曾老师要求凡事巨细，能写多清楚就写多清楚，尤其是对于赔偿的具体情况和理由；而余律师则要求简明扼要，简述事情经过、诉讼理由及诉讼过程。余律师认为事实与理由不用太过详细，不需要列举法条，否则在法庭上容易被对方驳倒。

不同的律师有自己独特的风格，法律文书的书写也有自己的习惯特点。知出乎争，知以藏往。实践出真知，经验往往来源于实务。纸上得来终觉浅，绝知此事要躬行。只有不断地去接触，不断地去尝试，不断地去摸索，才能总结经验教训，并将其转化为内在的力量存储起来。

(四)待人接物,悉心戮力

实习期间,团队里的大师姐感冒十分严重,她的咳嗽声不断地从工作间的对面传来。但她十分令人敬佩,并没有因为生病而请假,也没有丝毫的抱怨,而是一直矩周规值、慎始敬终地工作。

这时,我才真正体会到原来作为一名律师并不是我所想象的那样。曾经的我,只看到了律师光鲜的那一面,他们有着沉稳的气质,优渥的薪水。然而事实并非如此,各行各业都是一样的,想要成功就得靠自己脚踏实地的努力,不管再累再辛苦,工作就是工作,不管怎样还是得去完成。

大师姐很年轻,却是团队里除了洪律师和余律师外,在律所时间最久、资历最老的律师了。她为人随和,性格开朗,人情练达,遇事豁达,正是"宠辱不惊,闲看庭前花开花落;去留无意,漫随天外云卷云舒"。同时,大师姐工作起来负责、专业,胆大心细,严谨甚微,从容淡定,在开会交流中总能提出针对性的建议。

师兄师姐们一直是我努力学习的榜样,不论是在为人处世,还是职业素养上,他们都已能独当一面。虽然他们与我年纪相差甚小,但他们一直很关照我,我真的很感谢他们,希望自己也能像他们那样,成为优秀的法律人士,拥有成熟理智的头脑和一颗乐于助人的爱心。

(五)以梦为马,不负韶华

法律犹如一面魔镜,我们看到其中映射出的不仅有我们的生活,还有所有前人的生活!每当思考这个宏大的主题时,我们的双目也为之晕眩。如果我们打算将法律作为我们的情人来谈论的话,只能用持久而孤寂的激情来追求它——只有当人们像对待神祇一样倾尽全部所能,才能赢得她的芳心。

实习之前的我,还是一张白纸,没有扎实的专业知识基础,也没有丰富的实务经验。这次的实习启发蒙昧,对我的职业生涯规划有了很大的启示。

生活中处处有法,法就在我们的身边。学习法,并不局限于特定场合,而要以发散性的思维去碰撞、摩擦、闪光。法律之路,一直前行,永无止境。

在大学阶段,我要做的是夯实基础,笃实好学,兢兢业业,培养法学思维,学好专业知识。同时,多参加法律实践活动,累积实务经验,拓宽个人眼界,培养法律职业素养和能力。

以梦为马,不负韶华。路很遥远,但只要心在前行,便触手可及。

繁华的人生,简单面对;喧闹的世界,坚守自我。

我立志成为一个真正的法律人,一名坚守初心、忠厚正向、干练勇敢的律师。

导师寄语①

宋亚琼同学于2016年7月5日起在我单位实习，实习期为一个月。实习期间，她的突出表现得到了领导和同事们的一致称赞和肯定。

小宋同学在实习期间的主要工作安排是为实习指导老师装订历史案卷，并协助同事办理各项辅助工作。小宋同学工作认真负责，展示出比较扎实的法律基本功，在整理案卷的过程中对各类不同的案件都能提出自己比较有深度的想法和思路。档案中缺少的文书和文件，也能在指导老师的指导下，较好地制作补充，反映出她的思路比较严密。小宋同学能虚心接受指导律师的意见，认真积极地完成指导老师交代的各项任务，谦虚谨慎，勤奋好学，综合素质较高。

同时，对于律师事务所其他同事安排她临时协助的事项，她也能认真执行，和事务所同事之间相处融洽，有很好的团队合作协调能力。

小宋同学尊敬他人，待人诚恳，能够积极主动地向其他律师学习，弥补自己的不足。同时，遵守律师职业道德执业纪律，服从律师事务所的管理，得到了同事们的一致好评，对该同学的表现都予以肯定。

小宋同学的责任心很强，有奉献精神和团队意识，对自己将来要从事的法律工作意志坚定，初步具备了法律以及必要的管理、文秘等相关知识及实践技能。经在本所一个月时间的实习，她已基本掌握了简单的文书写作、法律咨询技能、简单的代理诉讼与非诉讼技能，能够胜任一般的法律咨询接待、会务安排、文书档案整理等法律职业辅助工作，故在此予以表扬，望在以后的学习生活中有更优异的表现，也欢迎小宋同学以后继续来事务所实习工作。

① 马宏利，浙江智仁律师事务所律师。

方寸间,天下法

——浙江浙联(萧山)律师事务所实习体会

王　耕

实习之路

"源头活水"在朱熹的诗句中是知识的起点。不论是像我们这些法科新生一样刚刚开始了解自己所学领域的"新瓜蛋子",还是像来波导师一样不仅自己能够独当一面地处理各种各样金融行业的法律业务,而且能够合理地安排律所当中的工作,让整个律所富有活力并且实力蒸蒸日上的律界前辈,都是需要通过不断的学习来获取知识,让自己整个人如"明鉴清湖"般持续不断地拥有着昂扬的动力,提升自我的水平。在律所实习期间,来波老师作为我的实务导师,在一些案件或是项目上总是能够启发我对于法律基本知识的了解,在平时的一些细节中也让人了解到她作为一个热爱生活的人对于自己的新视界的拓展。

记得在律所实习时参与的第一个业务就是来老师亲自出马主办的,对方是我们的老客户。据老师说,当年这个公司刚刚起步的时候双方就有密切的合作。当时来老师看过对方提供的文件后用了十分短暂的时间便给出了专业细致的意见,其中当然也包括很多我所不能凭借现有知识理解的部分。一开始我还是很为此苦恼的,不过在几天后的总结小会上,来老师特地请一起负责的施律师在文案上做了详细、基础的注释,不仅包括法律原则法律条文的具体内容,还有一些行业的经验也写了进去,这样我之前的疑虑都一扫而空了,并且由于是真实的案例解析,使得自己的知识也能够更好地存储起来。

生活中的来老师十分关心自己的家庭。有一次她讲到自己很少有闲暇的精力去学习自己工作领域以外的事物,但在家人的鼓励下,她仍然为了将来外出的行程去学习外语,这种精神有些时候反而正是当代的一些年轻人在纷杂的物质社会所欠缺的。

所以说,来老师对于我而言,不仅自己不断汲取新的知识,成为我们这些后辈的榜样;在专业领域,自己更是不遗余力成为新人们的"源头活水",为我们的前进提供帮助,这正是优秀的法律从业者所散发出来的光芒,是对整个行业前进的贡献,而我们也将心怀感激与信心,踏上成为像来老师这样的法律人的道路。

实践感悟

(一)逢敌亮剑

大一结业的暑假,夏日,初识法律的法科生。说实话,自己对于法律行业的认识还仅限于刑侦律政题材的电视剧或者小说之类,课本上接触到的知识更是不能与现实生活联系起来。单凭着这样的想法,说对实实在在的律师事务所当中的实习工作一点没压力想必是不现实的,于是便怀着忐忑的心情,开始了为期一个月的实习。

在负责人施律师的带领下参观过整个律所之后,和施律师的一席谈话让我明白在律所实习的预期和目标,包括在接下来的实习学习中要做的事和能够从实习生活中了解并且提升的知识内涵:作为刚刚接触专业一年的学生,在实习过程中我们贯彻的思路就是了解“什么是一名律师”“律师的工作内容是什么”。从打印复印,装订材料和卷宗开始,到旁听完整的一项法律业务并且去理解其中的法律依据,一定要先观察,然后从细节上去思考,也许看起来都是一些专业工作的附属劳动,但是从这些细微的工作做起,才能更好地在整个法律体系的框架及法律行业的结构中寻找我们的起点。就如同打仗时手中的兵器,法律不仅是保障人民合法权益的武器,更是法律人守护自己,提供各项法律服务的依据,逢敌先亮剑,我们要从现在起时刻去了解时刻去学习法律业务的每一个细节,才能让自己在自己选择的法律行业更好地前进。施律师一席话令我感慨颇多,使我能够怀揣信心,充满希望地迎接接下来的实习生活。

(二)张弛有度

即便如此,当自己坐在事务所安排的办公室里质感十足的座椅上的时候,还是感到些许不自在——尽管这种感觉只持续了几十秒,毕竟办公室里面不止我一个人,工作起来还是要像个样子的。

年轻英俊的张律师负责统筹安排事务所的学习计划,不知道是不是由于这个头衔,每次他坐在我后面的位置敲击键盘的时候我就不由自主地盘算下一次学习小会的时间。说到这个学习会议呢,是事务所提前安排学习的内容(大多是结合实例的法律原则以及通用的法律概念深入探析的知识汇总)。第一次参加学习的时候真的没有想到事务所会有如此浓厚的学习气氛的会议,而确定会议主题以及日程安排的就是张律师。

实际上，能将律师行业的业务处理得有声有色，甚至谈笑风生、游刃有余之类的也许只是我们这些新人对于一个行业最初的幻想，然后不得不面对烦琐的工作，但是在张律师身上我看到了这种幻想也是可以实现的：时刻上扬的嘴角，欢快的语调，工作时不仅严谨而且充满活力。平日里张律师爱好很多，他对工作和平日的休闲时光怀有同样的热爱。在法律业务上一丝不苟的同时，他可以用自己对工作的热情感染周围每个人，也包括我。我看到了张律师身上有我未来想要努力塑造出的工作态度：严谨又不失热情，一丝不苟的同时又能游刃有余，在这背后，想必是扎实的知识储备和丰富的业务经验及日积月累的沉淀，毕竟张弛有度，可不只是看上去那么轻松。

（三）规矩方圆

程序法在法律大家庭中占有相当的地位，不夸张地说，它是律师起步的必经之路。在律所实习的过程中做得最多的工作就是整理档案了：将律师前辈们之前参与诉讼过程的所有文件从档案袋中取出再按顺序整理、装订、编码，最后完成严谨的结构下的一份完整的律师受理诉讼档案。一遍遍地重复，有时感到有些厌烦的我却能够明白，所有的不能有一丝疏漏的细节体现的就是庞大的法律体系下诉讼程序的严谨性。

“程序法的形式和内容在我国整个法律结构当中尤为重要，特别其形式是相当重要的，维系着整个诉讼体系。”戚律师的话我不是很懂，不过对照她对我说过的另一句话来看，我还是应该在见过这层层严密的程序之后，在课堂上真正地去理解。我能够大概体会到的是，法律作为一种社会规范，其存在的重要意义之一，即为严格地约束和保障人们去行使和履行自己的权利义务。那么其严谨性、程序性就显得尤为重要。作为解决民事刑事争端的诉讼过程，其流程的规范自然就成了重中之重。换言之，在群众法律意识日渐增强的今天，事务所以及律师本身，在办理以代理诉讼业务为主的法律业务时，更加需要保证对业务记录的严格整理。黑格尔说，“秩序是自由的第一条件”，理由无外乎是，有了程序法，人们才能够最大限度地维护自己的合理权益，毕竟自由不是放纵，程序法下的所有人正因森严的法律程序才不必顾虑自己在日常生活中可能会遭遇的一些欺骗和恶行，他们可以依靠法律裁判寻求真相与正义。

（四）迈向法道

张律师有一次看我津津有味地阅读他办过的案子的判决书，只扫了一眼，便带着几分无奈的语气告诉我，这个案子委托人能提供的相关的证据十分缺乏，尽管事务所已经提出了这一点，但还是在当事人的强烈要求下选择诉讼途径解决纠纷，所以最后也只能是遗憾收场。

很多人片面地认为，法律一定能匡扶正义；很多人消极地认为，法律离自己太远，没法保护自己作为一个普通公民的权益。消除后者正是普法的意义，而前者所想恐怕才真是法律内涵的解读过程。

包括我自己在内，相信很多人对法律学科抱有期待的想法源于日本著名律政喜剧《胜利即是正义》。剧中主角无数次告诉观众，世界上没有正义与邪恶，只有胜利与失败。在你看来诉讼中是善良的一方，比如讨债未果的劳工，人们往往带着"怜悯之心"和制裁"高位强权"的想法一边倒地去支持，然而事实恐怕并不只是这么简单，在你看来善良纯洁的劳工也许是因为一而再再而三地被公司发现有偷窃行为才被开除，而公司是因为一笔救助贷款没有收回才发不出工资，如果这样看，谁才是正义？一个人一件事能不能只用这几个词去定义？所以说法律能否匡扶正义并不重要，重要的是法官能否根据双方提供的证据材料做出合理的判决，毕竟两者一定有一方在纠纷中做得更"好"，更适应法律和社会的需求，而诉讼即是找到这一方的过程。

标题中法道的道，并不是"老庄"口中的虚无缥缈的道，而是《论语》中"君子务本，本立而道生"的道。有了治国之本的法律条文，法道，正在用它一贯秉承的态度去衡量人世间的对错，并清晰、公正辨别之，这也正是法律重要的内涵，是我们对于法律的期待与敬畏之中需要真正去认识的道理。

（五）一即是全

在人们的印象中，即使是在事务所工作的律师，委托业务也基本上都是自己完成的，不过在公司制的事务所下很多东西会显得不一样，不仅包括之前提到的学习会议，在遇到涉及多领域的法律知识的业务中，各个律师也会协同合作。在这样的氛围下，整个律所的一体性显得尤为突出——所有的律师能够为了提升整个律所的实力和知名度而奋力工作，就像法律的形式——分散的各种法律围绕宪法成为一个整体，在经济活动愈发频繁的当代社会，这种尝试显得尤为具有前瞻性，这也是这次实习中体会最深的东西：如果"全"能够化为"一"，而"一"也能化为"全"，才是一个完整的集体，而包括浙联在内的所有的中国法律集体也正为此不懈奋斗。

所以说在事务所实习是一种不可多得的机会，我们体验到的不仅仅是一种岗位、一种工作的经历，国家的治国思路，政府调控经济的理念，以及我们每个人处理各种各样的纠纷的途径在这里都可窥见一斑。也许只是一个办公室，一张桌，两个人，一盏茶的工夫，也凝结了思绪的重叠和智慧的爆发，不禁令人感慨，越是方寸之地，越见天下之大法。希望自己能够将这段经历作为重要的财富，化为自己在法律之路上不断探索的力量。

导师寄语①

王耕同学：你在浙联（萧山）律师事务所实习期间，保持了积极学习的良好习惯和一丝不苟的认真态度，想必你在这里成长了许多，亲身了解到了法律行业的细节以及法律工作者的实际情况。购销合同的修改案例，我们单独强调了合同当中不合理的部分以及修改的原因和考量的因素，尽管当时你对于《债权法》还没有系统的学习，但是经过实际的例子，希望你能够学习债权特别是合同当中如何纠错，以及如何在保证己方当事人利益的情况下推动合同有效地实施。在当今社会，堪称社会精英的有半壁江山是归属法律界的。国外很多政界要人，都是学习法律出身的。从人生价值来讲，法律人士所从事的工作最符合“人生的价值不在于你向社会索取了多少，而是你为社会贡献了多少”的标准，因为他们总是为人们的权益而工作，在实现了当事人的利益的同时，才能实现自己的价值。

我们事务所的氛围以及工作流程都向你表明我们是一个团队合作的模式，从事法律行业一定会有自己专精的方面，这就更需要明白，当你在遇到涉及多个领域的业务的时候，法律工作中合作分工才具有重要性，记得充分动用你的所有资源，保证你可以解决遇到的问题。

希望你在接下来的学习过程中，刻苦钻研并且掌握课堂上学习的理论知识，也不要忘了充分结合实际例子以及实践活动。希望你今后可以取得更好的成绩，期待你的进步。

① 来波，浙江浙联（萧山）律师事务所律师。

在微风中感受法律的春天

——浙江泽大律师事务所实习体会

王婧鹏

实习之路

我的导师是浙江泽大律师事务所的张震宇律师。在我眼中,他是一个传奇。

他是浙江泽大律师事务所副主任,浙江省律师协会金融与保险专委会副主任。一年半的时间从助理律师晋升为独立律师,两年后变身二级合伙人,现在已经成为所在的浙江泽大律师事务所的副主任,他的晋升速度不可谓不快,这离不开他对自己的高标准、严要求。我曾看过一篇对他的报道,那篇文章中写出了他对自己的高标准、严要求:“做助理律师的时候把自己想象成是独立律师,成为独立律师后用二级合伙人的标准来要求自己。”他一直认为,如果一个律师只会做好自己的本职工作,上级交代什么就按部就班地去完成,而没有自己独立思考的能力,那么他能够期待的就只有随着年龄工龄增长而带来的职位的自然上升,而不会有特别的建树。相反,在每一个阶段都对自己有更高定位的人,绝不会让自己的思维模式定型,即使是一个小案子,他们也会从多方面去发散思维,寻求另一条可能的解决路径。“想要爆发性的增长,就必须体现自己与别人的差异性,发挥自己的优势。”他是这么忠告我的。

今年初,张律师还当选了浙江省律师协会金融与保险专委会副主任。站在更高起点的他也想好了施行的理念——与致力于从事金融、保险业务的律师一起,开展业务理论研讨和交流,起草相关业务流程及法律服务产品,提出立法、司法和执法建议,维护律师的合法权益,为全省律师在金融、保险领域的法律业务专业化、规范化做贡献。

实践感悟

2016 年 7 月 4 日，我开始了我的实习。

严格来说，这并未算得上是真正的法律意义上的实习，因为我还未通过司法考试，既无实习证导致无法计算实习期，也未与律所签订书面劳动合同因而无正式身份，因此这次“实习”只能算是一般意义上的学习或社会实践，只是为了将我在学校所学的知识与实践相结合，但我仍然从中获益良多。

从踏进律所大门的那一刻开始就提心吊胆，担心一不小心就做错什么，但又有股莫名的壮志豪情，一心想要一个的完美实习生涯。小心翼翼，却又饱含希望。

一心想要好好做事，谁能想一开始就出了状况。助理姐姐告诉我们电脑是必备品，然而我和同学却都忘了带，于是第一天就在看其他人实习的过程中度过了。如今想来也觉得很尴尬。

第二天开始，我的实习生活步入正轨。我学会了怎样整理卷宗、对卷宗进行编码以及整理文书；怎样做法律检索，并写出一份详细专业的法律检索报告；撰写一些力所能及的法律文书，如起诉状、辩护词等，当然最后还要经过指导律师的修改……

整理卷宗，了解整个办案流程和司法程序。整理卷宗几乎是每个法学专业的实习生都要做的事。整理卷宗，看似简单的工作其实在没做之前还是需要时间去熟悉和掌握的，比如装订次序排列就和办案流程紧密相关，也和相应的司法程序相对应。因此，只要用心，通过整理卷宗就可以了解并熟悉律师的办案流程及相应的司法程序，这很重要。我并没有因为工作的繁杂而轻易放弃，相反我很有兴趣并在其中学习到很多东西。

学习做法律检索并且撰写一份详细的法律检索报告。实习的第一周，律所就安排了一个专门进修过法律检索相关课程的助理律师给我们这些实习生上课，让我们初步学习法律检索的基本步骤和相关报告的书写要求。一份相对完整的法律检索报告，需要搜索无数个相关案例，查找尽可能多的裁判文书，按地区、按裁判法庭的等级分类，然后汇总、筛选、撰写报告。所有的过程都在考验一个人的耐心，因此我觉得我还要继续努力。

撰写法律文书，可以运用法律知识并弥补知识上的不足，积累实践经验。我们在学校还没有学习法律文书，实习期间很多律师给了我们实习生撰写法律文书的机会，让我们初步学习最常见法律文书的写作和基本注意事项以及相关技巧。一份高质量的法律文书需要丰富的知识和经验，以及对相关法律知识的运用、配合才能写成功。撰写法律文书时，我明显感到自己知识的匮乏和经验的缺失，让我明白应该更加努力学习和积累，慢慢取得进步。

让我学到东西最多的就是实务导师张律师让我分析的一个房屋租赁合同纠纷的案子。专业知识不足，实践经验不够，导致我花费了很多的精力放在对这个案子的分析上。对于这个案子，首先我只是把它当成一个普通的房屋租赁合同纠纷来处理，所以写的第一份分析报告就是按照一般思维写的。但是在之后我问了其他的助理姐姐，发现这个案子之中有一个很关键的地方，就是事件双方在签订房屋租赁合同之前还签订了一份房屋转让预约合同，所以我们分析，双方签订这份房屋租赁合同的目的是承租人想购买这套房产，并希望能够避免一部分税费。之后再向老师陈述我的看法时，采取了两种方向的论述：第一种是一般思维：单纯的房屋租赁关系；第二种是避税思维：租赁房屋是为了购买房屋。导师没有直白地否定我的分析，而是说出了自己的分析，这让我很是感动。他认真地告诉我，这份租赁合同是转让合同的副合同，是对购房者，也就是承租人的一种保护。他的话打开了我的思路，我不得不感慨，老师的经验确实丰富，一眼就看出了问题的关键所在，这是我们都做不到的。更难能可贵的是，他明明有那么丰厚的经验，一眼就看穿了问题所在，却没有直接否定我，而是选择说出正确答案，给我留下了反思的余地。

在律所学习到的不仅仅是法律专业的知识，更多的是做事的态度。律所的每一个人都很注重效率，不会拖拖拉拉做不完。律师说什么时间之前需要什么资料，那么助理就能在那个时间之前完成，然后尽早地交给律师。没有一个人是在虚耗时间，甚至包括我们这些实习生。在没有具体任务的时候，我们都会分到10份卷宗档案，需要我们填写封面，并且允许我们翻阅其中的内容，了解案情，了解办案步骤。我学到的另一个关于做事的态度是：想尽一切办法完成任务。实习时助理姐姐会让我给某个部门协会打电话，这个电话极难打通，需要打电话的人非常有耐心，才能够等到对方接通并回答相关问题。还会让我们给某些地方民政部门打电话，很多时候也不能接通。这时候，我选择打电话给114，询问该协会是否有另一个联系号码，然后想办法通过另一个电话号码联系到对方。所以真的在律所学习到了很多很多的东西。更难能可贵的是，所有的人都对我们很友善，都愿意教导我们，帮助我们，没有一点的不耐烦，所以我真的很感谢他们。

在短暂而充实的实习过程中，我深深地感觉到自己所学知识的匮乏，本来在学校里自以为学得还不错，但一接触到实际，才发现自己是多么的无知，这时我才真正领会到学海无涯的含义，我学到了在学校学不到的东西，这对我接下来的学习和今后走向社会参加工作无疑是很有帮助的。但是，我的缺点也暴露无遗，在今后的学习当中，我会更加努力，弥补缺陷，改正缺点。

或许这次实习最大的收获是我本人观念的转变。以前曾经认为法学这门学科暗淡无光，现在却有了一种从未有过的豁然开朗的感觉。我越来越发现自己对法学有了兴趣和信心。从律师们的身上，我感觉到了他们对法律工作的热爱，而他们的行动也证明了这一点。将对正义的追求和自我价值的实现结合在一起，这本身就是一件无上光荣的事情。我想，我今后的路还很长，当下所能够做的就只有用大量的理论知识武装自己，培养法律思维和其他基本人文素养。

时间一天天流逝，这期间有过多少的点点滴滴，只要是自己亲身经历过的，记忆都是那么清楚，我感怀于生活中的每一个瞬间。不论那时的思想单纯，还是现在的慢慢成长，一个人本性的东西很难改变，就像是已经固化在骨子里了，是铭刻进去的，难以磨灭的。一篇文章，一张照片，都是承载过去岁月和故事的载体，透过这些，我们可以看到自己当时的做事风格，回忆起那些或伤感或美好的事情。现在回过头去看，或许觉得当时的自己很傻很天真，然后会露出浅浅的笑容。

记得小时候语文老师给我们布置一篇作文，题目就是《写给未来自己的一封信》，忘记了当时自己写的是什么，只是感怀于当时我们老师的做法，多么美好且有创意的想法啊，如果这篇作文大家都还保留着的话，那么10年，20年，或者更多年以后翻出来看看，那会是什么样的感觉呢？相信对童年的回忆会迅速地涌到脑海，一幕幕熟悉的场景会从心灵深处跃然而起。小时候遥望未来的自己，给理想中的自己写信，这种方式就像是隔着不同的时空和不同时刻的人物对话一样，现在一对比，可以知道自己哪些梦想实现了，哪些目标还在坚持……这就是一种对过去美好事物留存的方式，所以现在想起来，我很感激当年的那位老师，是她当时的想法，促成了我们对美好事物的感知能力和回顾能力。

现实生活中的我们，过于忙碌的身影，除了用疲惫换来几许欣慰外，对过去的回忆能力，对未来的憧憬能力已经慢慢降低了，因为我们注重眼前和脚下，注重实际和功利。没有什么不好，但也没有什么太值得肯定，多元化的社会就会产生多元化的思维和价值观念。我只是希望自己也在努力向前的同时，为自己保留一份内心的纯真和美好。也会在某些时候悄悄回忆一下过去，算是舒缓一下身心，也算是为未来增添奋斗的力量。

2016年7月30日，我结束了我的实习，并给它画上了一个自认为圆满的句号。

导师寄语[①]

王婧鹏同学于2016年7月3日至2016年7月30日在我所进行实习。婧鹏同学在我所实习期间工作细心,充满热情,做事认真负责,能够很好地遵守我所各项规章制度,按时上班,对实务导师的工作安排认真对待,也勤于思考,积极主动地学习法律实务中遇到的新知识。

实习期间,婧鹏同学涉及的工作主要包括材料复印、法律检索、日常工作联系及法律文书起草等。对于实习中必然会遇到的材料复印、传递这类繁杂的工作,婧鹏同学均认真负责地完成。对于法律检索工作,婧鹏同学首先认真学习我所专门安排的相关法律检索课程;其后在进行法律检索的过程中,积极使用相关检索技巧,虽然工作初期出现检索内容与检索目的不符等情况,但是在完成若干个法律检索工作并进行总结后,她能很好地运用课程中所介绍的相关数据库及相关技巧,逐步完成较为完善的法律检索报告。对于日常联系工作(因非诉工作需要与相关主管单位联系),婧鹏同学承担了与中国基金业协会联络的工作,中基协的联系电话十分繁忙,很难打通,婧鹏同学通过多次联系,逐渐总结出中基协联系时间的繁忙期,并避免在这些时点联系,为律师工作提供有效帮助。对于法律文书撰写工作,由于婧鹏同学尚未系统学习合同法、物权法等核心课程,对案件法律关系的分析存在欠缺,但其在实务导师讲解案件涉及的相关法律知识后,能够主动地学习法律法规,并阅读相关书籍,并在之后与实务导师就自己的意见进行讨论,从中发现自己的不足。

综上,实习导师对王婧鹏同学在我所实习期间的表现满意。

① 张震宇,浙江泽大律师事务所律师。

进公正的云端

——浙江泽大律师事务所实习

吴 瑶

实习之路

我的导师张震宇是一个民进党党员，已经执业 12 年了，大学本科学士毕业，现担任浙江泽大律师事务所的副主任，主管非诉业务。擅长金融、证券非诉讼业务领域，曾获 2007 年度浙江省省直律师协会“优秀专业律师”、2012 年度浙江省省直律师协会“浙江省省直优秀青年律师”、2013 年度杭州仲裁委员会“优秀仲裁员”、2014 年度杭州市律师协会嘉奖。他主办了许多重大案例，如担任浙江物产集团有限公司 2005 年度至 2015 年度短期融资券、中期票据、超短融、永续中票等专项法律顾问；担任物产中大集团股份有限公司 2016 年公司债券发行专项法律顾问等。

同时，他在生活上是一位幽默风趣的人，在工作甚至做人上是一个严格有教授风度的人。治学严谨，要求严格，能深入了解学生的学习和生活状况；循循善诱，平易近人，注意启发和调动学生的积极性；不厌其烦，细心讲解，使学生有所收获；常常以理论联系实际，课上穿插实际问题，并带有他自己的人生感受，使同学们对自己所学专业有初步了解，为今后学习甚至工作打下基础。老师严于律己，工作态度认真，从不迟到早退，经常加班加点，给学生起到模范表率作用，让学生知晓自己以后将用什么样的态度去对待未来的事业。而且会教授我们一些学校所接收不到的知识，对待各种人的态度，以及对这个职业的理解，感受中国的法理人情，让我们瞬间成长成熟了许多。

实践感悟

工作真的很辛苦，你要每天处理同样的事情很多次，真的会很无聊，但是你却不得不去做，所以这次实习最先体会到的就是父母每日工作的辛苦。第

二点不得不说的就是人际关系的把握，当你从大学的象牙塔突然走向了社会大家庭，你会感受到一种极度的不适应，大家都知道社会上人际交往非常复杂，但是具体多么复杂我想也很难说清楚，只有经历了才能了解，才能有深刻的感受。大家为了工作走到一起，每一个人都有自己的思想和个性，要跟他们处理好关系得需要许多技巧，就看你怎么把握了。我想说的一点就是，在交际中既然我们不能改变一些东西，那我们就学着适应它。如果还不行，那就改变一下适应它的方法。我在这次社会实践中掌握了很多东西，最重要的就是待人接物、处理人际关系方面有了很大的进步。同时在这次实践中，我深深体会到我们必须在工作中勤于动手，慢慢琢磨，不断学习不断积累。遇到不懂的地方，自己先想方设法解决，实在不行可以虚心请教他人，而没有自学能力的人迟早要被企业和社会所淘汰。还要自强自立，一些事情要自立解决，不要过分依赖别人。现在父母不在身边，所有的事情都要靠自己。认识源于实践，实践是认识的来源说明了实践的必要性和重要性，但是并不排斥学习间接经验的必要性。一些经验可以说是老师与前辈用一生的实践得出的，是一种宝贵的财富。我们在学校学习的大部分是理论知识，即对法条法律的理解和解释，对一些司法行为的研究，对人类行为的认识，但缺乏了一种叫实践的东西。这个东西也只有实习能教会我们。但是实习的最初我们还只是个孩子，需要一些导师的引导，这个时候导师和前辈的存在就具有了非凡的意义。但我们自己也要将实践与理论相结合，在认识中不断实践，在实践中收获更多认识，要用各种经验武装自己，不断竞争，得到良性循环。

同时不得不说的是在实习中对自己本专业的理解。就像法律，当初在校学习时，我们对它的认识只是一条条冰冷、不变的法条，刻板的法规，学习着法律所具有的强制性。但是在实习时我们却感受了一种不一样的法律，它为弱者维权，最大限度地保护底层的利益的同时，还不损害一些强者的权益。它会根据不同的情况，不同的时间，不一样的目的、结果，甚至主客观意识，有着不同的处理方案。其实法律是很灵活的，融入了很多中国的文化内涵，将法理与人情相结合，走进了寻常百姓的生活，得到了更多的认可。它是公正的，严肃的，它规定着每个人内心的底线，从道德到生活，均有规定，但是在这底线之上他又给了你无限搭配的可能性，给了你对于一件事情的不同看法。就像文学上所说的“一千个人眼中有一千个哈姆雷特”，法律就像是一本文学著作，冰冷的文字下方藏着温暖的人情，它在给予你无限自由的同时剥夺了你的一些选择，让你可以权衡利弊。让我感觉最伟大的是它教会了我许多做人的道理，将一些法条的颁布原因找出后，你就明白如何对待别人，对待自己。而这些感悟你不可能在大学的短暂学习中明白，你真的需要一个契机，我觉得那就是实习，因为在那里你会遇到形形色色的人，他们或许是你朋友，或许是你老师，或许是你同事，或许在某一个时刻一句话就让你对法律有了新的理解。就像我的导师张震宇曾经跟我们说过，法律是需要严谨，但不是刻板，不一定律师就要冷漠，冷漠不是冷静，律师也可以幽默，有时候幽默更能处理好一些事情。我的导师通过他的工作方式把这些话的背后含义教给我们，律师要求的是冷静、严谨，并非像那些刻板的法条。律师是一个人，是人就会有自己的感情，这就是人所特有的主观方面，但是一切主观的意识都要建立在你对公平和正义的理解上。而且最关键的是你在实习中会变得成熟，在很多事情的塑造下，你会发现你对一些事物的理解都上升了一个层次，就像为什么我们出去总是会被别人一眼看出你是在校的学生，你可能会觉得惊讶，这是为什么？其实不难猜，因为我们缺乏一种成年人或者社会人所有的某种风度，这种风度并不是学校能够教给你的，是你在工作中摸爬滚打所锻炼出来。而这个锻炼并不局限于某个岗位，每个岗位都有一种际遇，所以别歧视任何一个工作，别鄙视任何一个职业，它们每个都能带给你无限的人生财富，每一个存在都有它独有的意义，可能短时间内你感受不到，但是在漫长的人生中就会慢慢显现了。

所以最后我不得不说，实习所带给我的并不只是熟悉了一些工作，学会了一些工具，更多的是对人际关系的把握，对专业的感悟，对社会的思考，对为人处世的锻炼。

导师寄语①

吴瑶同学于2016年7月3日至2016年8月3日在我所进行实习。吴瑶同学在我所实习期间，工作认真负责，做事积极主动，遵守我所各项规章制度，与同事相处融洽，服从实务导师的安排，对于工作中遇到的疑难问题能够及时请教，并能主动提出自己的见解。

实习期间，吴瑶同学涉及的工作包括复印材料、整理卷宗、法律检索及起草法律文书等。对于复印材料这类虽然简单，但需要耐心与细心的工作，吴瑶同学均能认真对待，及时完成实习导师布置的任务。对于卷宗整理工作，由于卷宗内容多且繁杂，吴瑶同学一开始对卷宗整理毫无头绪，但积极向实习导师和其他同事请教，很快便能够根据案件进程有条理地进行卷宗归档；在整理卷宗的同时，吴瑶同学也勤记笔记，通过卷宗整理快速了解诉讼案件的整个流程，学习案件所涉各类文书的格式。对于法律检索工作，吴瑶同学认真学习我所专门

① 张震宇，浙江泽大律师事务所律师。

安排的法律检索相关课程，并且在之后的工作中很好地运用课程中所介绍的相关数据库及法律检索技巧，并能够初步完成法律检索报告。对于起草法律文书的工作，由于吴瑶同学刚进入大学，多门法律课程尚未进行系统学习，因此，在对案件法律关系的分析上，仍然存在欠缺。但吴瑶同学在实务导师讲解相关的内容后，会主动地熟悉相关法律法规，进行自主学习，并将实习导师办理的案例作为学习材料来源，进行自主案例分析，提升自己的学习能力，值得肯定。

综上，实习导师对吴瑶同学在我所实习期间的表现满意。

缘法织线

——浙江天屹律师事务所实习体会

吴卓芮

实习之路

我的导师是浙江天屹律师事务所的金迎春律师，她是律所的主要合伙人、主任。她带领天屹律师团队为客户提供项目法律服务：企业投、融资，公司并购，资产重组，房地产开发、金融信托产品等金融法律服务，为客户提供各项公司法律事务以及提供各类重大、疑难、复杂民商事案件的法律服务。

由于导师平时事务繁忙，我们几乎只在周一的例会上和每天的中饭时间才能见到她，所以，我们主要是由金香律师带领开展实习工作。金主任美丽而优雅，在周一例会上认真地聆听律所里每一位律师的工作报告和工作计划，并将这些事务一一地记录在笔记本上，在其他人提出建议时都能耐心而谦虚地听取并做出答复。中饭时间，金主任会询问我们几个实习生的工作情况和任务的分配，也经常会过问我们的日常生活，例如学校的伙食、租住的房子距离远近和对律师职业的向往，让人很有亲切感。令人印象深刻的是，在我们实习开始后的第一个周五，金主任特意为我们安排了一次专业学习，陶伟律师为我们挑选出了两个法律案例，律所的所有律师针对此案例发表自己的看法与见解，是一次非常有深度而令人印象深刻的学习，与学校的课堂学习相比，有不一样的精彩之处。

平时，我们与金香律师的接触时间比较多，她的年纪与我们相仿，所以我们相处得比较融洽，我将她视作姐姐一般。有一次趁着出去开庭的机会，我与金香律师浅聊了一些关于法律和律师的话题，获益颇多。金律师做事非常用心，在实习快结束的时候，她特意为我们做了一次关于民事起诉状书写的讲解，针对我们交给她的诉状一一地点评过去，也很耐心地为我们解答了很多问题。

实践感悟

2016年7月4日晨间9:09,天屹律师事务所的律师们在会议室里举行了一周会议。对我们几个新来的实习生表示友好欢迎后,他们就开始汇报各自前一周的工作总结及本周的工作计划了。他们的工作主要分为三大类:顾问单位的维护,案件的推进和与合作方进行深度合作的项目的推进,以及准备新开展的项目。会议刚结束,石律师就交给了我们一项任务,他让我们在一个金融学的网络视频管理平台上观看欧阳良宜教授关于私募股权管理的讲课,并在观看的过程中将教授讲的内容稍作概括后制作成独立的word文档和PPT演示文稿,从而通过这个过程来了解私募股权的相关知识。

而我个人接到的第一个任务就是为刚寄到黄律师手里一个建设工程纠纷案件起草民事起诉状。原告为浙江舞台设计研究院有限公司,被告为杭州市第四建筑公司。原、被告于2013年4月29日签订《产品购销合同》,约定由原告为被告提供三种不同型号的发光二极管产品,双方约定合同有效期限为2013年4月29日至2014年4月29日。2013年11月30日以来,被告拖欠原告164039.4元,期间还款20000元,且有78320元是原告已开发票,但货物被退还。截至2014年2月19日,被告累计未支付给原告金额为65719.4元。由于被告拖欠货款和逾期付款违约金已久,给原告造成较大经济损失。

在写作的过程中,我注意到,上个学期经济法老师为我们讲解民事起诉状的书写格式时所反复强调的法律条文引用问题,在实际的案件应用中,无须写得太过具体明确,反而是若双方存在事先签订的书面合同,可具体引用合同中的约定。这份民事起诉状递交给法院后,法院的回复却是无法立案,由于我们是原告方的委托代理人,而原告事先并未与我们说明这个工程早已超过了合同中约定的质量保修期。可见,事先与我们当事人的沟通及细节的确认何其重要。

周四早上,金律师和王律师去蒲沿法庭开庭为一起疑难案件做代理辩护,我也跟着两位律师前去旁听。这个案子从几年前就开始上诉,原告前前后后上诉了被告十几次,而被告也曾多次反诉。2012年12月28日至2013年1月4日期间,被告三陆某向原告丁某借款人民币80万元。后被告三到期未能还款,其向原告提出,希望把原告出借给其个人的借款中的人民币80万元的债务人变更为其控制的被告一A有限公司、被告二B有限公司。原告也找到案外人刘某,作为变更后债权债务关系的债权人。三被告于2013年1月18日向债权人刘某及原告出具《借据》,约定借款期限从2013年1月19日至2013年2月18日,并约定借款利息为月息1%。被告A公司、B公司逾期未归还借款本金及利息。2013 年 5 月 7 日，原告向刘某代为归还了人民币 80 万元本金及相关的利息。2013 年 5 月 8 日，刘某将诉争债权转回给原告，并通知了被告 A 公司、B 公司的法定代表人陆某。原告向被告两公司催讨借款，但一直未还。原告在相关诉讼中根据被告三提供的证据发现被告陆某滥用公司法人地位和股东有限责任，其个人资产与公司财产混同，妄图逃避债务，严重损害了公司债权人即原告的利益。本以为是简单的民间借贷纠纷，但被告却将原告所借的 80 万元存入公司账户，且根据我们从原告处收集来的数据来看，被告的公司账户存在人格混同、公私不分的问题，而这都是为了逃避原告的追偿欠款，最后，被告还意欲将公司解散，让我们的原告无法拿到欠款。对方被告的代理律师未到场，全程资料的递交查看及当庭的辩护都是由被告自己做的，而且，不得不承认，他做得有板有眼，对于证据的三性，即真实性、合法性和关联性的认定，都很清晰且有序。在辩论过程中，由于牵扯到被告的公司，被告始终不承认有关公司方面的事情，而我方律师谈到了《公司法》中对实际控制人的认定，即指虽不是公司的股东，但通过投资关系、协议或者其他安排，能够实际支配公司行为的人。同时，本案还牵扯到一位第三人，他之后将诉争转回了我们的原告，而此间被告在之前的辩诉中提到了此债权已灭失，且这也成为当时法院判决我们败诉的一大原因，这个要点，也因此使这个案件成了疑难案件，业内人士也因此争议和疑惑许久。

在我们基本都完成了各自手中的任务后，第二个任务接踵而至。金律师为了让我们更好地掌握民事起诉状的书写，交给了我们一份产品购销合同，合同只有一张纸大小，另外还有一份 2014 年的对账单，而我们要写的是原告甲有限公司诉乙产品有限公司的民事起诉状。2013 年 4 月 29 日，原告与被告签订了《产品购销合同》，被告向原告购买型号为 L50252U-2.8-v、L50252SGC-2.5 等发光二极管。双方在合同中约定以月结为付款方式，合同并对双方权利义务等做了约定。合同签订以来，原告根据被告订单等发货，前期被告也能按约定支付货款。但自 2013 年 8 月始，被告开始拖欠货款，出于无奈，原告强行收回 2013 年 11 月 30 日和 2014 年 2 月 19 日被告拖欠的价值 78320 元的货物。至 2014 年 4 月 22 日被告共计拖欠原告货款人民币 65719.4 元，原告虽多次沟通、催讨，被告一直拖延。因原告已经向被告开具票面金额为人民币 78320 元的增值税发票，被告已经抵扣相应税款，故要求被告返还该发票或承担相应的税金。在写这份民事起诉状时我们遇到了一个瓶颈——所欠货款数量的准确计算。其中关系到这两个问题：年利率和天数。年利率是以中国人民银行同期同类人民币货款基准利率为基础，参照逾期罚息利率标准计算，上网查询一下是没有问题的。而天数则困难些，因为这是业内的常识，据金律师事后在小会

议室里为我们讲评讲解时所说,现在的惯例是将一年的天数算作 360 天,而不是我们所常理解的 365 天。最后,在总结的时候还提到了许多实务方面的问题,需要注意的问题是:第一,合同与对账单或实际交易不符合,是实际中的交易模式。第二,逾期付款的后果要对应诉讼请求。第三,证据的排列要以质量问题,就是对方举证时涉及举证的责任分配。第四,诉讼请求一定要将本金和利息分开罗列,因为法院最后的判决会根据当事人的诉讼请求分配款项,所以,若两者合起来一起写,很有可能会影响到最后的判决结果及我们的当事人所能拿到的款项。第五,诉讼时效为 2 年,同时注意为了证明诉讼未超时效,要保存好当时的邮寄面单、物流信息和 EMS 对方签收的回执。第六,管辖问题,据《民诉法》第二十三条因合同纠纷提起的诉讼,由被告住所地或者合同履行地人民法院管辖。第七,诉讼保全的申请,这是一个有力的保障。在写这份民事起诉状的同时,我们也需要写一份相应的证据清单,这些都是开庭时要递交给审判长的重要材料,也是我们后期整理案卷归档制作卷宗时的一份重要资料依据。

最后,在实习进入尾声时,王律师交给了我们一份清单,上面罗列着许多知名公司,它们有一个共同点,就是发生过股权变更,而其中的绝大多数公司都因此出现了很多的问题,甚至是合伙人解散,只有阿里巴巴和京东是做得较好的。在我们查询资料的过程中,我看到的网络评语中出现频率最高的一句话是:《中国合伙人》中有句话说,千万不要和你最好的朋友一起开公司。似乎是有道理的,但我反问自己:是不是也是因为合伙人缺乏一些股权股份方面的知识呢?难道就只是因为他们本性的贪恋,想要多分到一些股份吗?答案无可知,也充满争议。

王律师曾向我们建议过,除了专修法学之外,最好去学习一些财务类或金融类的知识,就比如说任务中的公司股权变更,这类事务的处理,不仅需要我们拥有过硬的法律知识和素养,还要有金融建议和决策能力。没错,这个社会其实很需要较为全面的人才,这个密密麻麻的网,绝不是攀着一根织线就能引到出口的。

导师寄语[①]

吴卓芮同学在本所实习期间,自觉遵守工作纪律,勤奋认真,积极主动协助本所律师展开各项工作,在看似文静的外表下,深藏了一颗对法律坚定的心。

在实习期间,吴卓芮同学认真、仔细完成各项协助任务,包括案件归档、基

① 金迎春,浙江天屹律师事务所律师。

础资料查询、文件整理等，在本所组织的“案件起诉材料准备模拟”环节中表现出色，起诉状和证据清单行文格式较规范，体现出善于思考，能够举一反三的良好特点。在实际案件中，能够对案件进行仔细分析，按照要求起草起诉状等相关文件，得到办案律师认可和肯定，更是主动要求参与案件庭审旁听，进一步加深对律师办案的了解，全方位体会法学的魅力。

在日常交流中发现，吴卓芮同学对于法学专业有很高的学习热情，而且对法学有自己独特理解和感悟，对律师这个行业也情有独钟，希望以后吴同学能够继续保持浓厚的学习兴趣，坚定信念，扎实学习法学基本功，有机会能够加入律师队伍，实现心中的法学理想！

见者知详 居者知尽

赵超颖

实习之路

非诉律师，栖息地往往在钢铁丛林中，寄寓于各CBD的写字楼中，在漫长的进化中，为了应对长时间的文案即脑力工作，进化出了独特的生理构造，如灵活的头脑，热爱运动的颈椎，以及向往“北京瘫”的灵魂。他们并不从事生产，主要依靠由银行家、企业家、投资者构成的生态系统，重复利用二级积累物获得养分，不需要言辞惊天地泣鬼神，但求感同身受、志同道合。

林律师大概属于非诉物种里最吃货，吃货科里最难寻的美少女pokemon了。

大咖林律师所融汇的不仅是精湛的法律专业知识，更有企业管理、财税、金融证券等各种专业，谋动策略与人情利益的相得益彰，还有时时刻刻对政策、经济规律的精准把握和理解。在兼具种种技能后，面对错综复杂的非诉业务时，才能给出更全面与更具有针对性的解决方案。作为一枚进阶中的“小法师”，实习期间在专业能力要求，专业思维训练上都得到了老师的针对性提点与指示，更近地感受到老师处理问题综合能力的强大，而自制的短期规划能得到老师的认同则让人心生感叹：啊！人间正道是沧桑！走上正轨简直热泪盈眶！

在漫长的进化里，更造就了这个物种常常奔波在外远离栖息地的生存状况，各处会议，各色约谈，在上班时间多是无缘得见老板尊容，而暮鼓既过，夜色垂累之后，则又到了伏案文书的时间，直至破晓鸡鸣，才能小歇片刻，待日头高照又要开始忙碌新的一日了。在日日连轴转之下，最好的消遣当然是美食。

同是天涯吃货客，相逢何必曾相识。我们与林律师的合照都是在吃吃吃的间隙紧凑完成的，而不是站在律所的招牌之下沐浴法之光芒。作为一个以食为天，总觉得自己还能再吃点的食客，借此属性看到了一个脱掉律师标签后的吃货小可爱（罪过罪过，僭越了僭越了），在杭城遍寻美食的老师，有好吃的可以记得召唤这里的小可爱！

光鲜的外表，丰厚的收入，小资的生活，玩转属于这个社会最令人生畏的罪与恶，游走于正邪之间而从容不迫，这大概是人们想象中律师的光环之所在。然出纷繁复杂之世而不乱，处浮躁贪婪之世而不沾，有浩然之气，有灵巧可爱，知人事，更能传道授业解惑，不以法律为荣利汲营之工具，而为终身行之之业，兼此者，林律师矣。

实践感悟

天下之事，闻者不如见者知之为详，见者不如居者知之为尽。在北京中银(杭州)律师事务所的五周里，深深为前言所动。理论与实践之间总有这样一个断层的存在，所谓“纸上得来终觉浅，绝知此事要躬行”。在零距离接触了律师这个行业，参与了律师的日常工作之后，对于事务所的运作，律师工作的流程、技巧以及这个职业的人才诉求有了更进一步的了解和认识，律所所学弥补了知识上的不足，并对日后的职业规划有了更明确的方向，对日后的学习计划也有了更细致的描绘。

(一)熟悉律师的思维方式

学习股东大会相关内容，试拟股东大会会议资料，参与股东大会表决与程序瑕疵的修复。

通过研究公司章程中对股东大会的具体规定，并进行股东大会决议瑕疵的救济时效探究，为公司决议存在风险与不足的合理规避提供法律意见与事后救济方案。

整理归纳劳动法相关法律法规、司法解释、部门规章、地方性法规、法院文件、内部审判纪要，集合成册。按法律效力等级排序，根据我国的宪政结构，地方政府、人大有权力指定行政法规以及地方规章。这些规章虽然效力低于法律，但是具有规范性效力，可以在诉讼中直接作为判决的法律依据，因此其在现实中的诉讼纠纷中十分重要。而且法律的抽象性与法律的确定性之间存在矛盾。为了保证规则的涵盖面，法律不得不使用抽象语言表述规则，这样就与客观事实之间产生一定距离。在大多数诉讼中，虽然都有法律对相关问题做出规定，但是却没有明确给出解决纠纷的方法，而是把相关问题交给法律以外的规范性法律文件解决。因此在诉讼中一定要注意行政法规、地方规章。首先，应注意对案件行使管辖权的法院所在地的政府、人大对案件涉及的问题有无规定。其次，应该注意案件争议的所涉及的行业主管部门对此是否有规定。最后，分析各规定、法规之间有无矛盾，以及它们彼此之间的效力层次。

(二)卷宗整理

整理卷宗几乎是每个法学专业的实习生都要做的事。看似简单的工作其实在着手之前都是需要时间去熟悉和掌握的,比如装订次序排列就和办案流程紧密相关,也和相应的司法程序相对应。以此次整理的民事卷为例,律师承办案件首先是要有律师事务所的批单;其次与当事人签订委托代理协议,取得授权委托书;再次是根据案情所撰写的起诉状、上诉书、反诉状或者答辩状;接下来是组织调查材料以形成的证据,包括谈话笔录、证人证言和书证物证;最后再综合形成律师代理词。法院已受理或者已结案的,还有出庭通知书、举证通知书、判决书、裁定书等法院材料。

通过整理卷宗可以了解并熟悉律师的办案流程及相应的司法程序,这很重要。虽然没有因为工作的烦琐而粗心,但在装订时由于没有熟悉掌握装订要领,导致档案未能订紧,未能补全办案小结,致使档案不完整而返工,而这也让我重新审视了档案整理所要求的细节和其中所包含的意义。而在办案小结的书写中切实提高了案件概括、案件分析的能力,并树立对当事人的服务意识。

(三)掌握基础的办公技能

熟悉复印机、打印机、传真机、扫描转换等各类办公工具的使用,编辑文档、收结案卷,熟练掌握 ppt、Word、Excel 等办公软件,掌握律师函、法律意见书、尽调报告等的文件编辑基础格式。学习中小企业股份转让的相关法律文件,大致了解操作流程,并收录现阶段所有相关文件便于日后深入学习。

(四)沟通能力

在学校的时候,我们都天真地认为:作为一名律师一定要伶牙俐齿,口若悬河。可当我进入事务所后才发现,这种看法其实并不那么全面。

一定的语言表达能力的确是很重要,但更重要的是沟通能力,法庭上法官未必喜欢滔滔不绝,口若悬河,但一定更希冀言简意赅地把你的观点恰如其分地表达出来。当事人也不需要律师引经据典,更需要律师能了解他,想他之所想,言他之所言。这就需要一种沟通能力,这可能也是一种口才,但这种要求比所谓的辩论口才要求高多了,培养起来也是很不容易的,需要知识、阅历、涵养。

(五)小结

作为律师,在与当事人沟通时,可以帮助他们理清思路,让他们清楚接下来该怎么做,可以为他们提供多种方案,供他们选择,当事人由当初的忧心忡忡、手足无措变为后来的心中有数、镇定自若，这种改变是因为律师。

作为律师，在与对手进行辩论或者谈判时，可以学习他们的优点，同时把对手犯的错误牢记在心，对手不是敌人，而是成长路上不可或缺的同伴。

作为律师，在跟法官沟通时，可以就事实的认定与法律的适用向其进行充分阐述，而他们必然会以裁判文书的方式予以回应。观点被采纳，这种认可会让人异常欢喜。

作为律师，法律在不断地更新，需要快速而持续地学习，需要积累更多的实战经验，为了赢得更多人的信任，不会停下前进的脚步。

关于未来，律师行业无疑是通向名利的一个门槛，甚至不像经商那样需要足够的原始积累，只要有一本职业证，就跨入了这个圈子。律师供应的是无形的财富，但获得的是有形的财富，比起那些心痛地掏出原始资本来战战兢兢、诚惶诚恐地经营的行业来说，律师们可以笑了。仓廪实而知礼节，在这之前，该如何平衡，在这之后，又该如何平衡？如果可能，我更愿意将几何式精确度引入，甚至不惜用放大镜或者显微镜来观察，只要能够更正确地衡量这个平衡点。

术业专攻是安身立命的必要，业精于勤荒于嬉是成事的根本。对工作尽心尽力是本分，热爱是更高层次的进阶。但在社科领域，尤其是法律行业，本身法制起步略晚，传统与现代的碰撞，守旧与改革的冲突，导致法治进程步履蹒跚。一部部门法，究竟有多少艰涩深厚的东西？每当碰到一个问题，发现早有人涉猎研究过了，你想创新，发现遵循旧例更符合问题解决之需……“有道无术，术尚可求；有术无道，止于术。”除去有限的法规条款、法理规则，你还有没有其他属于你演绎生命意义的东西？如果没有，恐怕专业之术的进阶也是有限。

可以说没有正式入行入门的我，还欠缺很多成为一名律师的条件。故做以下罗列，只为改正缺点，增强能力，以求更大的进步，成为优秀的专业律师。

首先，法律专业底蕴不足，没有形成完整的法学体系。其他知识也欠缺，同时各种知识都还只是停留在书本，过于重理论，并不能应用于实际问题的解决，需要通过今后的实践化为己用。且不够仔细，诸多细节未能留意。其次，没有谙熟职场，对职场人际和工作没有清晰成熟的认识。最后，缺乏一个科学的工作方法和思路，缺乏主动性。

所以，在今后的日子里，首先我必须不断加强法学理论的学习，学无止境，同时加强实务锻炼，把理论和实践结合。我认为法律的生命在于逻辑，也在于经验。其次，需要尽快谙熟职场，形成具有个人魅力的职场风格。最后，务必要有认真的态度，细心再细心，掌握主动，运用科学的工作方法，尽快尽好地完成工作任务并能及时向上反馈工作进程，保持沟通。此外，在之后的学习中需要对金融证券、财务管理、人力资源等多方面领域都有所涉猎，有所习学，拓宽专

业广度。

律师职业已经有几百甚至上千年历史，不仅没有衰竭，反而越来越兴盛，律师成就了社会的精英群体，也是法治的重要驱动力，办理的每一个案件，审查的每一个合同，无不在社会这个大群体中渗透着法治的细胞因子，如果我幸运地成为中国十几万律师中的一员，无论将来如何，都将珍惜和感恩。

路漫漫其修远兮，吾将上下而求索。

导师寄语①

理想和现实的分裂是在初入社会的年轻人中间普遍存在的问题，如何更好地调整这种心理上的分裂是每个大学生都将面临的难题，尤其是法律人。财大设立非诉实验班并在专业教育伊始便让大一学生接触实战的模式，可以解决一部分想象和现实脱节的问题——当然，这与实习行为的效益效率是直接相关的，毕竟评判实习和就业的参照标准并不一致，律所和律师对实习生和助理的要求更不尽相同。律师事务所并非法学专业学生的唯一选择，通过实习，我们可以最大限度地去认识自身的偏好、能力优势和适应性等等，可以尽早为自身的未来发展进行有效规划而避免毕业时的茫然无措。专业技能的熟练应用需要长时间的培养和积淀，但是，一些普适性的执业素养和技能却是可以通过短期实习了解和掌握的：

了解律师事务所的运作模式和企业架构。包括律师事务所对律师业务开展的业务流程管理，了解民事、刑事、行政、非诉等不同领域不同阶段的律师收结案流程、手续；律师事务所的基本架构和管理制度、律师职业生涯的晋升模式等。

了解律师及律师助理的工作内容、工作方式。包括律师助理的工作内容，普适性的工作时间和工作制度的安排，律师工作的方式，律师和律师助理之间业务的安排、信息反馈的要求、业务处理的对接方式等。

熟悉和掌握一些基本的工作社交礼仪。律师行业工作时间的安排、着装的要求，与客户、同事、政府部门等不同对象之间交流的基本礼仪和社交技巧。了解非诉业务中收发邮件、文件处理、信息反馈等等的基本要求。

掌握基础的办公技能。熟悉复印机、打印机、传真机、扫描转换等各类办公工具的应用，编辑文档、收结案卷，熟练掌握 ppt、Word、Excel 等办公软件，律师函、法律意见书、尽调报告等等的文件编辑基础格式。

进一步熟悉律师工作的思维方式，了解法律问题在现实生活中的演化和处

① 林华璐，北京中银（杭州）律师事务所律师。

理，提升理论和实践相互结合的专业技能。包括各类法律在实践中的应用，法律问题的研究和法律关系的提炼，问题解决方案的设计、法律分析报告的撰写等等实体性专业问题的研究。

小赵姑娘在一个月的法律实务学习和研究过程中表现出了较强的思辨能力，具有钻研精神，专业功底相对扎实，处理文件材料也非常认真细致，在非诉项目的专业研究领域颇具天分，希望能通过大学四年的学习，明晰自身的优势和弱项，确立自身未来发展的方向，最终拥有理想的生活。

浙江锦丰律师事务所实习心得

樊 菲 郑如意

实习之路(樊 菲)

刚上大一就能进入浙江锦丰律师事务所实习,我感到十分荣幸。浙江锦丰律师事务所是一家专业从事金融、投资法律服务、建筑、房地产法律服务、公司法律服务、民商事诉讼、刑事诉讼及非诉讼业务的专业律师事务所。自2005年4月创立以来,“以客户至上,全力为客户提供优质法律服务;以团队协作,持续发展坚定基石与客户共赢”的执业理念,赢得了社会大众的好评。

实务导师樊德珠律师的悉心教导更是使我受益匪浅。樊德珠律师系浙江锦丰律师事务所合伙人、主任,杭州市仲裁委员会仲裁员,杭州市内务司法委员会委员。于2002年3月当选为杭州市人大代表,2007年3月再次当选。2004年9月至今担任杭州市律师维权委员会委员,2007年9月起担任杭州市律协理事。近年来先后获得杭州市三八红旗手、杭州市人民政府授予的中介服务业行业标兵、杭州市首届优秀女律师等荣誉称号。2008年3月至今担任浙江省律协民商业务、建筑与房地产业务会委员,在2013年4月被评为“杭州市劳动模范”。

其实通过一个月的实习,我能感受到的不仅仅是这些纸面上的荣誉与称赞,更是切实地体会到樊律师作为一个法律人的职业素养与人格魅力。

樊律师每天工作很忙,只要不是有事情出差,她就会在办公室里一待就是一整天,接待当事人,整理研究案卷。我相信她过硬的专业能力是大家有目共睹的,所以我也不再赘述。在这里我想说下樊律师的其他方面:首先就是乐于提携后进,律所里的年轻律师都深得樊律师照顾,不偏不倚;我和另一个同学也是如此。其次就是注重对我们能力的培养,樊律师交给我们的事情都不是简单机械的工作,虽然我有时会无从下手,但我们也深知她的良苦用心,有高要求才能真正提高能力。最后,樊律师是个十分和善的人,实习中我也时常会有做得不好的地方，但是她从来不批评我，总是平和地指出问题并指导我改正，而且时常鼓励我们要做得更好。

总之，樊德珠律师是一个集专业素养与人格魅力于一身的法律人，跟随她实习，我十分开心，也有很多法律实务方面的收获。

实习心得（樊　菲）

说实话，作为一个还未涉足社会与工作的大学生，虽然对律所这个地方并不陌生，但是当知道自己真正要以实习生的身份正式进入一个律所的时候，内心还是充满了憧憬与忐忑。还未开始实习，我就迎来了第一个从未经历过的挑战：找房子。要考虑住所的设施、价格、安全系数以及距离和交通，当我和同学顶着杭州的烈日与高温在大街上寻找时，我才真真切切地体会到毕业季找住处的学长、学姐的不易之处，也第一次在这个陌生的城市感到了深深的不安与无助。但好在结果是好的，我们成功地找到了合适的住处，当我在房间里安顿好之后，整个人真的有一种解脱的感觉。

提前两天，我就理清了从住处到律所的路程，包括“从哪里上车”“坐哪几路”“路上要多久”“下车之后怎样走”，避免自己第一天上班就出现迟到的囧态。正式实习之前的那个晚上，我不停地在宾馆小小的房间里走来走去，思考“明天大约要几点起床”“上班该穿什么才显得正式”“见到导师之后该说些什么”……没错，当时的心情已经不能简单地用“紧张”来形容了，而应该是“焦虑”才对。睡前一遍遍地确认早上需要的东西是否准备好，以五分钟为间隔定了三个闹钟，就怕自己听不到。我想这大概也是每一个初入职场的新人的心情吧，但还好，对未知的担忧和恐惧终也敌不过对新生活的新鲜感和憧憬，然后，我们就都变成了最努力的自己。哦，原谅我乱入的伪文艺文风，我就知道我不能完完整整地写完一篇十分严肃的稿子，但是说好的这只是一个随笔集，那你们也就只能忍受一下我偶尔跳脱的画风了，还好我只是半个文青而不是个酸腐的诗人。

当我坐上通往律所的公交车时，内心还是无比雀跃，毕竟我要进入一个新的环境，认识一群新的人。实习的第一天，虽然我提前20分钟就到了。但是进去之后发现实务导师樊律师已经在办公室等我们了，我们重新做了自我介绍，樊律师又介绍了她计划的实习方案，还认真地征求了我们的意见，并且考虑到我们是非诉实验班，她还尽力想安排一些和学校培养理念与目标相近的事情让我们接触和学习。

我喜欢她安排给我们的办公室，四人间却暂时只有我和同学两个人，倒也宽敞自在。屋子里布局简单大方，深棕色的桌子和书柜带着木质的肌理，屋子里摆了好多的绿色植物，目之所及一片绿意，给人清凉舒适的感觉。办公室有一个小小的阳台，用两扇门和室内隔开。锦丰律所本就临近西溪湿地，周围自然环境好的没话说，所处小区的绿化更是加分，加之颜值超高的建筑外观，在这里工作简直是一种享受。坐在位子上，透过透明的玻璃门就能看到屋外的绿树与掩映其间的独栋房子，下班前落日的余晖会从阳台右侧穿过茂密的树叶投射过来，那是不用滤镜也能拍出专业摄影作品感觉来的美景。

每天 9 点左右，律师和行政工作人员陆续来上班，见当事人，研究案卷，查找资料或是带了实习律师拿好文件风风火火地出差调查取证、去看守所会见当事人。一切都有条不紊地进行着，从上到下，不管是律师还是行政人员，不管是资历已深还是初出茅庐的实习生，每个人都沿着自己的活动轨迹，忙着自己该做的工作。整幢建筑里十分安静，只是间或有开关门的声响抑或是女律师高跟鞋走过的嗒嗒声。除此之外再无其他，所有人都沉浸在自己的工作里，紧张而严肃，让这栋房子都变得神圣了起来。

律所每周一早晨都会开例会，每周四晚上会有集体学习。内容其实是不限定的，由各个办公室的律师轮流主持，氛围也十分轻松。我记得自己第一次参加晨会之前十分紧张，很早来到会议室，拿着小小的笔记本端正而局促地坐在一个靠后的位子上，等待着想象中严肃会议的开始，活脱脱一个一年级刚刚入学的小学生。实际上大家却是谈笑风生，有时是“心灵鸡汤”，教你如何做一个优秀的律师；有时是经典案例分析讨论，从中吸取经验；有时是大家齐心协力解决实际问题的讨论会，可能会有律师遇到了比较棘手的问题，在会议上便可以集思广益，寻找灵感和新的突破口；有时可能还会是模拟会见。不论是什么内容，参与的其他人也都显得十分随性，有什么不懂或者不同意的都可以随时打断提问或者发起讨论，甚至也会有律师吐槽不断，金句不停。如此下来，会议不仅没有想象中的刻板与拘谨，而且还充满了趣味与欢笑，最重要的是同时还能学到实务上的经验与知识。相对来说，周四的学习理论性和专业性就要强一点，一般会讲一些实用性的内容。比如精于行政案件的律师会讲解“行政诉讼的注意事项”；做经济案件的律师则会让我们共同学习《破产法》……虽说趣味性没有晨会那么强，但是确是“干货”满满。我觉得定时的晨会和学习对于一个律所的作用不仅仅是开拓思路和提升业务这么简单，幼稚点说，它还能给人以归属感和责任感，人人都是律所的一员，所以从体制建设到业务学习大家都密不可分，相互补充，如此一来整个律师事务所的人际关系会更加融洽，业务水平也会随之提升。于是，我认为自己是幸运的，不仅樊律师，其实每一个律师都给了我存在感，虽然我还没有足够的基础知识储备，虽然可能我做的事情都不是那么好，有时甚至会出一些很低级的错误，但是他们仍愿意信任我，把事情交给我去做，还会给予我相应的指导与帮助，让我在实习中真的学到了很多。

在锦丰律所的一个月实习中，大部分时间我觉得是很紧张的，但这种紧张仅仅是对待工作的心态：怕自己做不好，怕自己能力不够，怕自己的工作结果达不到导师的要求或标准。我总是以一种小心翼翼的态度去对待我的每一个任务，生怕自己一不小心就搞砸了什么。但是临近月末当我静下来总结的时候，发现自己做的事情并不是太多，也许是因为没有经验，又也许是自己效率有限……总之当我开始反思时，我意识到"忙碌不等于有效率"，有时我的匆忙是"无用"的，或者是说"没有多大的用处"。举一个最直观的例子，樊律师曾给我们留了几个问题去查找资料并整理，我和同学两个人分工合作，傍晚回去还加了班，结果还是不尽如人意。后来樊律师认真地指出了我们工作中存在的问题并且给了我另一份结果文档，是另一个年轻律师做的，里面的要求与我们的相同，但是他的文档思路清晰，重点突出，详略得当，最重要的是他只用了不到两个小时就完成了。这样的对比让我们汗颜，这才明白，只要会用电脑，大家能够找到的东西基本是一样的，而真正的能力凸显在整合与提炼的过程中，机械地混合与排列就是没有效率。

在实践过程中，我的另一个认识是要"善学习"，律师不同于其他的职业，在接受代理之前，案件的涉及方面与当事人的状况是完全不受律师的控制的，可以说70%以上的案件不只是你学会了相关法律法规就能胜任的简单事情。在律师办理案件的过程中，遇到自己从未涉及过的领域的案件也是很常见的事情，所以此时，善于学习，能够快速准确了解其中的东西才能很好地完成案件的代理。

实习开始没几天我们就遇到了一个技术性的难题：文化产权交易。在这之前我对此根本一无所知，邮票、钱币，还有持仓、出仓甚至是整个文化艺术产权的交易流程与模式着实让我摸不着头脑。因此要完成任务我就要从最基本的了解开始，相当于参与了一个从零开始的学习过程。有限的时间里，我们从百度百科开始，再到各家文交所的网络平台和行业规范，最后是各类合同的协议范本，终于是弄懂了大概，使得工作可以继续。

实习期间，我们工作的最重要内容其实是一个设立私募基金的非诉项目。一切都是刚刚起步，樊律师告诉我们，全律所上下都还处于自主学习阶段，还在了解其中的基本情况。对于我来说，那简直是昏天黑地的两个星期，从基金形式到相关法律意见再到合同模板，各种资料铺天盖地迎面而来，还生怕自己遗漏了些什么，电脑和大脑全天运转，其间我建立了无数个"私募基金"的文件夹，收藏夹的列表里也被不同形式的相关公司的网站所占领。收集资料还是比较容易的事情，导师还让我们提炼内容做成PPT，并提出相关的意见和建议。说真的，把内容如此庞杂的文档总结成十几页的幻灯片也是十分困难的，我们要决定哪些该留，哪些要丢，再把留下内容的语言精简精简再精简，毕竟 PPT 不同于文本文档，要的就是简洁且一目了然，不可能堆砌大量的文字内容。第二天，樊律师还要求我和同学两个人在讨论会上就学习结果发言，说不紧张是假的，会议室里坐着的都是正式的律师或是已经毕业的实习生，我们两个大一学生要面对他们，来讲一个之前从未接触过的、突击学习都算不上略知皮毛的项目，着实是不容易。会议开了整整一上午，不管怎样，在樊律师的鼓励下，我们也算是流畅地讲完了自己整理的内容，直到再回到办公室，我的心还是跳得很快。

一个月的实习说快也很快，直到要和樊律师拍照留念的时候，我们才意识到这一个月是真的要结束了。步入职场是件不容易的事情，这一个月，我每天都神经紧张，注意力集中，长时间坐在电脑前也会头痛眼痛，晚上回到住处只想躺在床上休息。其实每个律师都是这样的，不只是这一个月，也许我们以后的几十年都要如此度过。但是想起晨会或集体学习的时候，偶尔会有主讲律师提及自己代理成功的某个疑难案件，脸上那种自豪和欣喜大概也是律师这个职业的精神支撑吧。

我一直觉得一种氛围能激起人们对从事某种职业的渴望，一段经历足以建立对某种职业的信仰。大学的第一年，学校安排我们到律所实习也许并不指望我们能学到很多的实务知识，更多是培养一种意识，明确我们的方向，坚定我们的步伐吧。我一直认为法律是除了理工科之外最具理性的东西，自启蒙运动以来，世人就渐渐明白，理性之光，值得仰望。

作为一个法科生，我在律师事务所感受到的指引大约就好像信徒到了教堂，毕竟那是距离信仰最为接近的地方。花草墙瓦，都是法律的呼吸吐纳。

实习之路（郑如意）

和导师的见面会上我就已经认定了我的实务导师——樊德珠律师，一位周身散发着睿智光芒并且极具亲和力的知性女性。她的气质深深折服了我，讲话轻声细语但逻辑清晰，长达 18 年堪称辉煌的从业经历更是吸引了我。因此，我在见面会结束以后，毫不犹豫地联系了樊律师，表达了想跟着她学习的愿望。这次实习的收获证明我的选择是正确的。

在实习的四个星期里，樊律师每天都非常忙碌，经常在外奔波，即使在律所里，大多也是在会见当事人等等，但是她仍然充满活力，似乎不会疲惫。面对我们的时候，总是非常和蔼可亲，即使我们做得没有到位，她也是轻微一点拨便能起到四两拨千斤的作用，可见对我们的实习尽心尽责。当然，她也不断提出更高的要求，督促我们积极向上。

樊律师是一个细致严谨的人，对每一个细节都精益求精，力求完美。更是胸怀大志的人，不断学习，让我深深明白了律师也是一个终身学习的职业，这种不断学习，追求上进的精神也感染了律所里的每一位律师。我们也在她的督促下努力汲取新知识，受益良多。

同时，作为杭州市人大代表，樊律师关注民生问题，从法律的专业角度给出建议。我们也有幸阅读了樊律师的人大代表发言稿，与我们撰写的稿子相比较，显得更高屋建瓴，看待问题的深度与广度都让我们印象深刻。

虽然实习期已经结束，但是我会永远牢记樊律师细致、积极向上的专业精神并努力向她看齐。

实践感悟（郑如意）

我的实习单位是浙江省锦丰律师事务所，四个星期的实习，既让我打破了对律师行业的固有印象，又让我受益良多。能顺利完成实习，尤其要感谢我的实务导师——樊律师和与我同一律所实习的樊菲同学。

记得第一天到律所报道的时候，我非常紧张，比预定时间早到了接近半小时。周围幽静的环境没有宽慰我半分，各种想法在脑海里盘旋，令我忐忑不安。但是幸好身边有同学相伴，再加上我的实务导师为人和蔼可亲，毫无导师架子，并且没有因为我们年级低没经验就随意搪塞任务，敷衍了事，反而非常认真地提出要求，让我也更重视这次实习。这次实习使我深刻地体会到了想象和实际的反差。

实习的第一天是星期一，是事务所的例会日，我们也随着参与了第一次例会，这次例会迅速打破了我们的陌生感。一直以为律师事务所会像欧美剧里演的一样，每个律师只是各管各的，互相之间是完全竞争关系，顶多到酒吧喝一轮酒讨论案子。没想到律所里的氛围非常好，有种其乐融融的感觉，在例会上发言颇像我们在寝室里互相调侃。听说有例会之后，我心中想到的场景是这样的：所有人都正襟危坐，一个个分析自己手中的待办案例，然后会议主持者简单总结，整个过程严肃乏味。然而，真正的例会上，整个过程高潮迭起，讨论此起彼伏，一个小时的例会倒是一点儿也不乏味。

实习之前，以为大家都会一直处于不停敲击键盘接电话的忙碌状态，所以完全不会在乎身边同事，又因为是办公岛或者一人一间办公室的环境，可能压根儿不记得身边同事都是谁。然而实际上并不是这样的，几人一个办公室的办公条件，可能确实不会留意到身边同事的去向，但是彼此的关系都是相当不错的，偶尔一起吐槽，画风和谐美好。

星期四晚上会有锦丰课堂，大家一起吃饭，然后准备上课。虽然一直被与

我一起实习的樊菲同学调侃“吃饭最积极”，但是吃饭场景确实很温馨，一点儿也不是因为我的吃货本质我才赶着吃饭。想到吃，啊不是，温馨场景，就想到冷餐会，在实习期间，我运气非常好的赶上了冷餐会。大家围在桌子旁边一边填饱自己一边谈笑风生，这样的场景让我的脑海浮现出一个词语——融洽。

一直以来对律师的印象都来源于欧美剧或者 TVB 电视剧，总觉得律师就是应该西装革履，往办公椅上一坐，助理送上一杯咖啡和一份报纸，律师则边看报纸边听助理汇报今天的行程，讲话咄咄逼人、滴水不漏，庭上雄辩口才了得，庭下毒舌高级黑。事实证明我还是太年轻，想法幼稚。实际上案源需要自己开拓。律师也不是像印象中的那样气场全开，相反，可能更需要的是注重细节和逻辑关系。而且，各位律师给我的感觉更多的不是口才好而是沟通能力强，可能将想法简明扼要地提出比引经据典证明观点更重要。在平常生活中，有些律师还有可能性格内向。

以前也会觉得律师这个职业时间自由，表面上看起来是这样的，实际上律师们往往很忙，付出的很多努力都是没有被人看到的。整理材料、研读卷宗，有时还要学习新出台的法律条文。在这四个星期里，看到有的律师 7 点多就到所里，也听说有的回家还要加班到 12 点的律师。真的不得不说律师行业的辛苦经常被忽略。

而且由于影视剧的误导和传统思想的干扰，人们总是过于拔高律师这个职业，觉得律师就应该是正义的化身，应该敢于揭露制度阴暗面，不然就是讼棍。然而，真正接触了律师的工作后，我认为，律师也只是一个普普通通的劳动者，和千千万万的劳动者一样，依靠自己所学的知识换取劳动报酬。

在去实习之前，纠结地看了许多实习经历，觉得实习生一开始总归是做端茶倒水、复印打印以及整理资料等等琐事，不会被交代什么事情，并且应该处于食物链最底端，每天忙得不可开交，还要时时担心任务完成得不够好。

但是实习开始以后，我们还是做了很多我认为对我们发展有益的工作，虽然要离开的时候，事务所里的律师纷纷很惋惜地表示没有多教我们一些东西，但是我觉得已经收获不菲。

(一)整理刑事案件材料

这是我们实习以来的第一个任务，虽然一直以来我都特别想从事刑事方面的工作，但是毕竟第一次接触刑事案例卷宗。所以看到搬到我们面前的那一摞厚厚的文件时，我还是不禁心中一颤。这一堆厚厚的文件里询问笔录和讯问笔录夹杂，而我们的任务是要将笔录的主要内容概括出来。看上去是一个特别简单的任务，但是极其要求文字表达能力，不能错过关键点而且要尽量精简一些。

在整理过程中时不时词穷，巴不得皓首穷经找到一个合适的词。交代任务的汪律师告诉我们，这是一个非常好的方法，这样就不用再翻厚厚的资料了。妥妥地学到一手。

除了概括笔录，我们还查阅了相关案例，整理这些案例的判决结果。这是第一次这么认真地使用裁判文书网，原来只是用裁判文书网查查有意思的案子，从来没有认真整理过。同时还知道了神奇的变更强制措施申请书，两个什么都不知道的人面对着屏幕上一片空白的 Word 文档争论应该写给检察院、法院还是拘留所，并且各自在网上找到了模板。最后当然还是统一了意见，还算顺利完成了任务。

(二)搜集文交所相关规范

虽然只是简单的搜集，却也是需要耐心细致才能完成的，因为相关法律法规不多，而且不完善。后来搜集各种文交所的免责声明、风险提示书等，才觉得律师这个行业背后有太多局外人不了解的工作。搜集完之后浏览了能找到的大概十所文交所的内容，因为材料不多而且重复率高，所以对找资料的心路历程记忆深刻，毕竟时时刻刻都在担忧会完不成任务。直到实习结束，有一天坐公交车看到北京文交所心里都一阵激动，想跳下车看看他们的合同样本。完成任务后当然很开心，但是现在想想觉得当时并没有完成得很好，只是简单搜集了这些材料，却没有想到要做进一步的工作，希望自己以后再有这么好的机会的时候可以做得更好。

(三)分析某“职业打假”案例

这是一个二审的案例，卷宗不厚，但是分析起来也是十分有意思。可惜我们视野太狭窄，不能找到特别有利的角度。只能帮忙找找有没有类似的案例及其判决结果，搜集相关案例时，电脑一度宕机，事实证明，律师也需要一台性能优良的电脑。

(四)了解私募基金

对于我们来说这是一个全新的领域，之前完全没有接触过，甚至私募基金这个词都只在新闻中见到过。一开始完全摸不着头脑，只能试着从网上查询资料，很多词不能理解意思，查不下去的时候还得无奈地向父亲求助，颇有赶鸭子上架的感觉，也是人生第一次体会加班的感觉。但是潜力总是无限的，短暂的期限也逼迫我们加快学习速度，所以我们迅速了解了私募基金的申办要求、申办流程等，简单做了一个 PPT 向全律所的律师介绍，随着一页页幻灯片翻过，我惴惴不安的情绪逐渐消失。其实很多律师跟我们一样也是才开始接触私募基金,为了业务而学习的。不得不说,律师真的是综合性和学习性很强的职业。

(五)关注法律草案

我还试着就《浙江省餐厨垃圾管理办法》提出意见和建议,试着起草人大代表发言稿等我们觉得高大上的、不会交给实习生做的工作。这些工作也让我又一次认识到自己思考问题的局限性,作为一个法科生,我还有很远的路要走,而且我离一名能独立地深度思考问题的社会人也还有一定的距离,需要更多的知识储备及对时政新闻的关注,我才能顺利走向社会。尤其是在香港律政司代表到浙江省律协交流时,因为没有能够完全理解导师的意思,又胆怯地不敢多次询问,再加上阅历不足,导致工作做得不尽如人意。这是我在实习期里觉得最遗憾的,再给我一次机会的话,虽然我还是可能达不到导师的要求,但是肯定会比之前做得更好一些。

这次宝贵的实习就这样结束了,在今后的学习中我会吸取经验,努力提升自己,希望在下次实习时表现得更好。

导师寄语①

首先,作为指导老师,对樊菲同学、郑如意同学自 2016 年 7 月 4 日到浙江锦丰律师事务所实习以来的表现及体现的能力予以赞赏。

需要说明的是:因为在非诉项目中,很多与客户的商谈,如我们事务所为浙江省某部提供的法律服务,处于保密阶段,并签有保密协议,锁定了法律服务人员,所以很遗憾她们不能参加。

此次实习展示的工作能力及老师的期望:

(一)在资料收集方面

(1)在对互联网文交所管理的相关规范性文件,包括其他交易所的合同版本搜索整理过程中,同学们用 2 天时间完成了交办的工作,工作效率高;在涉及管辖、免责、声明、风险提示书等文字组织方面,具备了基本的综合能力。

(2)就香港律政司代表到浙江省律协交流中,根据指导老师给予的几个方面的问题,快速收集了相关资料,但是,在对内容进行综合概括及提升方面,毕竟受社会阅历及目前还是大学低届位学生的限制,还有待提高,期望未来加强积累、提高对法治建设的关注度。

---

① 樊德珠,浙江锦丰律师事务所律师。

(3)进入浙江省法制办门户网站,就《浙江省餐厨垃圾管理办法》,根据立法听证会要求,为指导律师做听证代表,提出听证意见和建议中,考虑问题还是具有一定的深度,广度问题期望以后能够进一步培养。

(二)表述能力及分工合作方面

因客户需要发起设立某水环境方面的私募基金,同学们根据指导老师给的任务,就发起的种类、模式、基金设置的架构、投资回报、私募基金备案和私募基金管理人备案流程进行了资料的归集,尽管时间较短,但她们还是根据可以查到的资料进行了整理,并做成了ppt。

两位同学对交办的工作分工有序,并按照各自的分工进行了很好的表述,与事务所其他律师进行的交流比较顺畅,且在交流中,两位同学能快速地对有歧义的理解进行统一。表述能力、合作能力比较理想。

(三)审查合同及起草发言稿

(1)参与了上海一家公司的股权交易合同、股东会决议、章程修改稿的审查。

(2)根据杭州市的“十三五”规划,收集与该规划相关的民生意见比较大、需要改进的方面,以及与法律有关方面的意见,起草了一份2000字左右的人大代表发言稿。

指导老师将自己所修改的合同版本及发言稿供同学对比。老师觉得,两位同学所写的发言稿,从文字表述、逻辑性方面及问题的着落点方面都不错,只是稍微有些微观,将来能够再宏观些会更好。

浙江仁谐律师事务所实习体会

金 韵 周 晗

实习之路(金 韵)

我的导师,浙江仁谐律师事务所刘涛主任,拥有25年律师执业生涯,专业从事金融票据专业领域内的民事刑事诉讼业务,致力于中国票据民事刑事诉讼领域。

刘涛老师1980年参加陆一师炮兵团,1983年退伍,先是从事商业,后在省委党校、县委宣传部、市司法局、政法委等机关工作。1990年8月考取律师资格后专职律师执业,从海宁市律师事务所到第二律师事务所,从浙江中大、潮乡、海州律师事务所到浙江泽大律师事务所,从北京国纲律师事务所到国纲华辰(杭州)律师事务所再到北京浩天信和(杭州)律师事务所,25年来业务领域涉及建筑与房地产、公司与证券、行政法与刑事辩护,从普通法院到海事、铁路、森林等专门法院,从基层法庭到最高人民法院。现只做金融票据一个专业领域内的民事刑事诉讼业务。浙江仁谐律师事务所,前身为北京浩天信和(杭州)律师事务所"票据刘团队",20多年来一直专注于票据交易、商事、刑事非诉与诉讼案件的研究,是国内首家运用"法律+互联网+金融+众筹"商业模式而创设的律所,设有全国票据争议解决与危机化解中心,第一期已在全国众筹设立了40家办公室(律师事务所),立志成为中国解决票据商事刑事案件最佳方案提供者。他们灵活运用独特的"以诉促调、以调促易、以易化解"十二字方针,在新常态下探索律师法律服务产品定位,以法律为根本出发点,利用互联网的快捷全方位的特点,将联合众筹的资源性和金融资产的固有属性有机结合,由点线面切入,使社会资源以及票据的案件形成漏斗式的聚合收集良性循环的生态圈。

作为浙江财经大学法学院的实务导师,刘涛律师在2015年暑期开始为学生安排实务课程及实训岗位,取得了良好的效果与社会影响力且逐步推广。今年，我有幸来到仁谐律所实习，跟随刘律师熟悉律师工作，汲取经验，领略智者风范，与刘律师建立了良好的师生关系。

实践感悟（金　韵）

实习，是每一个大学生都必须经历的与社会相融合的过程。而我在进入大学后的第一个暑假，就有幸获得了去律所实习的宝贵机会。7月4日，我和周晗同学来到了浙江仁谐律师事务所，跟随我们的实务导师——刘涛律师进行为期一个月的实习。

在暑假进行实习，是我们非诉实验班的传统。学院为每位同学配备了一名实务导师答忧解难，作为指导我们从理论走向实际的引路人。导师均由具有一定社会知名度的专家型律师担任，在课外对我们进行实务课程的教学指导。而我跟随的刘涛律师，在去年便开始为法学院的学生安排实务课程及实训岗位，不仅从业经验丰富，指导学生也是一把好手。

我喜欢法学是有一定渊源的。我的爸爸在公安系统工作，妈妈在新闻单位担任党组秘书，也兼任法务工作，他们都是知法懂法的人，这对我形成了一定的影响。平日里，我喜欢关注时事热点，也会和爸妈展开激烈的讨论，但对一些法学方面的知识仅仅停留在抽象的认知上，甚至是一知半解。现在终于可以系统地学习法学知识，但一年来的在校学习接触到更多的是理论性的内容，所以我非常期待此次的实习，为我提供将理论和实践相结合的契机。

实习的第一天，初次走进律所，已跟随刘律师一年的学姐热情地接待了我们。当我们还在好奇地打量着全新的环境时，刘律师来了。和刘律师已不是第一次见面，在之前和律师们的见面会上，我就已对刘律师有了些许印象。刘律师的个子挺高，虽然年过半百，看起来却依然还是个充满干劲的年轻人模样。我们围着桌子坐下，刘律师拿出电脑，让我们将投影仪和电脑连接好。然而我们三个人捣鼓了半天，将几根线插好后便自以为完成了，谁知刘律师开口道："你们觉得插对了吗？"这一问，问得我冷汗直冒，看来是插错了。我们又研究了一会儿，最后发现是输入和输出弄错了。刘律师说："一件小事就足以体现你们的观察力还不够。而作为律师，最重要的就是观察力。"听了这话，我暗想：看来刘律师是个挺严肃的人。接着，刘律师开始用ppt向我们介绍自己及律所。

为了让我们几位刚从大学理论课堂里走出来的同学更快更好地理解和融入律所工作，刘律师耐心地从律所工作要求、法律服务人员须具备的素质等话题切入，希望我们注重法律服务工作细节，尽快完成从学生思维到职场思维的转换。为了让我们有更直观的感受，刘律师通过引用典型案例，并将案例中的法律关系以图表的方式呈现，从1的6次方、2的6次方、3的6次方的灵感启迪入手，告知我们在每个案卷当中至少涉及六种思想观点火花的碰撞，即原告诉称、被告答辩、本院认为、学理阐述、案例检索、立卷人的认为与判断六个方面，这种思维方法可以让我们初学者将案件理解得更加全面透彻。刘律师认为，细节决定成败。要获得最后的成功，要从大局入手，也要将细节做得完整、漂亮。回顾庭审，总有很多需要完善的地方，例如细节是否熟悉，表达是否足够严谨，一个疏忽也许很难通过再努力来影响案件的结果。

最后，刘律师系统地介绍了电话拨打及接听、首次接待案件当事人、邮政特快专递面单填写、诉讼资料装订、律师函签发等 20 余个实务操作指引，特别强调各类文件的书写规范以及制度原则，详细阐述了应对各类突发案件的方法和心态。听律师说了这么多，我们依然没什么实感。于是，律师给了我们几摞厚厚的案卷，让我们从整理案卷这项基础工作入手，对律所以往承办的票据、法律顾问、商事、刑事案件进行立卷、归档。

初次接触案卷，看着眼前种类繁多的委托书、起诉状、证据材料，我们都是一头雾水，不知从哪开始下手。学姐看我们一脸茫然，给了我们一份示例目录，让我们按照目录上的文件顺序将手中的案卷排好序，并编写每一本案卷独有的目录，写好办案小结。于是，我们便慢慢开始摸索起来。

装订第一本案卷的过程总是艰辛的。这是一个法律顾问卷，里面包含了刘律师在担任天海管桩有限公司的法律顾问期间为公司解决的一系列法律问题以及提供的法律服务。我按照示例目录将所有的材料大致排了个序，却在时间问题上犯了难：这些材料既有 2010 年的，又有 2011 年的，这该怎么区分？纠结了半天，最终还是硬着头皮去问了律师。刘律师接过案卷，只是随意翻翻，便熟稔地将整本案卷的案件都梳理了一遍。他告诉我，年份不同就分成两本来做，很简单，又指出了几处我做得不妥的地方。道谢后，我走出办公室，紧紧揪着的心这时才得以放松。其实，我们对一些简单的问题不要羞于启齿，只有敢问、多问，才不会把简单的事情复杂化。而提出问题不会让律师觉得厌烦，相反，他们会很乐意且耐心地为你解答疑惑。

在经过数次排序、整理，一次次推翻又重新来过之后，我终于在两天内完成了我整理的第一本案卷。一个跨度多年的案件，在我的手里一两天就完成，短时间里高效地了解了一个案件的进程，心里有着满满的成就感，同时也让我明白，看似简单的工作其实在没做之前还是需要时间去熟悉和掌握的，比如装订次序和办案流程紧密相关，也和相应的司法程序相对应。所以，如果要了解和熟悉律师的办案流程及案件的司法程序，只有用心、耐心和专心。

在接下来的实习中，我们在实践中接触了律所工作的方方面面，把自己大学学习的理论专业知识转化为实际工作。在差不多摸清楚了案件的大致程序后，我整理案卷的速度逐渐快了起来。在整理完一本刑事案卷时，刘律师要我写一篇刑事的办案小结。之前整理的都是法律顾问的案卷，写同类的办案小结已经驾轻就熟，可刑事的办案小结从未接触过。凡事都有第一次，我没多想，在网上搜了搜范例便模仿着写完了。没想到，刘律师看过后大发雷霆：一个妨害公务罪的案件，我作为立卷人，没有站在为委托人辩护的角度看问题，反而站在了对立面，以公安的角度叙述了整个案件。刘律师毫不留情地指出了我的问题，但还是一字一句地指导我修改了整篇小结。在被律师批评时，我很伤心，也很不服气，事后平静下来反思了自己，因为爸爸是公安人员，而且平日里的爸爸总是象征着正义，所以我总会不由自主地偏袒公安机关。然而，在这个案件中，作为被告人的辩护律师，我该考虑的是以法律为依据，维护委托人的利益，而不是因为自己的私心而偏袒任何一方。这也让我明白，法律虽是维护正义，但有时律师也会站在道德上“正义”的对立面。无论是为天使代理还是为魔鬼辩护，作为律师，追求的应是委托人利益的最大化，只说法律上的是非曲直，尽可能不带价值判断。

这一个月里，类似的事情还有很多。我们私下总是会吐槽，“今天又被老刘骂啦”“全世界都在凶我”，可我们都明白，刘律师是真的很负责。没有把我们交给助理管着，凡事都亲力亲为，不批评我们的时候也很和蔼，包揽了我们的午饭，还总爱在吃饭的时候给我们喝些心灵鸡汤。短短的时间里，刘律师教给了我们很多，不仅仅是专业知识，更是人际交往方面的小细节。平时同学之间，由于大家都没有真正踏入过社会，在待人接物、相互交往间，总是略显稚气。我们会为一点小事，一句无意间的话语而争辩不休；也常常会粗枝大叶，忽略刘律师最看重的“观察力”。在这里，虽然我们总会因为小错误挨骂，但相处融洽和谐，因为刘律师是个很有原则的人，同时也有一颗包容的心，尽管我们犯了错，还是一而再再而三地指导我们。还有一同实习的同学们，稳重踏实又热情的周晗，机灵活泼的学姐以及她的小弟，民航大学的法学生小沈，这些都是我实习过程中的好伙伴，与他们共度的时光也是这一段经历中无比珍贵的记忆。

“纸上得来终觉浅，绝知此事要躬行。”在短暂的一个月实习过程中，我深刻地感受到自己所学知识的肤浅和在实际运用中的专业知识的匮乏。在学校里，以为期末考试的分数漂亮，自己就学得不错了，可一旦接触到实际，才发现自己知道的太少，这时才真正领悟到“学无止境”的含义。法学是一门实践性很强的学科，法学需要理论的指导，但是法学的发展是在实践中完成的。而我们的实习，不仅让我们每个人都意识到，只学习课本上的知识是远远不够的，更是为我们大学的理论学习增加了丰富的实践经验，为走出大学做好充分的准备。感激刘律师，感激一路走来遇到的每一个人，不论时间的长短，你们的教导和陪伴都让我有了无以言表的美好体验和回忆。期待着下一次的暑期实习，能让我拥有更丰富的经验和阅历，让我成长为一个真正优秀的准律师。

实习之路（周 晗）

浙江仁谐律师事务所刘涛主任，作为浙江财经大学法学院实务导师，在2015年暑期开始为该学院学生安排实务课程及实训岗位，取得了良好的效果和社会影响力且逐步推广。

浙江仁谐律师事务所前身为北京浩天信和（杭州）律师事务所“票据刘团队”，20多年来一直专注于为票据交易、商事、刑事非诉与诉讼案件的研究，是国内首家运用“法律＋互联网＋金融＋众筹”商业模式而创设的，设有全国票据争议解决与危机化解中心，第一期已在全国众筹设立了40家办公室（律师事务所），立志成为中国解决票据商事刑事案件最佳方案提供者。他们充分运用独特“以诉促调、以调促易、以易化解”十二字方针，在新常态下探索律师法律服务产品定位，以法律为根本出发点，利用互联网的快捷全方位的特点，以及联合众筹的资源性和金融资产的固有属性有机结合，由点线面切入，使社会资源以及票据的案件形成漏斗式的聚合收集良性循环的生态圈。

为了让我们更快更好地理解和融入律所工作，刘涛律师利用循序渐进的教育方法，耐心地从律所工作要求、法律服务人员须具备的素质等话题切入，希望我们注重法律服务工作细节，尽快完成从学生思维到职场思维的转换。细节决定一个人的态度，有时候会决定成败。刘律师通过引用典型案例，并将案例中的法律关系以可视图化的方式呈现，从1的6次方、2的6次方、3的6次方的灵感启迪入手，告知我们在每个案卷当中至少涉及六种思想观点火花的碰撞，即原告诉称、被告答辩、本院认为、学理阐述、案例检索、立卷人的认为与判断等六个方面。这种思维方法可以将案件理解得更加全面透彻，从小点拓展开来形成网络结构，可以收入反馈更多。在最短的时间内完成最大量的模拟实训课，一个跨度多年多月的案件在我们的手里一两天就完成。这种方式有助于我们快速提高专业技能与认知，把别人的实战经验直接转化为我们的实战模拟训练，有助于我们从不同角度认识问题。

实践感悟（周 晗）

作为非诉班的一员，2016年7月4日至8月1日，我和金韵同学很荣幸能有机会在浙江仁谐律师事务所进行为期一个月的实习。这次实习让我感触颇深，收益良多。在这期间，我也观察到了作为一名优秀律师所具备的品质。

对于大一的法科生来说，去律所实习真的挺令人畏惧的，毕竟我还是一只地地道道的法学菜鸟。但是对于新鲜的事物，我们往往又满怀着希望与憧憬。

就这样怀着胆怯和憧憬，我们开始了第一天的实习生活。我惊喜地发现，跟我们一同实习的还有2014级非诉法律实验班的郭学姐！郭学姐是一位刚从台湾交流学习回来的优秀女孩儿。刘律师对她赞赏有加，她也顿时成了我们的榜样。我们接下来的实习生活在她的指引和帮助下越发顺利。

实习第一课，刘律师流畅自如的谈吐便给我留下了深刻的印象。他深入浅出、图文并茂地讲解了目前正处于探索阶段的法律“互联网＋思路”，以便于我们在工作实践中明确目标、厘清思路。他认为要获得最后案件的成功，既要从大局入手，也要将细节做得完整、漂亮。回顾庭审，总有很多需要完善的，例如细节是否熟悉，表达是否足够严谨，都会影响最后的判决。

刘律师还系统地介绍了电话拨打及接听、首次接待案件当事人、电子邮箱使用、邮政特快专递面单填写、诉讼资料装订、律师函签发等20余个实务操作指引，强调各类文件的书写规范以及制度原则。他严谨认真的态度感染了我们，阐述了应对各类突发案件的方法和心态。他还用三个建筑工人的心态故事激发学生的工作热情，打开了我们的思路，拓宽了我们的眼界，加深了我们对律师的认识，让我们要有长远的目光，努力让我们在这次实践中获得新的成长。

总之，第一课让我对刘律师有了初步的印象：口才了得、思路清晰、逻辑缜密，最重要的一点就是注重细节。所谓的细节，并不是嘴上说说而已；律师在办案的过程中，只有注意到一般人没有注意到的细节，才能赢得最终的胜利。反之，如果你连一般人注意到的细节都忽视了，失败也是必然的。

律所的纸箱里满满当当全是之前案子的材料，全是这些年刘律师办理的案子，案子的时间跨度短则几个月，长则五六年，厚薄不一。由此可见律师的坚持。我们虽然不知道这些案卷是刘律师多少次的劳累奔波换来的，但单单从一些案卷的厚度就可得知，律师这行，不单单是说说而已，是非常需要毅力的，而这些就是我和小金接下来这些天的任务，整理装订案卷。

我清楚地记得自己整理的第一件案子是一桩刑事案例，整件案子的脉络条理，我记得清清楚楚，因为这似乎是我第一次这么近距离地接触法律。在了解了刑事案件的归档顺序之后，逐一开始进行整理。刑事案件收结案表的填写，律师费的减免缓交申请，收据的粘贴，办案小结的书写，现在说起来顺溜的术语，当时拿在手里真的是一团糟。尤其是第一个档案，在我手里整理了整整两天半的时间，整个案卷一共不超过40页！这其中的原因，大概就是自己什么都不懂，而又不太敢问。我怕自己问的问题太幼稚，对于一个身经百战的老将来说，这些问题只会令人觉得啼笑皆非。刘律师似乎发现了这点。之后的日子里他和我们说得最多的一句话就是：不懂就问，没有什么害羞一说；只有你问了，我才知道你们的盲点，现在闷头盲干，只会浪费时间，降低工作效率。简单来讲一句话：简单，听话，照着做。句句在理，我也铭刻于心。

每次我去问问题，刘律师都会立刻放下手中的工作，细心地给我解答问题，由一个小的方面扩展到大的方面，结合社会舆论焦点等问题分析。运用他理性的思维，在观察社会现象和分析社会事件时提供一种独特视角，打通一条透过事物现象看到本质的通道，慢条斯理娓娓道来，聊着聊着就是大半个小时，我也并不会觉着累。最初，收结案表，减免律师费表的填写，几乎每个空格都给我们讲解注意点。办案小结里的每一个标点符号，他都不会忽略，要求言语尽量简洁明了。他说自己写的东西要读出来修改，才能表达出自己想要的东西。久而久之，我实践之后，真的十分赞同这个观点。装订案卷的工作到了后期，逐渐熟能生巧起来，从案卷的排序到目录的编排再到封面的制作，所有的流程几乎可以一气呵成。当然每件案子都会有模糊的地方，我们也会再次请教老刘，他细致入微的讲解让我们对案件有了新的了解。这样老师的一些实战经验，就转化为我们自己的经验。我个人觉得，这样自己亲身钻研到案子中比在学校学一堆理论的效果要好得多。同时，我对刘律师的为人也有了新的认识：慷慨地授教，从不吝啬自己的经验；耐心地教导，慢慢地让我适应实习生活。

说实话，刘律师真的是拿我们当新人在培训，每次接待当事人的时候，都要求我们一起围观。当事人来咨询，他需要在一分钟左右的寒暄内搞清楚一件案子里的人脉关系；当事人开始讲来龙去脉，多是杂乱无序，添油加醋而且隐瞒不利因素，他需要引导并且仔细听清楚时间节点，金额等要素；在提问当事人的环节，他需要正确地提问，切中问题的要害，才能搞清楚事情。这些都是智力和经验的考验，需要准确地获取关键信息，我观察后对律师这个行业的认识又有了新的突破。

他还要求整理卷宗时周围不能放水杯，每次用完伞要放在该放的地方，书桌上不是什么都能放的，来宾来了要主动倒水招待。这都是一些平时我们容易忽视的细节小事，目的是要增强我们的眼力见儿。

时日久了，我们大伙也逐渐熟络起来，私底下称呼他老刘。老刘不仅工作上认真细致，他的生活品质也不低，这一点从我们的午饭就可以看出来，每天中午都是大餐，我们是浙江省人民大会堂的常客。有时候吃腻了也会换个地方，但是大家还是最钟爱人民大会堂。老刘说地道的杭州人都会来这里吃，我们也算是沾了不少光。这期间我们也发现了老刘的另一大特点：灌鸡汤。这鸡汤是走到哪儿灌到哪儿，在我们等菜的时候，他从做人、做事讲到怎样去积累法律经验，教我们复杂的事情简单做，简单的事情重复做，重复的事情用心做，每天都是新鲜的例子，有时候也顺便总结一下我们半天的工作状态，该褒则褒，该贬则贬。

令我印象最深刻的还是看刘律师开庭，先谈谈准备的物资：一大袋子资料证据，一台笔记本电脑，一个便携式投影仪，十分充分的准备。我们几个实习生坐在听审席，随着庭审的逐渐展开，我们也专注地做着笔记，思维跟着现场的节奏跳跃。在举证质证环节，刘律师凭借强大的法律逻辑和准确的法律适用努力地说服法官。这场战役几乎是一对三，尤其是在庭审辩论环节，基于对法理、法条的熟悉以及审判实务的充分研究，刘律师口若悬河，找准对方的细节漏洞，辩得对方哑口无言。我想：我们要经过多少年的实战训练才能达到刘律师的这种辩论水平啊。这样从容的辩论可能是直到开庭前一晚还在熬夜研究案例，不断推翻、修改代理词而得来的，如此往复。看来不管是从专业知识的阐述还是与法官的正面交锋，与对方辩护人犀利的答辩，都要准确地拿捏尺寸，每个环节都蕴含着技巧。法庭上的风光都是平时做事注重雕琢，凡事丝丝入扣的成果。着实，律师这行不是我们想象中的那般风光，只有真正的法律人才能了解这其中的苦。

我对律师的理解经历了这样三个阶段：从背法条到赚大钱再到现在明白律师的艰难与不易。要想成为一名优秀的律师不光需要深厚的专业支撑，敏锐的观察力，强大的人际沟通力，还需要庭审中的随机应变，时刻保持冷静平和的心。而现在的我每样都欠缺，我们缺少沉淀，不管是专业素养还是自己的心态。令人遗憾的是，我们一直对自己怀有理想与抱负，知道自己缺少什么，却很少付诸行动来填补自己的缺陷。

经过这一个月的历练学习，悲歌欢笑，我交到了很多朋友，也了解了律师的幕后——一个真正的法律人，虽说是光鲜亮丽存在着，但幕后的不易真的只有同行才能知晓。一行有一行的不易，每行也有每行独特的品质。律师这一行，平日里追求细致精准、庭审时沉着冷静、答辩时风度翩翩。这些都是我从刘律师身上观察到的。我想，只有我认清事实，明白自己和他们的差距，努力学习他们的优秀品质，才能更加坚定地走上未来的法律之路。感谢这次实习，它让我与这么多优秀的人相遇，实习是一份很好的精神食粮。

导师寄语[①]

对于新人的快速成长秘籍，我常说：简单、听话、照着做。在校生也是一样，无外乎在家庭、学校、社会之间架起犹如G20峰会会标图案一样的“桥”，用一座座桥记录美好，用一座座桥创造未来。人生赢在选择！既然命运让你们选择

① 刘涛，浙江仁谐律师事务所律师。

了浙江财经大学，而且是非诉法律实验班，也让你们选择了浙江仁谐这家票据专业律师事务所作为走进社会职场的第一个训练场，缘分。进入律所所要训练的第一个科目是“立卷——立事——立人”，1 的 6 次方、2 的 6 次方、3 的 6 次……N 个六种思想火花的碰撞，吸收程度如何？看你们自己的悟性，从“知道”到“得到”之间，或快或慢，何时架起“悟到”和“做到”两座桥梁，依据于做人、做事到积累法律专业知识。将复杂的事情变得简单，成为专家；将简单事情重复做，迈入行家；又将重复的事情用心去做，不成功也难，赢家也。

提起法律工匠，也许你们会认为这是特别的职业，但是我看来，任何工作的人手中都有一项“技能”，包括你们的父母在内。不光是我们法律工匠，那些商务人士、互联网 IT 人员、学校老师、医生、农民，世上每个人都是手中握有“技能”的专业人士。

无论在哪个行业，想要成为一流的人才，只有相信自己的能力，一边挥洒汗水、一边锻炼自己的实力，除此之外别无他法。

为了最大限度发挥自己的能力，基本功是必需的。律师的基本功最主要是两个，一是写，文字功底；二是讲，通过各种方式将本事传递出去，包括新近流行的可视化。如果基本功不扎实，就无法加以应用。所以，重要的是在年轻的时候，特别是大学时代，要在精神和身体两方面打好扎实的基础，提升自己，好让自己无论什么时候都不走偏。

趁着年轻时流汗学会的东西，将成为一生的财富。平时不忘记反复练习基本功，不忘初心，肯定能不断进步。如果可以讨人喜欢，“不可替代性”附加值就越高，肯定能成为一流的匠人。

也希望你们一定要发挥自己的潜能，在学习和工作上勇往直前。请坚持完成现在的学业和正在做的工作，通过你们自己所扮演的角色和工作，让周围的人开心。愿你们的人生，更加辉煌、灿烂、丰富多彩。

浙江浙联律师事务所实习体会

彭仟芸　周遥彬

实习之路(彭仟芸)

麻侃律师是我的导师，他是浙江永嘉人，现在是浙江浙联律师事务所管理合伙人、副主任，浙江财经大学兼职教授，浙江大学光华法学院实务导师，中华全国律师协会行政法专业委员会委员，浙江省律师协会行政法专业委员会秘书长，民建杭州市青年工作委员会副主任，杭州市上城区政协委员。先后毕业于兰州大学、上海社会科学院，多次参加和完成上海市市委宣传部、上海社会科学院等机构的研究课题，有较为开阔的社会科学视野。2003 年 7 月进入律师事务所执业，2006 年当选浙江省优秀行政法专业律师，2008 年当选浙江省十大“未来之星”青年律师。始终致力于行政，民商事法律，尤其是公司法律的实务工作。迄今在省级以上的报刊上发表各类文章数十篇，发表法学核心期刊的论文多篇。

导师对待自己的工作一丝不苟，接待客户平和和蔼，对案情的分析冷静客观，律师的所有应该具有的特质都在我的导师身上有所体现。导师对我们这些来实习的小菜鸟讲解起来深入浅出，能够让我们迅速进入工作状态。对于我们所犯的一些低级错误，导师纠正我们非常耐心，让我们不会过于紧张和自责。

在工作之余，我们的导师还给我们加餐，让我们吃到很多美食。在户外实习的时候，还会以一个杭州本地人的身份给我们讲解沿途的特色风光和建筑，让我们学到很多课本之外的东西，更加了解这个历史古城、风景胜城。

实践感悟(彭仟芸)

首先，我租住的公寓距离我实习的律师事务所很远，可以说借此机会体会了一下都市上班族朝九晚五的生活。杭州 7 月初的白天太阳很大很毒，每天步行 40 分钟上班，路上车水马龙，在我之前的印象里，白领的生活都是小资的，都是很享受很轻松的。但是现实却并不是这样的。每一个人都在为自己的未来而努力拼搏。

在律所中,或许因为我们是实习生的缘故,麻律师以及同办公室的律师们都十分照顾我们,工作强度并不大,每天的工作就是帮助律师整理案件、归档、再阅读那些已经处理过的案子,从中了解律师处理案件的流程,我认为这对我们法律思维的形成非常有帮助,因为我们毕业以后工作都是与法律打交道,早一些接触这些东西对于我们来说还是非常必要的。

律所的生活是非常繁忙的,每天都会有很多的人来向律师寻求帮助。有时候导师会让我们这些实习生旁听与当事人的谈话,并记录,便于我们了解案情的具体情况。然后在当事人离开后,导师会让我们提出自己的见解和分析,然后指出我们的错误,给我们提出改正的意见,这给了我很大的帮助。

在闲暇的时候,导师也会教给我们很多重要的东西,例如一个律师应该具备的素质等,让我学到了一个优秀的律师应该具备六大素质:诚实、勇敢、勤奋、幽默、雄辩、判断。诚实是律师的必备品德之一,否则会面临信誉危机;勇敢同样也是起码素质,在法庭上不能有羞怯和胆怯,果断勇敢才是法庭上的取胜之道;勤奋才能掌握全部事实,案件的所有细节以及所需法律的各个条款都应该烂熟于心,而这些没有吃苦的精神是办不到的;幽默看似鸡肋,但也是比较重要的,在沉闷严肃的法庭之上,几句鞭辟入里而又妙趣横生的话能够吸引人们的注意,也能体现出自己的智慧;语言是心灵的声音,一个律师对语言的应用必须达到出口成章的程度;判断力不可或缺,这需要在诉讼实践中反复磨炼才能获得。这只是导师对我们的教诲的一部分,但是真的让我获益匪浅。

在实习的过程中,律所组织了一次去法庭实地旁听的活动。在去的路上我的心情是忐忑的,因为之前还没有去法庭的经历,在我的印象里,法庭是庄严神圣,不可侵犯的。罪恶的人在这里接受法律的审判,正义在此地得以伸张。想到以后我会从事律师行业,我对这个地方也是非常向往的。

后来导师带我们这些实习生去参观了晚清江浙地区著名的红顶商人——胡雪岩先生的故居。胡雪岩是中国近代著名的红顶商人、政治家,富可敌国,在太平军攻打杭州的时候他从上海运送军火而被左宗棠赏识,后来成为左宗棠的左膀右臂,为左军筹备军饷、订购军火,并做了大量的情报工作,立下不少功劳。后来他又经营行军所需的药物和依仗军方势力开办钱庄。操纵江浙的商业,资金最高达到2000万两以上,人称“为官需看《曾国藩》,为商必读《胡雪岩》”。他从13岁以后就居住在杭州,因而杭州保留着他的故居。

我们在胡雪岩故居中举办了读书会,让大家畅所欲言的同时也感受到了法律书籍的魅力。学无止境,律师尤其需要不断学习、与时俱进。在读书会上,每一位律师都能就书中的内容侃侃而谈，让我们收获颇丰。

20多天的律所实习很快就结束了，给我的感触很多。虽然我的专业是法学，但在我的心里，法律一直都是高高在上、不可触摸、庄严的存在。经过这次和法律的近距离接触以后，我发现，法律并不是我想象的那样。什么是法律？法律是一种规范，规范着人们的生活，能够保证人们安居乐业，不会做出什么错误的事情危害自己和身边的人，也不会危害社会；法律是一种保护，保护人们的财产、人身安全和知识产权等等，使得它们免于不法分子的破坏和掠夺；法律更是一种武器，能够在我们的合法权益、公民利益受到损害的时候，作为一种惩罚手段，让违法之徒得到他们应得的后果。

在律所里，每天都有形形色色的当事人来求助于律师，他们对于自己无力解决的事情，最后求助于法律，这无疑是明智之举。我们在生活中遇到棘手的事情的时候，自己与之死磕到底往往是很愚蠢的选择，求助于法律往往是上上之选，法律绝对公正，能够明辨是非。这对于我们这些学习法律的学生来说可能是很自然的事情，但是还会有很多不懂法的人，他们畏惧法律，对法律无知，因而在遇到不法分子损害自己合法权益的时候，会不知道如何处理，想到这些我的心中就会非常担忧。这也要求我们法律工作者不光要帮助那些过来寻求帮助的人，也要做好普法工作，让更多的人心里常有法律意识，这样才充分发挥法律的作用，从根本上减少违法行为的发生。试想，周围人人都懂法，不法分子如何进行他的违法行为。

实习让我真正走进了法律的世界，了解律师们如何把法律的各个条款作为保护自己当事人权益的武器，也让我更加神往律师这个职业。"法律是公民意识自由而庄严的体现。"罗伯斯·庇尔如是说。作为未来的人民利益和社会公正的卫道士，我们要做的还有很多，还要好好努力才是。

实习之路（周遥彬）

第一次见到麻大（即麻侃律师）的时候，他儒雅的形象，温文的谈吐，给我留下了很深刻的印象。麻大似乎总是带着微微的笑意，即使是在与情绪激动的对方谈话时，麻大也总是用那样平和的语气，向外表露着他的诚恳，让人不再好意思继续发火。在律所实践的日子里，曾经有一位与某律师有私人过节的人跑到律所滋事，情绪极其激动，正是麻大出面，用他独特的魅力成功地将之安抚了下来，和平地解决事情。

麻大名侃，恰如其名，"侃"的功力深厚。十分有幸听到麻大分析各类案件，听麻大评点该如何写论文、如何写新闻稿、如何写律师函，条理十分清晰，目的也很明确，听完令人获益颇多。当我们被当事人灌输大量信息而崩溃后，麻大

说“律师是独立执业的，应当去分辨当事人的意图，主导当事人，不要做当事人的附庸”。这些话语让我们获益匪浅。

除开工作时的理性，更多的时候，我们见到的是感性的麻大。和其他的律师有所不同，麻大本在兰州大学修读文学，后转为法学。麻大身上显现的文雅的气质，我想也是文学专业出身的缘故。与麻大接触久了，发现麻大在生活中极富有文艺情调。麻大好书画，他的办公室里挂着各样的字画；麻大好酒，办公室里也藏着不少好酒，一回聊到兴头上，还拿出十二兽首杯作酒器，请我们一品，更是定制了一款酒；麻大好诗，牵头聚集了一群律师文青一块儿读诗……除此之外，麻大的感性还体现在他的社会责任感方面。麻大曾语重心长地告诫我们，“你们学法律的时候，不要把法律想成冷冰冰的东西，事实上每一个法条背后，都牵动着千万家庭、人间悲喜”，这一场景犹历历在目。虽然律师工作本已十分忙碌，但麻大仍抽出精力投身“大爱清尘”公益项目，关注着得尘肺病的农民工兄弟。

“言念君子，温其如玉”，在我的眼里，麻大就是这样一个温如玉的君子。

实践感悟（周遥彬）

感谢学校栽培，使我们有幸得在大一结束即有机会进入律所实习，也幸得麻大指点，在律所学到了不少东西，甚至包括人生的大道理。

首先，刚进入律所，我就了解到了信息收集和整理能力的重要性。归档是一项比较琐碎但也非常重要的事情，相关文件按案件的进程进行归纳，以便在为当事人进行后续服务或者遇到类似案件时，能够快速地查找到所需资料。在麻大办公室，所有的资料和案卷都被分门别类地摆放，同在办公室的律师助理能够很快地反映出某个案卷的大致位置、内容。在律师助理的电脑上，收藏着不少网站和应用软件，用于检索各类信息，如相关法条、企业登记信息等，在工作时需要相关信息，能够很迅速地搜索到，非常方便，也非常有用。律师助理个人还整理、编制了各类合同的模板，在日后帮助企业拟定合同时，可以将效率提高很多。麻大在分析案件的时候，会绘制思维导图，简明晓畅，方便自己和他人理解，将各个环节、要点展示得比较清楚。同时在处理比较复杂的案件时，还会编制案件大事记，比如何老先生的案件，这是一桩极其复杂的、涉及从 1994 年开始的多次诉讼的案件，何老先生自己提供的资料据说完整版足足有 39 斤重，看起来令人头大，而编成大事记之后就能够比较快地理清整个案件。

在律所实习过程中，我还了解到了如何更好地进行表达。曾听到麻大指点该如何写论文，麻大提到，写论文目的性要非常明确，要知道文章写的是有关何种内容，在相关领域哪些点是有价值的，然后需要将这些点重点呈现，这才是一篇有价值的、优秀的论文。麻大强调在庭审过程中也要学会抓住重点，要以法官为表达对象，不说废话。麻大将这种思维方式称为“格局”。这一点我觉得非常重要，在参加辩论队之后，自己也越来越明白好好表达有多重要，很多时候发现自己不知道自己在表达些什么，回顾自己在 QQ 上和人讨论问题的记录，发现谈着谈着，话题就偏到十万八千里外，与原来的话题毫无关联了，最后回头一看，虽然这儿那儿的扯了很多东西，但整个讨论完全没有意义。在辩论的时候，尽管本方已经充分地进行了说理，但对方可能仍会进行纠缠以期迷惑评委，这时候不能恋战应当及时摆脱。在麻大经手的购房后因对方未还贷款而不能过户的案件中，对方当事人能言善辩，本方当事人心有惧焉，因而聘请了律师。对方当事人挪用了双方约定好本应用于偿还贷款的资金，使得房屋无法过户，给本方当事人资金流转造成不便，并在庭审中理直气壮地反复声称因生意亏损已无法还贷，不承认违约，不承认给我方当事人造成损失。麻大在庭审中目的非常明确，紧紧抓住重点进行论述，不理会对方当事人无关的言语，使法官听懂了整个事件。最后由于对方当事人无关言语过多，态度过于恶劣，引得法官恼怒，法官直接进行了驳斥。这就是运用格局的成功例子。

麻大曾很多次强调一句话：“律师是独立执业的。”一家聘请麻大为法律顾问的公司曾要求麻大发一封律师函，甚至连内容都拟好了。这本来是一件非常简单的小事。但是麻大认为，律师是独立执业的，应当为当事人的最大利益考量，进行独立判断，不能简单地做传声筒。于是麻大仔细分析、推测了该公司发律师函的原因和目的以及可行性，认为发律师函不妥当，最后打电话向该公司说明了理由，建议不要发这封律师函。在麻大所接手的海宁盐官强制拆迁案中，当事人本人就从事相关行业，对此比较了解。我曾听当事人本人陈述案情，被大量的信息轰炸得焦头烂额，听完也是一脸茫然。麻大事后看到这种情景，及时点拨道：“律师应该去主导和当事人的谈话，不要被动地吸收，而要主动地获取。在这个案件中，当事人虽然掌握大量信息，但是缺乏法律素养，这正是他要依赖于我们的地方，因此需要我们去告诉他，哪些信息是有效的。甚至有时候律师还要分辨当事人是否在撒谎或是隐瞒什么东西。”原本我认为律师是服务业的，应以当事人的要求为准，这两次事件和麻大的话及时地纠正了我的这一错误认识。

在浙联律所的会议中，律所主任多次向年轻律师强调“专业化”这个词。专业化已成为一股趋势。在入行之初，出于生存考量，年轻律师可能需要饥不择食，有案子就接，但是与此同时，应当尽早地根据自己的特长和喜好选择某一领域进行钻研。当然了，这席话对于我们来说为时尚早，尚未通过司法考试、尚在学习阶段的我们，还是不能挑食的，必须认认真真地学习每一领域的知识。但是日后如果走上律师这条路，这项建议将会非常重要。

认真、严谨的工作态度也是我在律所实习时感受到的非常重要的东西。由于麻大的各类事务繁多，因此合理安排好时间非常重要，因为如果遗漏了某件事，可能会造成极其巨大的损失。麻大会将各类事务告知律师助理，进行记录，并且设立时间规划表，安排好各个活动的日程。在每一次庭审前，麻大都会进行认真的准备，确认查证各种证据，并且草拟出庭审提纲，针对对方可能提出的各种观点进行预演。

除此之外，在一个月的实习生活中，从麻大身上，我感受到最深的东西，是一种情怀。

很多人最早接触的律师，都是源于荧屏上的各种律政剧，剧中的律师，为正义在法庭上展开激烈的交锋，为追求法治而努力。诚然，法治可能不完美，即使是在目前法治化程度很高的欧美，法治也存在很多问题。但不论如何，在现代化的进程中，追求法治化是人类的共识。在当下，中国也已提出依法治国，开始了法治化进程，并且越来越重视法治。麻大说，在这样一个时代里，作为一个法律人，是应该感到骄傲的，并且法律人在这个时代是大有可为的。国家行为主要分为立法、司法、行政三种类型，法律人主要在微观而具体的司法层面上为某个当事人的某项具体利益服务，实现所谓的个案的矫正正义。而法律人在每一次对个案进行“矫正”的时候，在每一次用心进行法律服务的时候，应当认识到，这不仅仅是在为稻粱谋，其实也是实现整个社会的正义，这是在告诉整个社会，合法的利益是受到法律的保护的——这就是法治的精神。当法律人的这种努力，在社会凝聚成一种共识，当大家都认识到合法利益受法律保护并且在行动中体现的时候，法治化也就实现了。一同实习的小伙伴曾经问麻大这样一个问题：律师怎么看待替坏人打官司这件事呢？麻大回答道，因为即使是坏人，他们也有一部分利益是受到法律保护的，而律师的职责就是保护合法利益，尽管局部层面来看有些人可能认为这是不义之举，但是从更大的格局来看，其实这也是在追求整个社会的正义。

麻大经常说，要心存善念。律师每年都有一定的法律援助任务，这自不必多说。除此之外，麻大在浙大担任实务导师，在浙财组织了浙联律师学院，他说他在成长路上得到过许多前辈的帮助，于是在有一定成就给予后辈一些力所能及的帮助，是回报社会，也是一种精神的传递。在实习生活里，确实能见到麻大时常指点后辈“你们在法学院学习各种法条，可能有时候会感到比较无聊，但是，事实上每一个法条的背后，都牵动着万千家庭、人间悲喜”。“不要把自己局限在法科生的专业书籍上，否则你会错过很多精彩的东西。”……这些话语犹萦绕耳畔，尽管有些话可能以我的阅历尚不能理解，但麻大言语中那份诚恳令人感动。

值得一提的是，麻大还参与了由著名记者王克勤发起的“大爱清尘·寻救中国尘肺病农民兄弟大行动”，并且组织筹备了浙江工作区，在律所实习的时候，亲眼见到了麻大参加了不少相关活动，付出颇多心力。

金庸先生曾说，侠之大者，为国为民。一位大侠的练成，不仅要求在武功招式上的超绝，更要求在心境品质上的磨炼。而为社会正义、推进法治化努力的律师，也许可以称为现代意义上的大侠。作为一位“小法师”，如果想要成为未来的法律人，我需要做的，恐怕还有很多。

导师寄语[①]

在今天的中国，成为一个法律人是幸运的。时代为我们准备了最好的机遇。

请在大格局中认识你们的机遇。法律人在今天、在这个国家应承担怎样的社会责任？回答好这个问题，能够让你们更准确判断自己事业的基石和驱动力。法律人要致力于实现社会正义，而作为律师，更准确地说是要帮助当事人实现矫正正义。我们的工作正在强化这样一种社会认识：合法权益是应予以保护的，即便是“坏人”的合法权益。保护合法权益就是保护法治。短短一个月实习，你们看到的只是法律实务中琐碎的事务性工作，如何修改好一份诉状，做好一次庭审。看起来一切只是在为稻粱谋，但是如果你们把它们放到大格局里考量，其实我们正在努力实现法治。

同样的，我也希望你们能在大格局中重新认识学习。学习的目的是“成为更好的自己”，绝不仅仅是操练职业技能。人类从来没有独立的法律史，更没有亘古不变、放之四海而皆准的法律。任何一部法律都只属于某一个特定国家的某一个特定发展阶段。任何所谓“正义”，都是有时空限定的。千万不能以为在法学院读了几本法学理论书就掌握了丈量一切的真理尺子。对“社会现实”的认知极为重要，它需要我们保持谦卑并不断用经验去夯实。如果你们不保持谦卑，不去探究那些所谓正义的社会基础，那你们对法律只能知其然而不知其所以然，你们又怎能看到这些正义的历史发展趋势呢？我很希望你们在法学之外，能多阅读政治学、管理学、经济学，乃至文史哲的经典，尽可能去拓宽思考问题的格局。格局往往是靠“无用之书”撑大的。

最后，请心存善念。我们身处商业至上的时代，人们习惯用利益去衡量人和事。但是对法律人而言，如果价值判断完全被商业主义所遮蔽，则非常危险。

① 麻侃，浙江浙联律师事务所律师。

人性逐利，但你们应该有更大的利益格局，去觉察那些可能被商业利益遮蔽的更远大的利益，尝试去追求那些有利于子孙后代福祉的利益，这是更大格局的利益。更智慧的人应该会去追求更大的利益。

祝愿你们能成为更智慧的人！

感职场氛围 品职业魅力

——浙江六和律师事务所实习体会

朱　菁

实习之路

说起来能遇到朱律师是我的幸运。当初选择朱律师的原因比较简单，一是对朱律师的执业时间感到敬佩；二是感到同是姓朱很是亲切。虽然说在实务导师见面会的时候，朱律师说进“六和”需要面试，我的内心多少都有点担心，但经过和朱律师的一番交谈后，发现朱律师是个十分和蔼可亲的人，脾气很好。说了这么多，还是由我来介绍一下朱律师。

朱亚元，男，高级律师，1987 年 7 月毕业于浙江大学（原杭州大学）法学专业，并于当年开始律师执业，现为浙江六和律师事务所合伙人，证券法律业务部主任，浙江省律师协会证券与资本市场专业委员会副主任，并于 2009 年被浙江省省直律师协会评为“优秀证券专业律师”。现在，朱律师专注于公司、证券、投融资方面的非诉业务，可谓是术有专攻。

朱律师说当初六和所建立的宗旨就是成为一家以不打官司做律师为主的律所，现在六和所的非诉业务已经是很多很成熟了。他还说诉讼业务是每个律师入行的基础，他刚开始做律师的时候也是什么类型的诉讼案子都会去做，基本从 2008 年之后，他就专注于公司、证券、投融资这方面的非诉业务了。另外，朱律师还提到在律师行业，未来非诉业务将会更常见，行业对于非诉律师的需求也会增大，他肯定了我们这个非诉法律实验班存在的意义，也坚定了我想要成为一名非诉律师的信念。

不得不说，朱律师是我学习的榜样。他为人亲切和善，没有架子，对我们这些新人很是照顾，可以说，朱律师不仅是我法律之路的导师，更是我人生之路的长辈。感恩有如此的机会进入六和律师事务所跟随朱律师实习。

实习感悟

(一)初遇六和

7月,杭州。

怀揣着欣喜和不安,在2016年7月4日的早晨约9时许,我来到了浙江六和律师事务所,公元大厦北楼从此成为我这近一个月频繁出入的地方。

六和律师事务所的理念很吸引我。

物华天宝,山色藏灵隐青幽;人杰地灵,湖光映满陇翠秀;近浙大而临西湖,善若水而利万物;身和同住,口和无诤,意和同悦,戒和同修,见和同解,利和同均——以和的文化传颂文明,是为六和。

君子本无诤,以和为贵,六和律师事务所所体现的正是这种精神,这种精神正是我们这些青年人所需要学习的。

还记得,在干净素雅的六和会议室,与朱律师的第一次交谈,他亲切地询问了我们的一些情况。第一次和大状面对面交谈的感觉有点紧张,也有点兴奋,当时心里对这近一个月的实习充满了期待。

一切的一切,都是新的,也算是大姑娘上轿,头一回吧。

在签完实习生协议之后,行政部门的姐姐给了我们一张门禁卡(感觉好高大上),随后就被带到了18楼,原因是20楼已经没有位置了,独立的办公地点还真不错。因为是第一天所以印象尤其深刻,第一天没带电脑的我生生是用手机看了一上午的新三板和IPO的法律意见书和补充法律意见书。《公司法》都没有学习的我,一开始看这些东西的时候真的是一脸懵逼,从最基础的含义开始查起,了解了许多新的名词。

到了午饭时间,大家都开始在朋友圈秀起了自己的工作餐。大家的午餐都不错,很丰盛,营养100分。如果不是非诉实验班的原因,自己又怎么会如此幸运进入六和律师事务所实习呢,所以这里还要感恩非诉这个班。

下午的时间对于一个没带电脑的新人真的有点漫长,还好我带了本子,可以写点东西。后来,我从隔壁小哥那里拿了两本卷宗看了起来,不是很厚的卷宗,一个故意杀人案,一个民事诉讼案,在这里我明白了一个问题,所谓故意杀人并不是内心有故意的心理状态,只要是行为是故意,就算是内心是要伤害的心理状态,却做出了致人死亡的故意行为也是故意杀人,因犯罪人的心理行为不可知,就只能通过他的实际行为来断定他的行为是属于故意杀人还是故意伤害了。

(二)渐渐熟悉

有句话说得好,一回生,两回熟。摆脱了陌生,我开始融入这个新的环境中。

律所的律师都很和善,行政那边的姐姐们人也很好,也开始认识一些一同实习的小伙伴,日子变得丰富有趣起来。

第二天下午,跟着朱律师参加了一个国有企业和自然人签署一致行动协议有关法律问题的会议,和我一起的同学基本是全程"懵逼"的,直到后来朱律师让我们写关于国有企业和自然人签署一致行动协议所需要注意的法律问题,我一点一点去网上查询学习相关资料,才逐渐明白会议问题的关键所在。明白了什么叫一致行动协议,什么叫关联董事表决回避,这些可能都是在学校里无法学习到的。这里不得不说的是,真正律师的境界就是自己很专业,但要会用通俗的语言讲给当事人听,让他们理解。

朱律师告诉我们,对于一个问题的见解或者看法要在第一时间形成书面稿,为的是保留第一时间或者说是当下的想法,否则等时间过后就可能无从写起了。这一点,对我来说,很是受用。

在所里,能忙起来,有事情做,是一件让我开心的事。即使是给卷宗打编码、整理卷宗、复印打印文件这种看起来是小事的工作,我也会认认真真地去做,至少我知道该如何给卷宗打编码,学会了如何整理诉讼案子的卷宗和非诉案子的卷宗,学会了复印打印,就算是机器出了问题,我也能应对自如了,这样就避免了以后真正工作时的很多问题,总之,能学到东西就是好的。

日子过得也是挺快的,渐渐地,我就可以一个人(虽然基本没有一个人的时候)顺利地穿过地下停车场,从北楼走到南楼去了,试想,一个没有方向感的路痴,都已经知道路了,那一定是过了挺久的时间。

看了一段时间的新三板和 IPO 的法律文书后,朱律师又让我们总结了这些法律文书的基本内容,也就是其中的一些概括性、普遍性的内容。自己通过整理,也就加深了对之前自己看的那些律师工作报告、法律意见书和补充法律意见书的理解,可以算是一种升华吧。这也让我对朱律师从事的非诉业务领域有了进一步的了解。非诉讼律师,不是我以前单纯地理解为不打官司,做调解工作的那种律师。就拿朱律师从事的领域来说,更多的是一种法律上的指导,如一个公司想要上市公开发售股票,非诉律师就要核查该公司是否具备合法的条件,是否在近几年存在违法行为,是否符合上市公开发售股票的规定,等等,针对这些问题出具法律意见书及补充法律意见书。

后来,朱律师有几日出差,团队的高律师教我们写公司的历史沿革,根据底稿和一份样稿,自学如何写公司的历史沿革,虽然这看起来有点困难,但这更是对我们自学能力的一种锻炼。一份公司的历史沿革写完,我自己也就明白了公司的哪些变动是需要写进历史沿革的,哪些变动是不需要写进的。

几天后,朱律师针对我们写的东西进行了指导,并提出了新的学习任务:债务性的融资工具有哪些?又是一个全新的知识点,学会了,就又长知识了。对于新的事物,我还是很想知道它是何方神圣的。

在日子变得日复一日时,发生一些改变就是令人惊喜的。在朱律师的安排下,我们跟随林律师和孙律师出差到慈溪,说来也是巧了,出差的地方离我家不远,顺便回了个家,很棒。在顾问公司的时候,时常需要我充当文印员,这复印并不仅仅是复印个文件那么简单的事情,还需要和顾问公司的管理层或者员工打交道,更多的是学习如何更好地与他人交往,这是以后做律师的第一步,更是至关重要的一步。

(三)做好最后的工作

总是感觉时光流逝太快,在实习还剩下不到两周的时候,朱律师交给了我们一个比较大的非诉案子(一个借壳上市的案子)的收尾工作,其实就是对底稿重新整理,有太多的电子稿文件需要打印,最让我们崩溃的就是一个 PDF 文件好几百页,文件传输就要半个小时以上,好不容易快传完了,打印机又不正常工作,没办法,只好从头“传”过。打印完了,只是这项工作的开始。面对一屋子需要整理的底稿,还真是让人望而生畏,好在那几日可以透过 18 楼的落地窗看到对面的黄龙体育馆以及窗外的风景。嗯,窗外的风景真美。

底稿用所里最厚的卷宗装订,也有 50 多卷,并且每本还都是满满当当,根据整理的底稿,按照律师的要求,我们给底稿的卷宗做了一个目录,方便查阅。在最后的日子,我们完成了最后的工作,实习也就这样接近了尾声。结束了最后一天的工作,这个项目的收尾工作也完成了,实习圆满结束了。

傍晚的时候,朱律师发来微信问我们这个项目收尾工作的完成情况,我们告诉他已经做好了,紧接着,他又说,这个项目做完,下周再出差一趟。我当时有点懵,回复朱律师说我们实习期已经结束了。真的结束了吗?不,还有实习第二季、第三季。

在六和的日子,感谢与你们相遇,律师们的专业精神加深了我对律师职业魅力的感受,六和所的律师们在工作时专业而认真,休息时也可以互相谈笑风生,很是和谐,真乃六和也。

希望自己能够在以后的实习中学到更多东西吧,来年夏天,老地方,在六和,我们不见不散。

想要感谢在六和实习这段时间认识到的人，感谢朱亚元律师以及他团队里的其他律师，感谢律所其他的工作人员，感谢一起实习的实习生们，感谢悉心呵护盆栽的大叔和每天清扫垃圾的保洁阿姨，感谢早晨在楼下帮忙开门的保安叔叔们，真心感谢他们。

导师寄语[①]

根据浙江财经大学法学院的相关工作安排，2016 年 7 月 4 日至 8 月 4 日期间，2015 级非诉法律实验班朱菁与咸磊两位同学前来浙江六和律师事务所进行了 2016 年暑假实习。我作为他们的实习导师，安排、指导了整个实习过程。总结为期一个月的实习，我觉得我们共同迈出了良好的第一步。

实习开始之前，我们进行了面对面的交流。我仔细听取了他们对实习的思考和期待，了解了他们的专业学习进度和此前的实习情况，为本次实习的内容安排和日后的指导奠定基础。在此基础上，我介绍了律师非诉业务的概况和特点、六和律师事务所和本人的业务概况及特长、个人关于非诉业务的理解和心得，为两位学生的实习做必要的铺垫和指点。

在交流过程中，我大概感受了两位学生的性格特点和课内专业学习基础，也仔细询问了他们的学习、思考和研究总结的习惯和方法，为实习内容和指导侧重点的确定寻找方向。

在双向交流的基础上，我把本次实习的重点确定为全面了解感受律师非诉业务的重点和常见类型。为此，两位实习生各周的实习内容依次为："新三板、IPO 业务中的律师文书及其主要内容""非诉项目中公司历史沿革下的公司法若干问题""律师并购业务及其尽职调查""上市公司收购的律师工作底稿"。

实习之初，两位实习生都体现出了积极、求学的实习态度。日常实习过程中能主动交流，主动思考，体现出渴望学习的积极性。对于我和其他律师安排的实习学习内容，能在第一时间主动完成，不拖拉。整个实习期间，两位实习生均能第一时间完成每次实习周课题的答题。对于实习导师提出的改进建议，比如注意文书的格式美化等，也会注意及时去改进。

尽管受限于大学课程进度尚未安排的实际，但两位实习生的思考和学习方式已体现出一定的基础。比如，对于全新的课题，能通过临时学习法律法规等具体规定、通过网络收集学习相关知识点等，较快地了解并领会。比如关于"非诉项目中公司历史沿革下的公司法若干问题"这个专题，两位实习生都能通过自我思考和学习，拿出了自己的答卷，尽管思考点和着眼点不尽相同，但都体现

① 朱亚元，浙江六和律师事务所律师。

了自我思考和主动学习的基础能力。

经过一个月的实习，我觉得两位实习生可以考虑在以下方面进一步提升自己：一是结合课内学习，及时关注律师实务界、司法机关等关于同一专业问题的观点、研讨，借以深化课内学习的认识，同时关注课内学习知识点的实务应用。二是加强对课堂知识点相关内容的课外拓展学习和课外思考，可以关注实务界的一些延展性讨论和研究。三是强化同学间的相互交流，可以考虑组织一些同学间的专题研讨活动，提升校内学习的效率，培养良好的学以致用的思维和方法。

我期待下一个学期的实习，期待我和两位实习生的共同进步。

校园外的法学

——大成律师事务所实习体会

朱奕颜

实习之路

优秀的律师有很多,我很庆幸认识了其中之一:大成事务所的朱洪鹤律师。

我曾经问过导师为什么要选择我?导师说:我并不认识你们其中任何一个人,选到你,全凭缘分,你我同姓,然后我也曾在山东待过。怪不得呢,初次通话就莫名亲切。当时正在联系实习住宿的地方,打了几个酒店的电话没人接,结果恰好导师打过来,我上来就问导师:您是哪一家酒店的呀?……迷之尴尬……不过呢,后来通过微信聊天,感觉导师萌萌哒,超级幽默,一开始我想象中的律师应该是严肃认真的,没想到还有这样不一样的景色。幽默的同时,导师也是十分负责的,刚一去,他就把我介绍给一个浙财学姐带,学姐总是认真地解答我的问题,从不因为我的稚嫩和无知而嘲笑我。在实习中,我主要负责整理卷宗,不仅能够增大案例积累,而且还培养了自己的逻辑思维能力。我主要看的是民间借贷问题,几本卷宗下来,对民间借贷问题有了更深入的了解。

实践感悟

我于 2016 年 7 月在杭州大成律师事务所实习了一个月,主要研读了民间借贷的经典案例,认真研究了案例所涉及的有关法律知识,以下是我对民间借贷案例的重现,以及运用法律知识解案过程的阐述。

(一)民间借贷纠纷经典案例

本案是金某诉陈某、耀昌公司民间借贷纠纷案。2009 年 12 月 7 日,耀昌公司、寿某向金某出具保证函一份,保证函载明自 2009 年 12 月 7 日起陈某向金某的借款在 600 万元以内由耀昌公司、寿某承担连带清偿责任,担保期限为主债务期届满两年。2009 年 12 月 11 日，陈某、金某在载明以下内容的借款协议上签字，借款协议约定陈某向金某借款 600 万元，陈某承诺于 2010 年 1 月 11 日归还 100 万元，2010 年 3 月 11 日归还 100 万元，2010 年 5 月 11 日归还 100 万元，2010 年 8 月 11 日归还 100 万元，到 2010 年 12 月 11 日全部还清，金某可随时催讨，并承诺到期未还承担违约金 50 万元以及所有诉讼费用及律师费，协议第三条还约定本协议也作为借款凭据，双方一经签字盖章视为陈某已借到金某人民币 600 万元，现金交接清楚，各方均无异议，陈某不在另行出具借据。同日，陈某在载明“今收到金某人民币 600 万元整，以此为凭”的收条上签名、捺印。2010 年 3 月 22 日，陈某向杭州市公安局分局控告金某以虚假诉讼的方式企图非法占有其财产。金某诉至法院，要求陈某还款并承担违约金、律师费，耀昌公司承担连带清偿责任。

(二)案例分析

本案争议焦点是金某与陈某之间是否存在民间借贷关系，金某有无将 600 万元现金交付给陈某。

(1)从借款的交付凭证来看，金某除提交的收条外并未提交款项交付的相应凭证。

(2)从借款的资金来源来看，金某前后陈述不一致。金某在法院对其所做的询问笔录中陈述“有 200 万元左右从其合作银行卡中取出，具体分几次何时取款记不清楚，另外的钱本来就准备在那里的，因为年底其本来就准备了很多现金”。而在第二次庭审中，金某又陈述其在 2009 年 12 月 7 日之后的 4 天时间准备了 600 万元现金，其中 150 万元是于 2009 年 12 月 11 日从合作银行的账户中取出，另外的 450 万元有些是本来就放在保险柜中的现金，有些是向朋友借的，具体向谁借的拒绝陈述。

(3)从款项交付的过程来看，金某主张 600 万元借款是在 2009 年 12 月 11 日下午在其担任法定代表人的丝绸公司办公室里以现金方式支付，其中 10 万元一捆，共 60 捆，分三个黑皮包装，每个皮包 20 捆，由陈某拿 2 包，郎某拿 1 包，但其关于如上现金交易的过程并未提供相应的证据予以佐证。在现代金融交易如此便利的今天，而金某是经商多年的商人，如此大额的款项竟然采取如此简便的交易方式，显然不符合日常生活常理。

(4)从现金交付的原因来看，金某主张 600 万元借款系在签订借款协议之前的当天以现金方式交付给陈某，但是对于如此大额款项为何采取现金的方式支付，金某前后三次陈述均不一致。第一次庭审中，金某代理人陈述，借款时金某提出要转账给陈某，但陈某表示其在法院涉及多起诉讼，如转账可能被法院冻结,故要求金某以现金方式支付。法院为金某所做的笔录中,金某陈述自己觉得现金交易方便。第二次庭审中金某又陈述,是陈某说要现金,不能转账,而且对于陈某在法院是否涉及诉讼并不知情。即使如金某所陈述因陈某涉及诉讼不便直接打入其卡中,也完全可以采取转账至非陈某开户的账户进行交付,更何况陈某是为承建耀昌红丝厂房所需资金而借款,所借款项不可能一次性用完,按照常理,如此大额的款项不可能现金存放在家中,自然还是要存入银行的,故金某陈述关于陈某要求现金交易的理由或者其自己喜欢现金交易的理由均不符合常理。

(5)从金某的出借动机来看,也与常理不符。据金某陈述之前并不认识陈某,只是经郎某介绍陈某向其借款后才认识,而对陈某的资信情况,只是通过介绍人郎某了解了一下,并未实际考察、核实,对担保人耀昌公司、寿康的资信情况也未实际核实,且表示其只是为了赚取 2 分的月息,就同意出借给陈某 600 万元。为了赚取 2 分的月息,金某就如此轻率地出借如此大额的款项显然不符合其经商多年的商人身份,更何况据金某本人陈述,其出借的 600 万元借款部分是向朋友所借。为赚取 2 分的月息,通过朋友借款来出借给一个根本不熟悉的人,显然也不符合常理。

(6)关于金某是否认识陈某、寿某。第二次庭审中在陈某代理人当庭交一组照片要求金某辨认哪张照片是陈某、寿某时,金某快速地指出其中两张认为是陈某和寿某的照片。但事实上金某辨认错误,金某对此的解释是自己老眼昏花所以认不出来,但是在辨认阶段,金某在庭上直接指出照片下面的编号,如果其无法看清照片的话,对下面细小的编号更加不可能快速地指出。显然,该解释不成立。对于担保人寿某,因金某只见过一次面以致生疏不能辨认正确尚可理解的话,但对于向其借款 600 万元且会过两次面的人,金某超过两个小时都辨认错误显然不符合常理,更何况金某在庭上多次表示认识陈某,对此问题的合理解释只能是金某并未见过陈某本人。

综上,金某主张以现金方式直接交付给陈某 600 万元借款,但其未提交相应的交付凭据,结合其庭审陈述亦不足以证明其与陈某之间存在借贷关系以及已将 600 万元借款交付给陈某的事实。因此,金某的诉讼请求,证据不足,不予支持。

导师寄语[①]

剩下的大学三年里会有疼痛、会有失落、会有压力,更会有约束、有义务、有

① 朱洪鹤,大成律师事务所律师。

责任。你的家境也许很富有，也许很贫穷。但你们父母的心思都是一样的，那就是非常渴望你能在大学深造，提高你的文化、提升你的品位、增加你的素养、增强你的能力、美化你的未来、改变你的家境、荣耀你的家乡。时光荏苒，岁月如梭，文明在心，礼貌在口，学而不懈，思而不怠，闻过则喜，有过则改，学而不止，奋斗不已，用举止彰显你的魅力，用话语彰显你的风采，用成绩彰显你的实力。大学是一个新环境，大学学习也是一种新学习，大学生活是人生一个重要的新起点。新环境要有新的适应，新起点要有新的姿态，当你现在站在这个新的起点，即将开始新的征程，在欣喜之余，是否有了自己新的目标、新的奋斗方向呢？大学生活该如何度过？如何才能精彩地度过？学业结束之后何去何从，是再深造还是就业？是做一个金领、白领还是蓝领？这一串串的问题伴随而至，你思考了吗？你规划了吗？如果不想给自己留下遗憾，那就让我们一起从现在开始吧！以下几点建议，希望对你有所帮助：

(一)积极调整心态，实现角色转变

大学是一种新的生活方式，需要有新的视野、新的思维、新的目标以及相应的行为选择，所以大学并不意味着放松，相反它是一种新式紧张的开始，每一个同学对此应有充分的心理准备。

新的生活，新的学习方式，新的环境，与高中已经不同，需要积极调整心态，快速实现角色转变，抛弃一切不利的情绪，要树立远大的理想，付诸坚定的行动。总之，不管以前如何，现在站在了同一起跑线上，让我们一起手拉手，肩并肩，开始新的征途！

(二)掌握新的学习方法，培养良好的自学能力

(1)明确学习目标。科学的学习规划要建立在充分了解自己现状的基础上，设计一个切实可行的目标。

(2)更新学习方法。要适应大学老师的教学方法，主动地去学习，没有人会在身边提醒督促。对课程学习的重点难点，老师们有的会直接指明，有的只讲知识，不会去做，这需要自己去体会总结提炼。学习以学生为主体，学习主要靠学生自己。因此，培养良好的自学能力是大学学习成功的关键。

(3)改变应试的学习方法。学习不单是为了考试，而是为了个人综合素质的提升，好的学习成绩，足以展示自己的尊严，增强个人的自信心。只有胜任技术岗位需要，掌握职业技能，将来才能立足社会，撑起一片自己的天地。

(4)扎实学好专业理论课，掌握专业技能，这是突破人力市场竞争的核心竞争力。平时养成多思勤问的习惯，刻意培养自己的逻辑思维、发散思维。不断从老师的言传身教中汲取知识，多与老师交流沟通，请教问题。

(5)大学不仅要学知识技能，还要学大学的思维方式，学大学的内涵精神。你的一言一行，一举一动，浑身折射出一种神气，一下子就展现出你是一名优秀的大学生。

(三)培养良好的自我管理能力

(1)培养良好的生活习惯。良好的日常生活习惯符合社会的道德规范，有益于个人的身心健康。注意劳逸结合，合理安排业余生活，才能相得益彰。

(2)合理利用网络资源，充分利用其有利的一面，千万别错失良机，好的没学到，毛病倒一身。

(3)合理规划日常消费。现在的大学生在消费上无节制现象比较严重，存在无端消费、相互攀比、奢侈浪费、过分追求时尚和名牌的现象，不妨锻炼自我管理能力，合理支付，将精力集中到学业上。

(四)积极参与实践，提升综合素质

现代社会需要的是复合型人才。新学期伊始，校园内各个社团的纳新活动也紧锣密鼓地展开了。不要盲从，摸情况，再着手，可根据自己的兴趣、爱好、特长以及自己的发展目标，选择适合自己的社团或组织。一旦参与了就要处理好学习与社团工作的关系，使自己的多方面能力得到锻炼。

无论做事还是做人，品行是第一位的，增强思想道德修养，高度关注个人修行和自觉践履。无论走到哪里，无论学识有多高，都要选择一个方向，正确的选择就是成功的一半，选对了就要持之以恒地走下去，要不怕艰难困苦，不畏挫折失败，苦难是人生的财富，磨砺是成功者的必修课。

借助各类平台提升自己，参与各类各级竞赛，在时间、条件允许的情况下，参加一些有益的社会实践活动，不断提升自己的综合素质，做到德才兼备。

(五)科学规划职业生涯

职业生涯是一个人一生在职业岗位上所度过的、与工作活动相关的连续经历，并不包含职业上的成功与失败或进步的快与慢。也就是说，不论职位高低，不论成功与否，每个工作着的人都有自己的职业生涯。一个完备、合理的规划对同学们的发展往往能起到事半功倍的作用。

合理的职业生涯规划三要素：一是对职业的全面认识。有了明确的职业目标其实是不够的，还应对该职业有一个全面的认识，才能让自己的努力不会白费。比如有的同学一心想从事网站前台编辑，结果学会了 Dreamweaver，人家要的却是 Photoshop 技能，这就是没有全面认识想要从事的职业的后果。二是认真地自我剖析。知彼知己，方能百战百胜。喜欢某个职业，但自己究竟能不能胜任这个职业呢？这就要求对自我有一个认真的剖析、判断。如喜欢做营销，但是自己身体不好，或是性格内向，就未必能胜任营销这个行业。自己的性格、所学的专业知识和想要从事的职业交集到底有多大？有没有大到能够游刃有余的地步？三是合理的长短期计划。针对自己的职业需求，做合理的短、中、长期大学生职业生涯规划，让自己的学习生活有条不紊、充实而不乏动力。规划未必非要做到年、月、周、天那样的全面，但是一定要有持续性和可行性，紧凑而不乏灵活性，持之以恒必能积累一定的职业资本。

总而言之，大学不是奋斗的终点，而是生命历程中新的起跑线，是人生中永远值得回忆的阶段。有了一个新的开端，便有了一个美好的希望。

附　录

浙江财经大学法学院简介

浙江财经大学法学院是一个年轻且富有竞争力的二级学院。1998 年，经济法专业经浙江省教委批准开始招生，1999 年成立法律系，2002 年成立法学院，2005 年获得经济法学二级学科硕士学位点，2010 年获得法学一级学科硕士学位授予权。现有法学一级学科和社会学二级学科两个校级重点学科，法学是我校“城市公用事业政府监管博士人才项目”的支撑学科之一。

现有法学和社会工作两个本科专业，其中法学专业为省级特色新兴类专业（备案类），设有拔尖创新人才实验班，社会工作专业为院级重点建设专业。建有模拟法庭、法律职业非诉实验室、法学技能综合实验室和案例分析室等用于实践教学的实验室。设有专业资料室，拥有法学、社会学领域的各种中外专业期刊 120 余种，重要报刊 20 种，图书资料 5000 余册。学院建设了高质量的课程体系，经济法为省级精品课程，民法学、经济法学、商法、国际经济法、行政法与行政诉讼法、债权法等为校级精品课程，有税法学、刑法学、法理学、环境与自然资源保护法、宪法学、社会学概论、社区工作、中国社会、竞争法学和中国法制史等 10 门校级一类课程。

有法理研究所、民商法研究所、经济法研究所和社会政策研究所等 4 个校级研究所，法律史研究所、宪法与行政法研究所、刑事法律研究所、国际法研究所、诉讼法研究所、环境与自然资源保护法研究所、社会建设与社会工作研究所、文化心理学研究所等 8 个院级研究所。学院师资力量雄厚，目前共有专业教师 45 人，其中教授 13 人，副教授 18 人，博士生导师 3 人，硕士生导师 21 人，有博士学位（含在读）的教师 37 人。现有浙江省高校中青年学科带头人 2 人，浙江省“151 人才工程”人才 8 人，校中青年学科带头人 4 人，校中青年骨干教师 10 人，师资队伍结构合理、学历层次较高，能确保法学专业与社会工作专业的高质量教学需要。

学院先后与美国、英国、加拿大、日本和中国台湾、中国香港等国家和地区的10余所高校建立了定期的学术交流与合作关系；与国内知名的北京大学、浙江大学、武汉大学、中央财经大学等学校的法学院建立了良好的交流与合作关系；与浙江省人民检察院、浙江省人民政府法制办、舟山市民政局等建立了共建“浙江社会管理法治化协同创新中心”；与浙江省社会科学院、浙江省劳动仲裁院、杭州市人民检察院、温州市人民法院、湖州市人民政府法制办、嘉兴市检察院、杭州市救助管理站、杭州市流浪儿童收容中心、西湖区人民法院、富阳市人民检察院、上城区清波街道、浙江海浩律师事务所、杭州经济技术开发区城市管理行政执法大队等30多个单位建立了具有一定稳定性的实习基地或协作关系。学院现有“法务培训中心”和“社会工作培训中心”两个培训中心。

学院现有在读本科生、研究生共766名。成立有邓小平理论研究会、法学会、海星社会工作协会、萤火心理协会、青年志愿者协会等多个学生社团，创办了《法林法语》《透析》等学生刊物，具有浓烈的学术氛围。学生科研成果显著，近年来获国家创新创业项目立项、省挑战杯二等奖、新苗人才项目立项等，获浙江省法科征文竞赛省级奖项20余项。学生校园文化活动丰富多彩，已经形成了“法律文化节”“就业峰会”“新生训练营”“学习型公寓建设特色项目”等多个学生活动品牌，参与各类学校活动成绩优秀，多次获新生辩论赛冠军、乒乓球赛团体冠军、篮球联赛冠军、校运会前三甲及社会实践优秀组织奖等荣誉称号。学院培养了大批优秀的毕业生，分别就业于各法院、检察院、公安、司法行政、监察、工商、税务、海关、民政、街道办事处等国家机关及银行、律师事务所、社区等其他企事业单位，表现突出，受到了用人单位的一致好评。建院以来，已有大批学生先后考取复旦大学、中国人民大学、南京大学、浙江大学、武汉大学、厦门大学、中国政法大学、西南政法大学、华东政法大学、中南财经政法大学等著名高校的博士、硕士研究生，近两年来多数在校生在国家司法考试中取得优异成绩，通过率超过40%。

学院坚持以“夯实法学基础，发挥财经优势，培养实务能力，突出专业特色”为办学宗旨，为努力培养适应社会主义市场经济需要且具有高尚职业道德、扎实的专业基础与较强的实务处理能力的复合型、应用型法律人才和社会工作管理人才。

浙江浙联律师事务所简介

浙江浙联律师事务所经浙江省司法厅批准于2000年正式成立，是省内具有一定知名度与口碑的资深合伙制律师事务所。2012年，荣膺“浙江省服务中小企业优秀律师事务所”。2014年，获得了“杭州市律师事务所2013年度考核先进单位”的荣誉称号。2016年，获得了“杭州市规范化律师事务所”的荣誉称号。

浙联团队

本所拥有一支业务精湛、经验丰富的律师团队，现有执业律师43人，毕业于中国政法大学、西南政法大学、浙江大学等众多知名学府，拥有深厚扎实的法律专业素养。本所律师除担任省、市律协各专业委员会主任、副主任之外，目前还担任以下社会兼职：中国国际贸易促进委员会/中国国际商会调解中心调解员、浙江财经大学兼职教授、浙江工业大学法学院兼职教授、浙江大学光华法学院实务导师、浙江省侨联法律顾问委员会主任、上城区区委区政府法律顾问、萧山区政府法律顾问、拱墅区人民政府法律顾问室成员、杭州仲裁委员会仲裁员……

浙联特色

建筑房地产是本所多年来主要的业务领域，但随着法律服务市场的细化，本所亦组建了其他专业化部门，如公司业务、政府事务、争端解决等都已经成为本所的主要业务部门。本所主任陆云良律师担任了杭州市律师协会企业法律顾问专业委员会主任，常务副主任麻侃律师担任了杭州市律师协会政府法律顾问专业委员会主任。本所已形成了全方位、高质量的对外合作体系。

2015 级非诉法律实验班群英录(一)——全体学员

学　生	生　源	现任班委成员	现任校、院学生事务
卜天予	湖南省	体育委员(男)	校青协新闻中心副部
马齐月	安徽省		
王　耕	山东省		
王婧鹏	浙江省		
艾嫚婷	安徽省	团支书	
付宇洁	安徽省		
朱奕颜	山东省		院学生会生活部部长
朱　菁	山东省		
刘安晴	浙江省		
刘思羽	山东省		校社联事务部副部长
吴卓芮	浙江省	体育委员(女)	
吴　瑶	安徽省		
宋亚琼	浙江省	组织委员	院学生会办公室主任
宋如静	浙江省	学习委员	
范宜颖	山东省		
林谷雨	浙江省	心理委员	校学生会新闻部部长
金　韵	湖南省	宣传委员	
周　晗	江苏省	文娱委员	
周遥彬	浙江省		院法学会副会长
郑如意	浙江省		院法学会副会长
赵超颖	浙江省		
胡　蝶	江苏省	副班长	
咸　磊	江苏省		
倪聖凯	湖南省	班长	
彭仟芸	山东省		
葛倩倩	江苏省		

续表

学　生	生　源	现任班委成员	现任校、院学生事务
程　雨	山东省	生活委员	院学生会社团中心主任
程佳琪	河南省		
鲁　姣	安徽省		校社联活动组织部副部长
樊　菲	河北省		

2015级非诉法律实验班群英录(二)——实务导师

指导学生	实务导师	实务导师所在律师事务所
朱奕颜	朱洪鹤	大成律师事务所
刘安晴	沈国勇	京衡律师事务所
宋如静	林华璐	北京中银(杭州)律师事务所
赵超颖	林华璐	北京中银(杭州)律师事务所
郑如意	樊德珠	浙江锦丰律师事务所
樊　菲	樊德珠	浙江锦丰律师事务所
咸　磊	朱亚元	浙江六和律师事务所
朱　菁	朱亚元	浙江六和律师事务所
周　晗	刘　涛	浙江仁谐律师事务所
金　韵	刘　涛	浙江仁谐律师事务所
葛倩倩	傅羽韬	浙江天册律师事务所
胡　蝶	傅羽韬	浙江天册律师事务所
付宇洁	傅羽韬	浙江天册律师事务所
林谷雨	朱卫红	浙江天册律师事务所
鲁　姣	朱卫红	浙江天册律师事务所
吴卓芮	金迎春	浙江天屹律师事务所
卜天予	金迎春	浙江天屹律师事务所
范宜颖	金迎春	浙江天屹律师事务所
王婧鹏	张震宇	浙江泽大律师事务所
吴　瑶	张震宇	浙江泽大律师事务所
马齐月	徐晓岗	浙江泽大律师事务所
艾嫚婷	徐晓岗	浙江泽大律师事务所
刘思羽	何　远	浙江泽大律师事务所
倪聖凯	何　远	浙江泽大律师事务所
彭仟芸	麻　侃	浙江浙联律师事务所
周遥彬	麻　侃	浙江浙联律师事务所

续 表

指导学生	实务导师	实务导师所在律师事务所
王耕	来波	浙江浙联(萧山)律师事务所
程佳琪	来　波	浙江浙联(萧山)律师事务所
宋亚琼	马宏利	浙江智仁律师事务所
程　雨	马宏利	浙江智仁律师事务所

2015 级非诉法律实验班大事记

时　间	班级大事
2015 年 9 月 6 日	法学院发布 2015 级非诉法律实验班招生公告
2015 年 9 月 9—10 日	全校学生报名
2015 年 9 月 13 日	法学院组织笔试
2015 年 9 月 15 日	法学院组织面试
2015 年 9 月 17 日	法学院公示拟录取名单、确定班主任人选
2015 年 9 月 20 日	2015 级法学非诉实验班正式成立
2015 年 9 月 22 日	第一次班会暨班委选举
2015 年 10 月	参加新生训练营
2015 年 10 月	获法学院新生篮球赛团体赛三等奖
2015 年 10 月 16 日	组织学风建设班会
2015 年 10 月 25 日	班级组织集体秋游
2015 年 11 月 20 日	组织参加浙联律所见面会
2015 年 11 月	荣获浙江财经大学法学院学风建设主题班会暨团日活动评比第一名
2015 年 12 月 1 日	杭州经济技术开发区人民法院旁听
2015 年 12 月 3 日	组织班级读书节活动
2015 年 12 月	班级英语演讲比赛暨英语欢乐节
2016 年 6 月	法学院 2015 级非诉班实务导师聘任仪式
2016 年 7 月	赴各大律所进行暑期实习
2016 年 12 月 6 日	荣获浙江财经大学法学院“勤学修德，与法同行”团日活动汇报会一等奖
2016 年 12 月	经过激烈角逐获得全国高校“活力团支部”称号
2017 年 5 月	《法府拾穗》正式出版
求学征途继续……	